中央财政支持地方高校发展专项资金项目教学实验平台建设项目之一
——物流管理专业学生创新创业教育实践基地建设项目

Trade Logistics Innovation Case Analysis

商贸物流创新案例分析

殷延海 张大成 主编

立信会计出版社
LIXIN ACCOUNTING PUBLISHING HOUSE

图书在版编目(CIP)数据

商贸物流创新案例分析/殷延海,张大成主编.—上海:立信会计出版社,2016.4(2019.12重印)
 ISBN 978-7-5429-4968-4

Ⅰ.①商… Ⅱ.①殷… ②张… Ⅲ.①物流—物资管理—案例 Ⅳ.①F252

中国版本图书馆 CIP 数据核字(2016)第 071401 号

策划编辑	洪梅春
责任编辑	赵志梅
封面设计	南房间

商贸物流创新案例分析

出版发行	立信会计出版社		
地　　址	上海市中山西路 2230 号	邮政编码	200235
电　　话	(021)64411389	传　　真	(021)64411325
网　　址	www.lixinph.com	电子邮箱	lixinaph2019@126.com
网上书店	http://lixin.jd.com		http://lxkjcbs.tmall.com
经　　销	各地新华书店		
印　　刷	常熟市华顺印刷有限公司		
开　　本	787 毫米×1092 毫米　1/16		
印　　张	13.75		
字　　数	271 千字		
版　　次	2016 年 4 月第 1 版		
印　　次	2019 年 12 月第 2 次		
印　　数	2101—4200		
书　　号	ISBN 978-7-5429-4968-4/F		
定　　价	28.00 元		

如有印订差错,请与本社联系调换

前　言

在经济全球化的今天,电子商务已迅速改变了社会交往方式和交易行为模式,移动互联网的发展进一步扩大消费规模,提升消费能级,互联网+的推动,极大地提升了社会服务方式创新能力,推动了管理模式变革,现代化、信息化、智能化已经影响到商贸物流的发展,物流创新层出不穷,已经成为社会经济结构中增长较快的物流板块。所以,物流创新已经引起社会的关注。近年来,上海商学院创新创业教育不断加强,取得了积极进展,对提高高等教育质量,促进学生全面发展、推动毕业生创业就业、服务国家现代化建设发挥了重要作用。

为进一步提升创新教育水平,学校决定使用中央财政支持地方高校发展专项资金启动创新创业实践计划。上海商学院管理学院物流管理系利用这个契机,发动全体教师以及合作企业领导,共同编写了这本《商贸物流创新案例分析》教材,希望通过本教材的编写,不断提高物流管理创新教学的质量和水平,并为我校创新创业工作的更好发展作出贡献。

本教材以简明精炼的文字、生动形象的案例,层层深入地剖析了物流创新的原理、创新理念、创新类型、创新方式方法、创新过程等,让学生掌握物流创新的思维训练方法和形成新思维的逻辑开发途径;引导学生打破思想禁锢,以一种全新的视觉发掘奇思妙想,碰撞出创意火花,开发更有发展潜力的物流创意。本教材适合物流专业学生和物流相关专业学生思维提升的训练教程,也可以作为学生大脑潜能的开发工具,使学生在解决实际问题的过程中举一反三,让思维更敏锐,让大脑更聪明。

本教材第一章由张大成编写;第二章由殷延海、李清编写;第三章由刘欣编写;第四章由殷延海、焦刚编写;第五章由张广存编写;第六章由徐为明编写;第七章由王中立编写,第八章由殷延海、朱巧妮编写。最后,由殷延海、张大成进行统稿和修改。

本教材在编写过程中得到了学校领导的大力支持,得到了各位同事的热忱帮助,得到了团队各位成员的鼎力相助;在资料收集方面,得到了校企产学研合作企业中外运、百联集团、正大集团、田野冷链、真好物流宝等企业领导的无私奉献。值本教材付梓之际,向上述各位表示由衷的感谢。

由于编者的知识面和学识水平有限,在编写过程中,疏漏之处在所难免。在此,我们诚挚希望对物流创新案例分析感兴趣的研究者、管理者和学习者,能够对本教材的不足之处批评指正。

目 录

第一章 物流理念创新 …………………………………………………………………… 1
第一节 物流服务理念创新案例 ……………………………………………………… 1
【案例 1-1-1】 安得的服务理念创新 ………………………………………………… 1
【案例 1-1-2】 罗计物流的体验式理念 ……………………………………………… 4
第二节 物流信息化创新 ……………………………………………………………… 7
【案例 1-2-1】 德邦物流如何让大象起舞 …………………………………………… 8
【案例 1-2-2】 宝供物流如何建设信息化网络 ……………………………………… 11
第三节 物流系统化创新 ……………………………………………………………… 14
【案例 1-3-1】 海尔物流"一流三网"的管理理念 ………………………………… 14
【案例 1-3-2】 7-11 高效的物流配送体系 …………………………………………… 17
第四节 物流可视化理念 ……………………………………………………………… 19
【案例 1-4-1】 中国烟草的可视化管理 ……………………………………………… 19
【案例 1-4-2】 招商局物流公司运输过程可视化管理创新 ………………………… 25

第二章 物流业态创新 …………………………………………………………………… 27
第一节 互联网+物流创新模式 ……………………………………………………… 27
【案例 2-1-1】 小米的互联网创新模式 ……………………………………………… 27
【案例 2-1-2】 宝供一站网的物流电商创新模式 …………………………………… 29
【案例 2-1-3】 Uber 专车快递模式的创新 …………………………………………… 32
第二节 冷链物流业态创新 …………………………………………………………… 35
【案例 2-2-1】 田野生活冷链物流的创新 …………………………………………… 36
【案例 2-2-2】 联合利华冷链物流的创新 …………………………………………… 40
【案例 2-2-3】 麦当劳的冷链物流 …………………………………………………… 42
第三节 基于城市配送的物流平台创新 ……………………………………………… 46
【案例 2-3-1】 佳吉快运城市配送的智能调度平台 ………………………………… 46
【案例 2-3-2】 九州通药业的 O2O 物流平台创新 …………………………………… 51

第三章 物流模式创新 …………………………………………………………………… 54
第一节 自营物流模式创新 …………………………………………………………… 55
【案例 3-1-1】 振华重工自建船队筑造起振华的核心优势 ………………………… 55
【案例 3-1-2】 海尔日日顺的虚实结合 ……………………………………………… 58
【案例 3-1-3】 京东商城的自营物流王国 …………………………………………… 61

第二节　O2O环境下企业物流布局 …… 64
【案例3-2-1】 "逼死"实体店的电商为啥反过来大量开实体店？ …… 64
【案例3-2-2】 物流网络助苏宁成功转型O2O …… 66

第三节　众包物流模式创新 …… 69
【案例3-3-1】 达达的众包物流模式 …… 69
【案例3-3-2】 闪电送达的爱鲜蜂 …… 72
【案例3-3-3】 人人快递——自由快递第一人 …… 74

第四节　虚拟物流模式创新 …… 76
【案例3-4-1】 森马："虚拟经营"物流中心的运作模式 …… 77
【案例3-4-2】 戴尔虚拟整合让供应链"敏捷" …… 79

第四章　物流技术创新 …… 82
第一节　电商物流的技术创新潮 …… 82
【案例4-1-1】 京东商城的物流新技术 …… 82
【案例4-1-2】 亚马逊的物流技术创新与应用 …… 84

第二节　快递企业的物流技术创新 …… 88
【案例4-2-1】 菜鸟网络的技术创新 …… 89
【案例4-2-2】 顺丰是如何让快递员卖命的 …… 93

第三节　配送中心物流技术创新 …… 95
【案例4-3-1】 可口可乐配送中心拣货作业的创新 …… 95
【案例4-3-2】 澳大利亚DSE语音拣货技术创新 …… 98

第四节　基于RFID技术的智慧物流 …… 100
【案例4-4-1】 可的冷链物流周转箱RFID智能管理方案 …… 101
【案例4-4-2】 华仁药业的立体仓库智慧物流 …… 103
【案例4-4-3】 中联网仓的智慧物流 …… 105
【案例4-4-4】 上海打造智能道路货运公共信息平台 …… 107
【案例4-4-5】 耐克的绝密仓库 …… 110

第五章　物流服务创新 …… 113
第一节　线下物流服务的完善 …… 114
【案例5-1-1】 京东帮服务店的线下物流创新 …… 114
【案例5-1-2】 云鸟配送的服务创新 …… 116

第二节　物流服务模式创新 …… 118
【案例5-2-1】 小菜鸟卡行天下物流服务模式的整合与创新 …… 118
【案例5-2-2】 "俺来也"校园物流APP服务模式 …… 120
【案例5-2-3】 兰亭集势的跨境物流服务模式创新 …… 121
【案例5-2-4】 唯品会布局海外仓服务模式 …… 122

【案例5-2-5】　固业港金属交易城整合码头资源打造物流服务平台 …………… 125
　第三节　"最后一公里"服务创新 …………………………………………………… 127
　　【案例5-3-1】　电商赔钱广撒自提柜却吃力不讨好 ………………………………… 127
　　【案例5-3-2】　速递易开始收费"扒皮"快递　顺丰申通等联手反击 …………… 130

第六章　物流组织创新 …………………………………………………………… 134
　第一节　第三方物流的组织创新 …………………………………………………… 134
　　【案例6-1-1】　某烟草集团的第三方物流实践 …………………………………… 135
　　【案例6-1-2】　第三方物流：科龙的战略性选择 ………………………………… 137
　第二节　第四方物流组织创新 ……………………………………………………… 140
　　【案例6-2-1】　宜家集团基于第四方物流的管理模式 …………………………… 140
　　【案例6-2-2】　天地汇的第四方物流平台 ………………………………………… 145
　第三节　供应链管理 ………………………………………………………………… 148
　　【案例6-3-1】　跨区域跨行业的供应链管理者——利丰集团 …………………… 148
　　【案例6-3-2】　雀巢与家乐福的ECR管理系统 …………………………………… 150
　　【案例6-3-3】　一汽与宝钢供应链协同创新模式 ………………………………… 152
　　【案例6-3-4】　ZARA"混合"供应链管理 ………………………………………… 155

第七章　物流管理创新 …………………………………………………………… 159
　第一节　精益物流 …………………………………………………………………… 159
　　【案例7-1-1】　上海医药物流中心的精益物流 …………………………………… 159
　　【案例7-1-2】　真维斯品牌服装的精益库存控制 ………………………………… 163
　第二节　绿色物流 …………………………………………………………………… 164
　　【案例7-2-1】　FedEx：全球减排增速的践行者 ………………………………… 164
　　【案例7-2-2】　沃尔玛的绿色物流之路 …………………………………………… 168
　第三节　物流标准化管理创新 ……………………………………………………… 172
　　【案例7-3-1】　百联托盘标准化共用平台 ………………………………………… 172
　　【案例7-3-2】　上海百大配送有限公司的物流配送标准化管理 ………………… 174
　　【案例7-3-3】　招商物流的标准化 ………………………………………………… 177
　　【案例7-3-4】　麦德龙的标准化供应链管理 ……………………………………… 179

第八章　物流金融创新 …………………………………………………………… 183
　第一节　物流金融创新 ……………………………………………………………… 183
　　【案例8-1-1】　广发银行手机物流的金融创新 …………………………………… 184
　　【案例8-1-2】　中国诚通的物流金融创新 ………………………………………… 185
　　【案例8-1-3】　顺丰"顺手赚"的物流金融模式创新 …………………………… 188
　　【案例8-1-4】　真好物流宝的物流金融创新 ……………………………………… 192

第二节　供应链金融创新·····194
【案例 8-2-1】 深圳发展银行的"全程供应链金融"·····195
【案例 8-2-2】 UPS 的供应链金融创新·····198

第三节　物流金融服务平台·····201
【案例 8-3-1】 中储物流金融服务平台的发展借鉴·····201
【案例 8-3-2】 双侨物流公司"典当＋物流"的创新模式·····205
【案例 8-3-3】 一达通海外电商供应链金融服务平台·····206

第一章 物流理念创新

引 言

要想在物流行业中创出自己的一片天地,离不开观念的更新,甚至说,首先要有领先的观念。例如宝供,它投入了相当资金创办一流的物流学校和一流的物流研究中心,通过广泛的物流研究与学术交流,深入挖掘物流理论的深刻内涵,研究现代物流运作模式,改革和更新物流理念,并指导物流实践,"用一流的观念,创造一流的物流服务"。所以,创业者在创业之前应深入学习物流理念和别人的操作步骤,从而少走弯路。

物流企业如何提高服务水平,培养开放的物流服务想象力,确立主动的服务意识,是物流企业寻求长期发展应当解决的问题。企业对市场不加区分地作出一般性承诺,如"客户需要什么服务就提供什么样的服务",实际就是客户服务无标准。物流的本质是服务,为制造商的产品生产和营销提供服务,为最终用户的产品可得性提供服务,为供应链的组织协调提供服务,等等。对于一个服务行业的企业,特别是那些本身没有什么硬件设施的,就是我们所称的"虚拟物流"企业,客户的满意度至关重要,正是这些企业迫切需要营销观念的创新。而 CRM 及一对一营销等新理念的导入,正迎合了这种需要。为用户服务不是一句空话,需要用物流信息化、系统化、可视化、协同化、标准化、智能化来实现物流创新服务。

第一节 物流服务理念创新案例

【案例 1-1-1】
安得的服务理念创新

听说有很多将物流当做第三利润源泉的企业,但真正尝到第三利润源泉甜头的只有海尔、美的等少数几家企业。在目前的家电物流领域,有种"北海尔南安得"的说法。这两家是业界做得比较成功的企业。如果说海尔是把物流作为降低成本的机器,那么美的集团除了降低成本以外,还把物流作为一个赚钱机器。这个赚钱机器就是安得物流有限公司(简称安得)。

一、安得天生就是弄潮儿

家电行业曾一度被认为是我国发展得最成熟的行业。但随着竞争的加剧,家电行业的利润空间正在逐渐紧缩。于是,各个家电企业都把目光转向了物流:海尔、科龙、小天鹅、美菱、TCL 都相继建立了自己的电子商务公司。一时间,零库存、低损耗、及时准确送抵目的地,成了家电企业共同追求的目标。安得物流的成立正是处于这样的一个大背景下。

早在 1998 年,美的集团就开始酝酿剥离物流业务。把物流业务剥离出来,美的就可以专心做产品,而安得物流则专心做物流。2000 年 1 月,美的正式成立了安得物流公司。安得作为美的集团的旗下子公司,成为美的其他产品事业部的第三方物流公司,同时也作为专业物流公司向外发展业务。美的的其他事业部可以使用安得,但是也可以选择其他物流公司。美的把安得分立出来,一方面能为美的生产、制造、销售提供最快捷的物流服务;另一方面,安得又可以向外延伸业务。独立后安得在整个观念上发生了一些变化,它们充分认识到现代物流光靠某一家企业来做的话,对成本的降低没有很强的支撑作用。必须通过客户的集成方式,才能达到降低成本的目的。安得最初在跟很多企业谈判时,客户的第一个要求就是降低成本。有一些外资背景的企业,在提升物流水平和物流速度方面有更多的要求,而把降低物流成本放在第二或者第三位。虽然安得定位为一家第三方物流企业,但当时更多的是为美的服务。

2001 年,安得的营业额约为 1.5 亿元人民币,2009 年预计将达到 3 亿元人民币。安得目前已提供物流服务的国际知名品牌有韩国 LG、美标洁具、伊莱克斯、克莱福等,国内品牌如海螺型材、新飞电器、鹰牌电器、威灵电机、方正电脑及 TCL 等。

二、在做物流中学会做物流

物流能赚钱的认识是在仓库的利用上获取的。当时美的的仓储业务一般租用 5 000 平方米仓库,最高峰的时候用到 5 000 平方米,但可能只有两三个月,其他大多数时间只用到 2 000 到 3 000 平方米,这时候场地空着场租照付。由于产品都有一定的季节性,因此有时候出货量大一些,有时候出货量小一些。但美的在仓库的利用上,都是一以贯之,全部都是最高的仓储租用面积。一旦做区域物流商,就像一个人每天要生活,安得注重的不是眼睛老盯在米价上,而是考虑米该什么时候买,是否可以改变食物的结构,是否可以少吃一些,在协调和统筹的工作上,安得的目标是把安得做成一个专家型的第三方物流企业,不仅为企业提供物流操作服务,更多地从企业经营战略的角度提供供应链管理的专业咨询等服务。

安得作为第三方物流必须做几件事情:物流方案的设计,供应链解决方案的拟订和企业物流的诊断、咨询。这是第三方物流企业应该做的。一个标准的第三方物流企业应该具备高端的设计策划能力,同时具备整合社会资源的能力,具备操作能力。第三方就是在中间按方案设计流程。在实践中,做物流的最深体会就是"学中做"。现代物流企业讲网络,讲多节点的彼此支撑,如果是单节点很难做好一个物流企业。而在讲网络的时候,更需要清楚我国的税收、工商政策,交税要哪儿交,是不是全国各地都要交,各地是个什么交法。如果按照原来运输、仓储的税收来收的话,物流企业是无法承受的。例如,建一个仓库需要交如下税:17% 的投资方向调节税,5% 的营业税,还有教育费附加等其他税种。这么高的税收是物流企业无法承受的。但是,这个行业很大的利润来源就是建仓库。社会对物流企业的需求很大,符合需求的物流企业却很少,虽然南方很多城市,包括广州、深圳在内,仓库很多,但是合乎现代物流需求的仓库很少,其中一个原因是税收太重。从现代物流来看,仓库管理是未来整个物流管理的一个基础。因为运输和配送都以仓库为出发点,一下线马上就配送出去是做不到的。而仓库在管理上如果不具备现代物流的一些特征,配送就没办法做。比如仓库里没有分拣系统,就不能最快速地把货配送出去,即使有最好的 GPS 等配送信息系统也是枉然的。在物流企业怎么做大做强的问题上,除了要有人才和资金的优势外,最重要的是要有自己的核心优势,而且不容易为竞争对手模仿。

三、安得有自己的经营理念

安得的核心优势就是网络优势:一个天网一个地网。天网是指强大的信息系统,信息沟通如果得不到很好地解决的话,这个网实际上是空的。地网就是安得全国的网点,每个网点之间是可以连接在一起的。安得有点有网,这个网络可以支撑起全国性的业务。

很多企业总在运输价格上作文章,其实,运输方式组合运价的降低只不过是现代物流中一个很小的环节。物流价值的体现还有很多方面,如降低库存减轻库存成本,资金周转的加快,增强抗风险能力,等等。安得在给客户提供物流服务时,尽可能减少物流供应链上多余的"动作"。而这所有的基础,就是安得的全国性的网络和信息系统。

如何为客户提供放心的服务,安得有三句经典话语:"让客户变懒""自家兄弟也要分清楚""我是物流铺路石"。

"让客户变懒"是安得物流人的口头禅。"让客户变懒"的意思是说,第三方能解决的非核心的、非专业的业务交给安得。安得的终极目标就是让客户不再为物流而烦心。物流服务是个双方充分信任的合作,让客户马上就信任你是不现实的,而是双方在合作的过程中让客户看到更好的服务和更有价值的服务。安得让客户放心和省心的招数就是设置安得的"接口"和客户经理。安得将其员工派往客户单位联合办公,安得的这些员工就成了安得在客户单位的"接口",有利于实现安得和客户之间的无缝对接。

另外,安得为关键客户设立客户经理,客户经理站在客户的角度,审视和评价安得的业务运作,将可能出现的问题消灭在萌芽状态之中。之所以设立为客户说话的客户经理,就是通过全过程监控服务,保证提供给客户的服务是优质的。

安得的成立和其他物流企业有些区别,因为安得是脱胎于美的这样一个大型企业集团的。因此,美的作为安得的大股东对安得为其提供的物流服务要求相对其他物流供应商更加严格,这就促进了安得物流专业化水平的迅速提高和快速发展。所以说,安得目前的优势是其他物流企业所不具备的。

"自家兄弟也要分清楚"是强调服务美的业务上求真务实的理念。在对待美的的业务上,安得有一个原则:接下来的单,要把质量做得最好,成本降得最低,没把握做得最好的绝不硬撑,宁愿让给别的物流企业。据说,美的确实有一部分业务是别的物流公司在做。现在,安得外部服务的营业额已经占总营业额的 50%。

"我是物流铺路石"是安得物流人价值观的集中体现,也反映出"做物流就是要严谨"的理念。把合同做细,责任谈清是安得的一贯作风。"艰难的谈判结束了,与安得物流的谈判真难",这是美的空调事业部与安得签订物流合作合同后的第一个感觉。因为安得与他们以前接触的储运服务商有太多的不同,以前的服务商是被动的任务接受者,"叫他们过来签合同,有时他们看都不看合同条款就签名盖章"。而安得要向他的客户派出一个物流方案设计小组,把流程、计划、要求、标准固定下来,把成本、利润摊出来谈,把双方的责任权利谈清楚,最后才形成完整的物流合作合同。

针对不同客户的物流需求,以及客户实际运作情况,安得为客户设计个性化的整体物流方案和全面物流解决方案,借助物流功能集成和社会物流集成服务,提高物流管理效率、降低经营成本,为客户在市场中赢得竞争优势。

(案例来源:安得物流公司网站)

 案例分析

安得通过物流服务获得盈利有什么秘诀?第三利润源如何才能打开?创新物流服务是物流公司的成功经营之路。安得的目标是把自身做成一个专家型的第三方物流企业,反映了企业目标的高标准和高定位。安得创新的重点是以客户需求为中心:"让客户变懒""自家兄弟也要分清楚""我是物流铺路石"。

安得的创新类型属于物流理念创新,把安得做成一个专家型的第三方物流企业,为用户进行个性化定制物流服务,符合社会发展潮流,有利于提高物流服务水平和能力,扩大第三方物流规模和拓展社会化物流。安得的创新原因是为了赢得用户信赖,创新自己的物流服务模式,形成自己的特色。安得用自己的理念打造了企业文化,获得了社会好评。

传统运输、仓储企业向第三方物流企业转变的重要标志,是企业能否为客户提供一体化物流服务,是否拥有结成合作伙伴关系的核心客户。从目前情况看,我国大部分物流企业仍然主要在提供运输、仓储等功能性物流服务,通过比拼功能服务价格进行市场竞争,要改变这种状况,一个重要方面就是要超越传统物流服务模式,在服务理念、服务内容和服务方式上实现创新。

首先,要认清一体化物流与功能性物流在服务性质、服务目标和客户关系上的本质区别,树立全新的服务理念;其次,要在运输、仓储、配送等功能性服务基础上不断创新服务内容,实现由基本服务向增值服务延伸,由物流功能服务向管理服务延伸,由实体物流服务向信息流、资金流服务延伸,为客户提供差异化、个性化物流服务;同时,要根据客户需求,结合物流企业自身发展战略,与客户共同寻求最佳服务方式,实现从短期交易服务到长期合同服务,从完成客户指令到实行协同运作,从提供物流服务到进行物流合作。

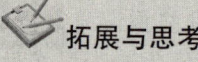 **拓展与思考**　1. 安得如何进一步应对个性化物流服务?
　　　　　　　　2. 如果你是生产企业,正在寻找物流服务商,那么你将如何对接安得物流?

【案例 1-1-2】
罗计物流的体验式理念

很少有人意识到,在我们每天的花费中,约两成都在为低效而高昂的物流成本买单。

从事物流行业的"85后"宋睿从中嗅到了商机。2014年,他开始带领团队打造货运行业"打车"软件"罗计物流",试图借助移动互联网让货主和车主高效对接。如今,罗计物流拥有100多万用户,覆盖30多个城市,已完成上亿美元B轮融资。

一、用互联网解决货运"痛点"

在中国的每个物流园区,都驻守着一批吃苦耐劳的货运司机。他们通过园区中介来获得运输信息,为此付出每笔100到300元的中介费。他们也会去物流园区信息部排队领任务,往往还没排上,货已发完。司机为争取一个活儿,要在园区等候三到五天,吃住都在车上。大部分时候,司机拉着货去,却空着车回,回程的油费成为高昂的成本。

司机的无奈,是中国物流行业低效率的缩影。我国现阶段公路货运车辆空驶率高达40%。有痛点的地方,就有机会。打车软件刚刚问世的时候,罗计物流面向货主和车主推出了两款不同的软件"罗计找车"和"罗计找货"。货车司机打开"罗计找货",点击"货源一览",就能看到货源地理位置、货物类型、重量、发货时间、车辆需求,车主根据要求对接发货方。从司机和货主的体验看,罗计物流从四个方面改变了传统的物流体验:借助移动互联网提高了供需信息匹配的效率;绕过信息"黄牛"从而降低了司机的成本;提前定好返程运输的货物,因此降低了货车空驶率、也提高了司机的收入;通过软件的司机评价体系,建立了完善的信用保障机制。

去哪儿网的技术总监、阿里巴巴的"地推"精英、百度和德邦物流的运营人等,罗计物流组成了一支华丽的创业团队。怎么打开市场?宋睿决定从物流园区突破。在软件上线前,宋睿的团队走访了全国17个物流园区,和司机交谈,与货主聊天。与园区建立了良好关系,为今后的广告推广打下了基础。

罗计物流所做的是用互联网改造物流行业,这也正是我国《物流业发展中长期规划(2014—2020年)》提出的发展重点。该规划表示,要加强移动互联等先进信息技术在物流领域的应用,鼓励各类平台创新运营服务模式。

二、智慧货运物流,功夫在"货"外

货运物流平台靠什么挣钱?罗计物流认为,功夫在"货"外,物流软件不会抽取司机或货主的佣金,而是要靠平台沉淀的大数据升值。

传统的物流园区是如何运转的?发货方把货物集中到物流园区,在仓库分拣,有整车需要的时候,通过园区的信息部,联系当地的车队,把货拉上。司机就在园区周边趴活,他们本来收入就不高,还要把一部分钱交给信息"黄牛"。而且司机返程的时候就往往是空车了,为了多挣钱,一些司机就会冒险超载。

罗计物流从打车软件获得很多启发,它们发现运营货运物流软件,和打车软件相比,有一些不同之处:打车软件是乘客与司机之间的匹配,容易做到标准化。但是货主和货车司机之间的匹配是多维度的,包括运输货物类型、运输距离、车辆类型等一系列因素,定价、信誉机制方面更加复杂。司机对智能手机很依赖,因为他们要等一个活儿要好几天,没什么事干,就经常看手机,他们是可以接受APP的。

罗计物流所切入的货运物流市场究竟有多大?货运物流的效率是非常低的,其中蕴含着巨大的市场整合空间。全国有3 300多万卡车司机,承载着中国物流75%的运输任务,空载率高达40%。物流企业也是小、散、乱,40%的物流公司只有1台货车。

罗计物流的盈利模式是什么？它们发现货车司机是对价格高度敏感的群体，很难在他们身上"拔毛"。他们之所以愿意使用罗计物流的服务，就是因为罗计物流不收中介费，给他们省钱了。现在，罗计物流最主要的任务是用户推广，平台形成之后，它的数据会产生巨大的价值。比如，平台上面可以有衍生的保险服务、加油服务、汽车修理服务等，都是潜在的增值空间。

三、智慧平台、信誉体系依赖体验物流

如今互联网物流公司层出不穷，竞争十分激烈，罗计物流的优势何在？罗计的团队很优秀，资金也比较充足，当然，更重要的是踏实做事，真正解决用户最迫切的问题。目前货运行业没有很好的信誉体系，而罗计物流的目标就是要建立物流行业的信誉体系，让最可靠的运力拿到最好的货源，也让最靠谱的货主轻松找到最便宜的运力。其实罗计物流早就走在了互联网＋货运的前列。作为市场保有量第一的罗计物流智慧平台，其主要产品为物流移动信息平台——罗计智慧物流，分别有"罗计找车""罗计找货"APP，通过精准高效的信息匹配撮合货源方与司机方交易，现有司机端客户125万个，货主端客户112万个，日货源数达到12万条。

罗计物流以降低用户使用成本为己任，基于大数据为货主与司机搭建免费中介信息与交易平台，以简单、便捷的操作方式，快速聚拢庞大的货源与车源信息，使双方信息匹配、价格体系公开透明，减少了司机和货主之间的中间环节，使各自利益最大化。

罗技物流的入场，凭借的是对货运市场的深入观察和调研。在罗技物流创业团队看来，货运O2O模式还处于市场探索阶段，货运APP的普及和交易模式的变化也注定是一个逐渐渗透的过程，急于挑战固有的商业模式和市场关系或许并不是最聪明的做法。比如，可以先在一个区域范围内打下一定基础，培育出一个相对成熟的模式之后，再去复制推广。

在线服务上采用"小步快跑"是较为稳妥的策略。罗技物流平台先后上线不到4个月，产品迭代已经很多次，功能不断完善，只要用户反馈问题，第一时间就着手解决。

（案例来源：中国电子商务研究中心）

案例分析

公路货运车辆空驶率高达40%，的确是社会的地方痛点，货运市场未知的需求就是机会，而机会永远存在未满足的客户需求之中。以罗技物流APP为代表的试图打造货运O2O模式的物流信息平台，虽然推广过程会遇到各种阻力，但多数业内人士仍坚信，货运O2O模式的未来无可限量。

罗计物流平台的优势主要有以下几点。

（1）免费提供货源、车源信息。

（2）信息翔实，安全可靠。罗计物流的所有信息都经过公司客服人员审核并提供历史交易记录参考，信息真实可靠，彻底消除了货物、物流公司和司机的安全顾虑。

(3) 随时随地，无空间约束。罗计物流给用户带来的最大便利就是你可以在任何时间、任何地点进行办公，没有时间和空间的约束，罗计物流通过深度整合网络和智能手机的优势给用户提供了优秀的操作体验和安全的交易环境。

(4) 简单易用，零学习成本，在操作上酷似滴滴打车、快滴打车等耳熟能详的打车软件。罗技物流的智能配货、服务模式很新颖。在智能配货方面，罗技物流通过GPS定位为用户智能推荐身边货源、司机，并利用云服务第一时间更新车源货源信息。此外，罗计物流还为用户提供了直接拨打电话、返程货源推送等功能，极大地提高了物流行业的配货调车效率，为物流信息化建设作出了巨大贡献；服务模式方面，一改以往配货软件按单收费的模式，罗计物流免费为司机和货主提供货源、车源信息，最大限度降低了司机和货主的时间成本，为物流的互联网化创造了极大的想象空间。

罗计物流给我们提供了创新思路和体验式物流的模式，通过深度整合网络和智能手机的优势，给用户提供了优秀的操作体验和安全的交易环境。

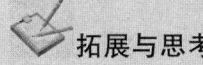

拓展与思考　　1. 罗计物流推出体验物流的长期竞争优势在哪里？
2. 罗计物流的创新模式的推广应用能否帮助我国公路货运车辆降低空驶率？

第二节　物流信息化创新

信息化是现代物流业的灵魂，一个个"信息孤岛"无法连通，是传统物流业转型升级的巨大障碍。信息化更是物流企业的"眼睛"，没有"眼睛"，物流企业看不到光明，也看不清未来。货主不知道自己的货在什么位置、什么时候能够到达指定地点；物流企业不知道在什么地方可以拉到货、什么时候能够把货运到；车船主满载货物到达一个地方后，不知道回来能不能拉到货，也不知道为了拉到货要等多长时间；司机不知道哪条路会更畅通，哪条路前方发生了交通事故……

正是由于一个个"信息孤岛"无法连通，一个个物流企业都没有"眼睛"，它们不得不像盲人一样要么摸着石头过河，要么不停地"问路"或者请别人"带路"，物流效率因此而大大降低，物流成本也因此上升。

信息化建设对于物流企业，犹如眼睛对于盲人一样异常的迫切。但是对于每个环节上的每个企业，都无法承担信息化开发和维护所需的巨大成本。实践告诉我们，物流信息化的提升，不是一个企业、一个区域、一个行业的物流信息化的提升，而是覆盖所有经济行业、涉及所有经济过程、服务整个国民经济社会的交通物流行业信息化的整体提升，这是一项浩大的系统工程。

政府无疑要成为这一工程的推动者和建设者，企业、科研机构等社会各界也要积极参与进来，形成物流信息化建设的合力。我们欣喜地看到，交通运输行业主管部门正在像抓有形的高速公路建设一样，狠抓交通物流公共信息平台这一无形的"信息高速公路"的建设；众多央企、科研院所也率先挺身而出，扛起了汽车物联网探索的大旗。

【案例 1-2-1】
德邦物流如何让大象起舞

德邦物流公司创始于 1996 年 9 月,是国家"AAAAA"级物流企业,主营国内公路零担运输业务。德邦物流 2012 年的营业额达到了 60 亿元,并且每年保持 60% 的速度增长。截至 2013 年 8 月,公司已开设直营网点 3 700 多家,服务网络遍及全国,自有营运车辆 6 600 余台,全国转运中心总面积超过 88 万平方米。近年来,早已坐稳了国内零担物流行业老大宝座的德邦物流保持着每年 20% 以上的复合增长率。2014 年,德邦物流营业收入约为 112 亿元,净利润约为 5 亿元。同年上马的德邦快递业务收入约 5.3 亿元,月平均净增长率在 30% 以上。

德邦物流秉承"承载信任、助力成功"的服务理念,在行业发展的高峰时期,德邦物流的年增长速率一度达到 60% 以上,最高峰值接近 85%,并获得"全国先进物流企业"等荣誉称号,不能说名气不大。德邦物流志在成为中国人首选的国内物流运营商,公司以"为中国提速"为使命,凭借严谨的运作体系和持续完善的服务网络,竭诚为广大客户提供安全、快速、专业的精准物流服务。

德邦物流始终以客户为中心随时候命、持续创新,始终坚持自建营业网点、自购进口车辆、搭建最优线路、优化运力成本,为客户提供快速高效、便捷及时、安全可靠的服务体验,助力客户创造最大的价值。

德邦物流秉承"承载信任、助力成功"的服务理念,保持锐意进取、注重品质的态度,强化人才战略,通过不断的技术创新和信息化系统的搭建,提升运输网络和标准化体系,创造最优化的运载模式,为广大客户提供安全、快速、专业、满意的物流服务。一直以来,德邦物流都致力于与员工共同发展和成长,打造人企双赢。在推动经济发展,提升行业水平的同时,努力创造更多的社会效益,为国民经济的持续发展,和谐社会的创建作出积极贡献,努力将德邦物流打造成为中国人首选的国内物流运营商,实现"为中国提速"的使命。

作为一家物流企业,服务的安全、便捷、高效,依赖于企业对资源的合理调配。原来企业不大时,可以依赖经验进行资源配置,但当企业越来越大,人脑的容量已经不能处理如此庞大的信息,就必须依赖 IT——通过先进的算法和海量的数据,计算出最优的资源配置方式。

算法和数据来自何处?自然是来自各个生成相关工作流的部门,来自它们的专业知识。其实,截至 2014 年年末,德邦的员工总数达到 7 万多人,这其中就有近 5 000 人的职能部门人员。表面上看,德邦物流是一个劳动密集型企业,其实它是一个"劳动密集型形态包裹的算法企业"。以德邦物流的自建店面为例,其专业人员进行了精确分析,考虑了若干变量,以形成合理选址,关店率低到可以忽略不计。

德邦物流的高管团队渐渐发现:临时的游击战不是正途,所有的跨部门协作都应该是固化的高效流程和标准,都应该 IT 化。于是,2014 年,在"企发办"之下又成立了两个部门——流程支撑中心和数据支撑中心,分别被定位为"把业务语言翻译为 IT 语言"和"把业务运转翻译为 IT 系统中的数据",有了"企发办"靠实权建立的"网状目标结构"和"项目协作机制",德邦物流正式开始了过渡为无边界组织的进程。

随着各部门协作的日益增多,大家都发现了数据是最好的沟通语言。走进德邦物流任何一位高管的办公室,办公桌上几乎都是大量的数据报表,每张报表上充斥着密密麻麻的数据,密集之程度要用卡尺才能看清楚。在管理层眼中,整个企业都可以用数据和算法来解构。

其实,早在2000年,德邦物流就在行业内首先研发使用了"飞行-2000"信息系统,此后数年,TIS系统、ERP系统相继借力,支撑了德邦十多年的快速发展。信息系统的优化,逐渐覆盖了德邦物流的业务,并统一了每个系统之间的数据接口,形成了一个"大数据云台"。好处在于,所有的业务都可以数据化,决策也可以基于数据。德邦物流一方面将IT系统覆盖到每个业务领域,另一方面也通过IT语言来解决管理问题。

德邦物流经营发展的状况如下所示。

一、稳扎稳打扩大网点重设,网点数量翻一翻

过去十年一直"狂奔前进"的公路运输业中,不买地囤地、不加盟只直销、不搞多元化的德邦物流是个异类。德邦物流投资规模圈定5亿元人民币,2012年开始在国内6大核心区域(广州、深圳、上海、华北、中部和西南)进行战略重设,这些地方的运营中心将重新选址和规模扩建,"扎营计划"就此形成。

从近几年网点数量的增加速度,可以看出德邦物流整体业务的状况。因为80%的销售额来自终端网点,只有20%来自电话呼叫中心和网上下单。德邦从2003年开始在全国开设统一标识、统一装修的店面,到2008年这种网点的数量只是个位数,到2009年年末达到740个,新增259个,增加了53%。到2012年网点数字是2 900个。每年的网点数量都在不断地增加。经计算,开设一个单店,从租金、装修、人员配备、车辆等直接支出加上附近运转中心面积增加的成本,总支出为30万~40万元。而目前全国所有网点的月平均营业额在24万元左右。新网点的选址非常考究,应考虑各个方面,德邦物流公司表示基本"与当地GDP成正相关",越是发达的区域网点越密集。"选点有一个评分机制,地区经济、交通量、人流量、附近有多少餐厅、银行、超市,所有这些和潜在货量有关系的指标都可以打分,如果符合以上要求并且分数到达80分,那么这个地方就可以开店,所找地点达到90分的员工就可以有1 000块的选址奖励。"一般来讲,一个店开业之后半年左右才能开始盈利,而在整个物流行业里,很少有公司愿意出资自建网点,一般采取加盟的方式。德邦物流选择自建网点,不允许加盟。随着网点的增多,各个网点间的联系加强,网点间的区域往返线路变得密集起来。

二、联手阿里巴巴集团开设网上营业网点

成为淘宝"推荐物流供应商"的德邦物流也已正式和阿里巴巴签订协议,服务于阿里巴巴卖家。随着消费者习惯的改变,德邦物流积极拓展网上、电话等非门店下单的比例,将这个比例从20%提高到25%。阿里巴巴是帮助其提高网上下单份额的重要一步。由于大客户回款慢,这会对资金造成压力,所以德邦物流近期不会把大企业当做目标客户,目前德邦物流60%左右的货量来自中小型厂家,其次是个体和商贸物流,再加上小部分零星托运,包括行李、展会用品等。

三、应对客户长尾需求的最佳组织模式

原来的德邦物流,依靠其他竞争者无法提供的标准化服务,风光无限。用德邦人的话

来说,"货多的时候,人家排着队等发货。"所以,他们单单吃那些对价钱不敏感、对时效和服务敏感的中小零担客户就已经吃不完,这是整个零担物流市场这块蛋糕顶端的奶油部分。那个时候的德邦,用"聚焦中小零担客户"的姿态拒绝掉了不少业务,如拒绝大客户、标准化操作、大货不送、易碎品不送,等等。

但是,2014年,德邦在零担领域曾经的差异化产品优势开始消失;其他竞争对手愿意提供更加贴近用户的增值服务。例如,德邦物流只提供运输服务,在家俱运输上,有的物流公司还能提供货到后的安装。管理层嗅到了浓烈的火药味。"以客户为中心","让一线直接呼唤炮火(华为语)"成为了大会小会上说得最多的话。

此时,混合式管理的组织模式难以适应差异化竞争的需求——纵向边界上,职能部门在回收战略控制权的同时,日益成为真正的决策中心,而一线部门尽管合并了经营、运营,成为独立的责任主体,却依然仅仅只拥有执行权。同时,横向边界在调整之后越来越强大,尽管通过总部的统一规划各司其职,避免了内耗,但也让临时的协同变得找不到方向。

德邦物流已经意识到,自己正在打造云组织。原来调动各部门的资源是凭借经验,某个部门发起一个项目,再思考应该加入哪几个专业部门,而现在,仅仅在云台上观察,界定自己需要影响哪些数据表现,而这些数据受到哪些上游数据影响,在此基础上,将决定这些数据表现的部门引入项目即可。如此一来,组织结构进一步被"极致扁平化",且直连云端,可以随需被调用,这才是应对客户长尾需求的最佳组织模式。

四、做到了作业流程标准化及顾客服务人性化

一直以来,德邦物流视客户为一起成长的亲密伙伴。在德邦物流眼中,客户所托付给自己的,不单单是一件货物,更是一份沉甸甸的信任。既然承接了客户交付的信任,就一定要把这份信任安全送达收货人手中,帮助客户获得生意的成功。为了更好帮助客户成功,从2009年开始,德邦物流重新定位自己——做中国"精准物流领导者"。精准,即是对客户的货物,精准把控从下单到交货之间的每一个细小环节,确保100%安全到达。为实现这一点,德邦做到了作业流程标准化及顾客服务人性化。

(1) 作业流程标准化。德邦在标准化作业方面已遥遥领先国内同行。从下单、装卸、运输到提货各个环节,都做到了规范化管理。比如,卸货时,一定要使用自动卸货架;员工搬货时要戴上防滑手套;货物要细致归类,严禁重压倒立放置;使用全封闭箱式卡车运输等。

(2) 顾客服务人性化。想客户所想,急客户所需。德邦物流根据客户货物材质的不同,为客户设计最佳的包装方案;GPS定位全程跟踪,方便客户即时查询货物的位置和状态,货到短信告知;为客户代收货款,帮助客户及时并安全地回笼资金;提供保价运输,为客户解决货物出险的后顾之忧……一切只为尊重客户对德邦物流的信任,帮助客户成就生意。

(3) 德邦正在低调尝试借助电子商务的信息化过程。此前德邦物流正在使用互联网技术来提升公司信息化建设,如今德邦物流已在上海、广州等地推广RAID技术,经过扫描枪进行电子配货,大大提升了装货效率。据悉,德邦物流每年投入到IT系统建设的资金都达千万元之巨。而随着德邦物流对IT系统的持续投入,会有更多的客户通过网络来完成物流消费。很显然,一边强化传统网点的布局,一边加速物流信息化的建设,"中国

式"物流正在从传统的汽车运输向一个信息化的产业蜕变。

（资料来源：中国大物流网）

案例分析

  物流管理的基础是物流信息，是用信息流来控制实物流，因而一体化物流服务必须在提供实物流服务的同时，提供信息流服务，否则物流公司还是物流功能承担者，而不是物流管理者。USCO物流公司为SUN提供服务器维修零配件物流信息平台、使SUN及其50多个供应链伙伴实时共享订单、选货和库存信息，取得消除中间环节、缩短交货期、提高客户服务水平的效果，被称之为第三方信息提供商。

  德邦物流创新的重点是演绎了网络化—标准化—系统化—信息化—人性化这个创新逻辑，对产业内企业具有一定的借鉴作用。

  德邦物流创新原因主要体现在渐进性需求的推进，网络化是规模化的需求所致；标准化是提高效率从而保证网络化实施；系统化是集成的需求，利用标准化集成降低成本，利用信息化保证系统化，才能满足个性化要求。物流创新效果主要体现在提高顾客满意度，在此基础上降低成本、提高效益。

> **拓展与思考**
> 1. 德邦物流面临什么样的环境和需求？
> 2. 试分析德邦物流还会有哪些新的创新轨迹？
> 3. 反思为什么物流企业信息化之路不能照搬？

【案例 1-2-2】
宝供物流如何建设信息化网络

  宝供物流企业集团有限公司是国内第一家以物流名称注册的企业集团。目前该集团已在全国40多个城市建立了7家分公司、56个办事处，形成了一个覆盖全国，同时向美国、澳大利亚、泰国和中国香港等地延伸的物流运作网络，为全球500强中40多家大型跨国企业及国内一批大型制造企业提供物流服务，是当今国内领先的第三方物流企业，并被摩根斯坦利评估为中国最具价值的第三方物流企业。当前，宝供物流已在全国80多个城市建立了分、子公司或办事处，形成了一个覆盖全国的业务运作网络和信息网络，协助客户开拓国内市场，抢夺市场先机。宝供物流与国内外100多家企业包括宝洁、联合利华、安利、红牛、强生、飞利浦、三星、索尼、中石油、中石化、阿克苏诺贝尔、福田汽车、丰田汽车、吉利汽车、汉高、李宁等世界500强或国内大型制造企业结成战略联盟，为他们提供物流咨询、物流运作、增值服务、信息服务、资金服务等供应链一体化的综合物流服务，成功地为这些企业在降低运营成本、提高服务水平等方面创造价值，提高竞争力。宝供物流汇聚和培养了一大批熟悉中西文化、深谙现代物流和供应链管理内涵、具有丰富运作经验的员工队伍。目前企业有员工2 200多人,管理人员占总人数的12.3%;工程技术人员占总人数的23.6%。大学以上学历的员工达到70%,拥有包括教授、博士、硕士在内的高层次、高素质的专业人才,还聘请了国内外大批物流领域的资深人士组成专家顾问团,提高了企业的咨询、决策水平。宝供物流的业务范围包括物流规划、货物运输、分销配送、储存、信息处理、流通加工、国际货代、增值服务等一系列专业物流服务。宝供物流是目前我国最具规模、最具专业化的现代第三方物流企业。宝供物流是国内第一家将工业化管理标准应用于物流服务系统的企业,并全面推行GMP质量保证体系和SOP标准操作程序,宝供物流的整个物流运作自始至终处于严密的质量跟踪及控制之下,确保了物流服务的可靠性、稳定性和准确性。宝供物流的货物运作可靠性达到99%,运输残损率为1‰,远远优于国家有关货物运输标准。宝供物流具有强烈的社会责任感,长期热衷于社会公益事业。宝供物流成长与发展的基本做法与经验,主要包括以下几个方面。

一、经营理念现代化

基于对市场的敏锐分析和判断,宝供物流自成立之日起,就认真吸取国外先进物流理念,破除传统的思维定势,改变传统认为物流"就是简单地把货物从甲地运送到乙地"的旧的业态认识,积极推动企业向现代物流企业转变。宝供物流按照"更新、更高、更全面"的目标要求,顺应经济国际化、一体化的趋势,瞄准国内外大型企业和跨国公司,主动与其合作,在合作中提升自己,完善自己;树立"为客户创造价值"的经营理念,全面、系统、有效地支持客户的发展需求;坚持科技领先,秉承"不管大步小步,始终迈前一步"的创新理念,在现代科技和信息化的引领下,不断总结和提升经营管理模式,充实服务内容,提高服务质量;奉行人才第一、遵循"以人为本"的管理理念,突出"人才效益"优势,通过不断完善的培训和激励制度,广纳国内外物流人才。

二、物流供应链一体化

为满足客户的物流服务需要,宝供物流在国内率先打破传统的分块经营、多头负责的储运模式,建立门对门的物流服务方式,实现从生产中心到销售末端,无论中间经过多少环节,采用多少运输方式,一概实施全过程负责的供应链一体化服务。宝供物流首先采用这种方式为宝洁公司服务,使宝洁公司在中国的分销业务得以顺利开展,市场不断扩大,取得了良好的经济效益和社会效益。此后,宝供物流不断探索,努力开拓,进一步优化供应链,对不同货运公司、仓储公司以及各种社会资源等物流系统进行一体化整合,减少流通环节和作业过程,形成了在物流经营中为客户提供物流策划、物流增值、物流信息、物流运作和资金流的供应链一体化物流服务体系。从2000年至今,宝供物流已先后完成了对红牛、联合利华、飞利浦、TCL等客户的物流系统整合优化,使客户分销中心数量、库存量明显降低,宝供物流本身的服务质量也得到极大提高,创造了巨大的整合价值。为进一步满足市场需要,宝供物流正按照国际先进物流基地的建设理念,在全国一些主要城市投资兴建大型现代化物流基地。

三、技术手段信息化

宝供物流从1997年开始,累计投入1 000多万元资金,建设了功能强大的物流信息管理系统,实现了对全国各地物流运作信息实时动态的跟踪管理,确保信息处理的及时性、准确性和有效性。2001年,借助VPN平台、XML技术,宝供物流实现了与飞利浦、宝洁、红牛等客户电子数据的无缝链接,全面代替了传真、输单等手工操作,彻底摆脱了落后的手工对账方法,而代之以利用数据库、网络传递等计算机辅助手段来实现数据的核对、归类、整理,极大地提高了工作效率,使集团成为国内最早以信息服务驱动提供物流全面解决方案的第三方专业物流公司,被英特尔公司誉为目前国际上最先进的物流信息系统公司。

四、服务方式标准化

宝供物流始终把建立规范的操作程序作为提高服务效率和质量的重要保证,将工业化的管理标准及质量保证思想应用于物流服务系统,并全面推行 GMP 质量保证体系和 SOP 标准操作程序,成为国内第一家通过美国 GMP 认证的物流企业。通过推行全面质量管理,以标准操作程序为手段,宝供集团在全国物流行业中首先建立起了有效的质量保证体系,形成了覆盖全国的物流运作网络,使集团的整个物流运作自始至终处于严密的质量跟踪及控制之下,确保了面向客户的规范化、模块化和一致性、一体化服务,大幅提高物流服务的可靠性、稳定性和准确性。目前,宝供物流的货物运作可靠性达到 98%,运输残损率为 1‰,远远优于国家有关货物运输标准。

五、人才密集化

宝供物流领导层在企业发展过程中,始终高度重视吸引人才、培养人才。在集团组建初期,由于业务发展的需要,集团诚邀专家加盟,从而揭开了宝供物流富有划时代意义的信息革命。通过高起点招聘、加强培训、完善用人机制和激励机制,逐步建立了一支以教授、博士、硕士等高层次、高素质专业人才为核心、熟悉现代物流和供应链管理内涵且具有丰富物流运作经验的员工队伍,为企业的发展壮大提供了强有力的智力支持。

目前,宝供物流正朝着"成为中国领先的供应链服务商"的目标而不懈努力,矢志成为亚洲区域内具有较强影响力和竞争力的物流运营商。

案例分析

宝供物流的创新特点是经营理念现代化、物流供应链一体化、技术手段信息化、服务方式标准化、人才密集化;创新重点是确保了面向客户的规范化、模块化和一致性、一体化服务,大幅提高物流服务的可靠性、稳定性和准确性。作为国内较早的第三方物流企业之一,宝供物流力求成为中国领先的供应链服务商。只有实现信息化的物流配送才能满足商流与物流分离运作、有效协同的要求。

信息化建设一方面有助于新型顾客关系的建立。信息技术使宝供物流通过与它的顾客和供应商之间构筑信息流和知识流来建立新型的顾客关系。另一方面有利于改进渠道的效率,便利流通。宝供物流利用互联网与它的营销商协作建立零售商的订货和库存系统,通过这样的信息系统可以获得有关零售商的商品销售信息,在这些信息的基础上进行连续库存补充和销售指导,从而与零售商一起改进营销渠道的效率,提高顾客满意度。此外,信息化建设还有利于构筑企业间的价值链,改变传统的供应链构成。通过利用每个企业的核心能力和行业共有的做法,信息技术开始用来构筑企业间的价值链。

宝供物流知道企业的命运掌握在客户手中,市场是企业利润的最终决定者,企业物流协作联盟管理信息化,已成为现代企业管理中的一部分。在电子商务中,信息、物流与支付是运行系统的三大基础支持,缺一不可。

效果评价:链型"物流"又称"供应链"物流,是近年新发展起来的新型物流经营方式,它是由多企业、多行业根据自身的发展与需要,相互间结成的供应链体系,是现代企业适应市场竞争与合作需要,形成的战略联盟体,更能充分发挥物流市场效益。物流配送信息化,就是运用现代信息系统与电子化手段,加强对企业物流链管理,形成企业物流的支撑体系,进而实现物流配送的高效率与高效益。

从国际上看,国家交通物流公共信息共享平台是我国掌握话语权的少数信息整合系统之一,我国应从国家层面给予扶持,消除障碍,对这一信息处理中枢加以推广应用,尽快做大做强,推进物流业信息流的深加工,对平台所提供的公共管理的新领域加以研究,并适时把握国际物流业话语权。

因此,一方面要着力研究物流电子平台对供应链的提升能力,探索海关、铁路、水路、民航等全行业的互联互通,打通国际、国内、港口、内陆物流之间的数据链瓶颈,实现园区、港区、海关监管区等节点的信息互联。另一方面要研究平台所提供的公共管理新手段,推动电子平台与物联网相结合,实现产品的全程跟踪,弥补原来物流阶段的监控盲点。

物流过程一直以来是企业关注的焦点,也是难点,企业难以管控物流过程,为此,企业采用物流可视化可以解决这个难点。给每个企业都装上信息化的"眼睛",物流业将迎来光辉灿烂的明天。

物流信息化建设对于物流企业,犹如眼睛对于盲人一样异常的迫切。但是对于每个环节上的每个企业,都无法承担信息化开发和维护所需的巨大成本。

(案例来源:《物流技术与应用》2009 年 3 期)

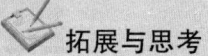 **拓展与思考**
1. 信息化建设对于宝供物流有哪些重要作用?
2. 宝供物流信息化建设的发展方向如何?
3. 为什么宝供物流强调"全程物流信息服务"?
4. 什么是面向整个社会的、全球化的"网络物流"?

第三节 物流系统化创新

【案例 1-3-1】
海尔物流"一流三网"的管理理念

海尔物流在当初的物流重组阶段,整合了集团内分散在 28 个产品事业部的采购、原材料仓储配送、成品仓储配送等职能,并率先提出了三个 JIT(just in time)的管理,即 JIT 采购、JIT 原材料配送、JIT 成品分拨物流。通过他们,海尔物流形成了直接面对市场的、完整的以信息流支撑的物流、商流、资金流的同步流程体系,获得了基于时间的竞争优势,以时间消灭空间,达到以最低的物流总成本向客户提供最大的附加价值服务。

海尔作为中国品牌、中国制造业的代表,很早就开始了互联网思维的创新。海尔对商业模式的探索主要包括两方面:战略和组织架构。在战略上,变成了"人单合一双赢"的模式。"人"就是员工,"单"就是员工的用户,"双赢"就是这个员工为用户创造的价值以及他所应该得到的价值。在这个理论下,海尔现在的8万多员工一下子变成了2 000多个自主经营体的"小海尔"模式,一般最小的自主经营体只有7个人,把原来的金字塔模式给压扁了。

在要么触网、要么死亡的互联网时代,海尔作为国内外一家著名的电器公司,迈出了非常重要的一步。海尔公司与 SAP 公司合作,首先进行企业自身的 ERP 改造,随后便着手搭建 BBP 采购平台。从平台的交易量来讲,海尔可以说是中国最大的一家电子商务公司。

通过 BBP 交易平台,每月可接到6 000多销售订单,定制产品品种逾7 000个,采购的物料品种达15万种。新物流体系降低呆滞物资的73.8%,库存占压资金减少了67%。通过与 SAP 公司的合作,海尔物流成为国内首家达到世界领先水平的物流中心。

SAP 公司主要帮助海尔完善其物流体系,即利用 SAP 公司的物流管理系统搭建一个面对供应商的 BBP 采购平台,它能降低采购成本,优化分供方,为海尔创造新的利润源泉。如今,海尔特色物流管理的"一流三网"充分体现了现代物流的特征:"一流"是以订单信息流为中心;"三网"分别是全球供应链资源网络、全球用户资源网络和计算机信息网络。"三网"同步运行,为订单信息流的增值提供支持。

(1) C2B+顾客需求 DIY。C2B 是以聚合消费者需求为导向的反向电商模式。以销定产,零库存的情况下先销售然后进行高效供应链的组织,或者说供应链的组织已经完成,必须根据销售的情况来决定生产的排布。C2B 预售同时针对用户加入个性化 DIY 元素,在海尔商城设立"立刻设计我的家"和"专业设计师"平台实现买家的个性化创意。

(2) 物流方面。海尔物流在全国共有83个仓库,定制产品从生产下线到用户家中控制在5~7天。目前海尔日日顺已在全国建7 600多家县级专卖店,26 000个乡镇专卖店,19万个村级联络站,2 800多县建立了配送站,3 000多条配送专线,6 000多个服务网点。其运营策略包括:①真正的库存在路上;②服务整合,送装一体;③一张物流网服务线上线下多渠道。

(3) 在供应链管理阶段,海尔物流创新性地提出了"一流三网"的管理模式。海尔集团加强以"市场链"为纽带的业务流程再造,以订单信息流为中心,带动物流、商流、资金流的运转。

好的企业满足需求,伟大的企业创造市场。海尔物流拥有了三个 JIT 的速度、"一流三网"的资源和信息化平台的支持后,在不断完善内部业务运作的同时,积极发展品牌集群和社会化物流业务。其一是品牌集群,打造一条完整的家电产业链。其二是构建社会化的采购平台。海尔在全球有10个工业园,30个海外工厂及制造基地,这些工厂的采购全部通过统一的采购平台进行,全球资源统一管理、统一配置,一方面实现了采购资源最大的共享,另一方面全球工厂的规模优势增强了海尔采购的成本优势。

海尔通过整合全球化的采购资源,建立起双赢的供应链,多产业的积聚促成一条完整的家电产业链,极大地提高了核心竞争力。强大的全球供应链网络,使海尔的供应商由原来的2 200多家优化至不到800家,而国际化供应商的比例却上升至82.5%。目前世界五百强企业中有1/5已成为海尔的合作伙伴。全球供应链资源网的整合使海尔获得了快速满足用户需求的能力。

海尔物流在发展企业物流的同时,成功地向物流企业进行了转变,以客户为中心,为客户提供增值服务。目前海尔第三方物流服务领域正迅速拓展至IT业、食品业、制造业等多个行业,并取得一定成效。此外,在不断拓展第三方物流业务的同时,海尔开始提供第四方物流服务,同第三方物流相比,第四方物流服务的内容更多,覆盖的地区更广,更能开拓新的服务领域,提供更多的增值服务。它帮助客户规划、实施和执行供应链的程序,并先后为制造业、航空业等领域的企业提供了物流增值服务。现在看来,物流业务已经成为海尔一个新的经济增长点。

海尔集团首先根据其发展战略的需要,改变了传统的按库存生产(MTS)的模式,转而采用按订单生产(MTO)的管理模式,消除了对需求预测的盲目性和误差。为了保证按单生产模式的成功,海尔集团实施了现代物流同步的模式,全球供应链网络得到了全面优化整合,国际化供应商的比例大幅度上升,保证了产品质量和JIT交货。

海尔集团每个月平均接到6 000多个销售订单,定制的产品品种达7 000多个,通过整合物流,库存资金减少了67%。海尔物流中心货区面积只有7 000多平方米,但其吞吐量却相当于普通仓库的30万平方米。

在海尔的流程再造中,建立现代物流体系是其关键工程。重整物流,就要以时间消灭空间,用速度时间消灭库存空间。海尔物流中心不是为了仓储而存在,而是为了配送暂存的。如果把传统的企业的仓库比做水库的话,很多企业的问题是出在水库把水蓄死了、蓄臭了,而海尔则是把所有水库的闸门都打开了。

(案例来源:中国物流网)

案例分析

海尔网络营销特色是"一流三网",为订单而采购,消灭库存,双赢,赢得全球供应链网络,实现三个JIT,即JIT采购、JIT配送和JIT分拨物流的同步流程,全球供应链资源网的整合使海尔获得了快速满足用户需求的能力。先进物流技术和计算机信息管理的应用,使海尔物流通过3个JIT实现了同步流程。

海尔的供应链创新与变革模式,是中国制造、中国品牌互联网化的典型代表,值得其他品牌参考学习。张瑞敏说过"你要么是破坏性创新,要么你被别人破坏",可以看出如果中国的传统制造再不转型,未来的路将更加难走。

第一章 物流理念创新

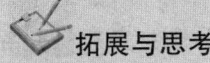

拓展与思考
1. 海尔集团建设了怎样的物流、商流、资金流的同步流程体系？
2. 海尔物流的定位是什么？如何赢得全球供应链网络？
3. SAP 公司主要帮助海尔完善了什么物流体系？
4. 基于 3 个 JIT 来实现同步流程，分析物流企业拓展的可行性。
5. 基于案例分析进行拓展性思考，商贸企业如何构建全球供应链？

【案例 1-3-2】
7-11 高效的物流配送体系

一家成功的便利店背后一定有一个高效的物流配送系统，7-11 从一开始采用的就是在特定区域高密度集中开店的策略，在物流管理上也采用集中的物流配送方案，这一方案每年大概能为 7-11 节约相当于商品原价 10% 的费用。

一、配送系统的演进

一间普通的 7-11 连锁店一般只有 100～200 平方米大小，却要提供两三千种食品，不同的食品有可能来自不同的供应商，运送和保存的要求也各有不同，每一种食品又不能短缺或过剩，而且还要根据顾客的不同需要随时调整货物的品种，种种要求给连锁店的物流配送提出了很高的要求。一家便利店的成功，很大程度上取决于配送系统的成功。

7-11 的物流管理模式先后经历了三个阶段、三种方式的变革。起初，7-11 并没有自己的配送中心，它的货物配送是依靠批发商来完成的。以日本的 7-11 为例，早期日本 7-11 的供应商都有自己特定的批发商，而且每个批发商一般都只代理一家生产商，这个批发商就是联系 7-11 和其供应商间的纽带，也是 7-11 和供应商间传递货物、信息和资金的通道。供应商把自己的产品交给批发商以后，对产品的销售就不再过问，所有的配送和销售都会由批发商来完成。对于 7-11 而言，批发商就相当于自己的配送中心，它所要做的就是把供应商生产的产品迅速有效地运送到 7-11 手中。为了自身的发展，批发商需要最大限度地扩大自己的经营，尽力向更多的便利店送货，并且要对整个配送和订货系统作出规划，以满足 7-11 的需要。

渐渐地，这种分散化的由各个批发商分别送货的方式无法满足规模日渐扩大的 7-11 便利店的需要，7-11 开始和批发商及合作生产商构建统一的集约化的配送和进货系统。在这种系统之下，7-11 改变了以往由多家批发商分别向各个便利店送货的方式，改由一家在一定区域内的特定批发商统一管理该区域内的同类供应商，然后向 7-11 统一配货，这种方式称为集约化配送。集约化配送有效地降低了批发商的数量，减少了配送环节，为 7-11 节省了物流费用。

二、配送中心的好处

特定批发商（又称为窗口批发商）提醒了 7-11，何不自己建一个配送中心？与其让别人掌控自己的经脉，不如自己把自己的脉。7-11 的物流共同配送系统就这样浮出了水面，共同配送中心代替了特定批发商，分别在不同的区域统一集货、统一配送。配送中心有一个电脑网络配送系统,分别与供应商及7-11店铺相连。为了保证不断货,配送中心一般会根据以往的经验保留4天左右的库存,同时,中心的电脑系统每天都会定期收到各个店铺发来的库存报告和要货报告,配送中心把这些报告集中分析,最后形成一张张向不同供应商发出的订单,由电脑网络传给供应商,而供应商则会在预定时间之内向中心派送货物。7-11配送中心在收到所有货物后,对各个店铺所需要的货物分别打包,等待发送。第二天一早,派送车就会从配送中心鱼贯而出,择路向自己区域内的店铺送货。整个配送过程就这样每天循环往复,为7-11连锁店的顺利运行修桥铺路。

配送中心的优点还在于7-11从批发商手上夺回了配送的主动权。7-11能随时掌握在途商品、库存货物等数据,对财务信息和供应商的其他信息也能握于股掌之中,对于一个零售企业来说,这些数据都是至关重要的。

有了自己的配送中心,7-11就能和供应商谈价格了。7-11和供应商之间定期会有一次定价谈判,以确定未来一定时间内大部分商品的价格,其中包括供应商的运费和其他费用。一旦确定价格,7-11就省下了每次和供应商讨价还价这一环节,少了口舌之争,多了平稳运行,7-11为自己节省了时间也节省了费用。

三、配送的细化

随着店铺的扩大和商品的增多,7-11的物流配送越来越复杂,配送时间和配送种类的细分势在必行。以台湾地区的7-11为例,全省的物流配送就细分为出版物、常温食品、低温食品和鲜食食品四个类别的配送,各区域的配送中心需要根据不同商品的特征和需求量每天作出不同频率的配送,以确保食品的新鲜度,以此来吸引更多的顾客。新鲜、即时、便利和不缺货是7-11配送管理的最大特点,也是各家7-11店铺的最大卖点。

(案例来源:思路网)

案例分析

7-11逐渐完善自己的配送系统,可以看出其创新理念是新鲜、即时、便利和不缺货。创新重点是7-11的物流共同配送系统,共同配送中心代替了特定批发商,分别在不同的区域统一集货、统一配送。

共同配送是指为提高物流效率,许多供应商把对某一地区的用户供应的货物集中到同一配送中心,再由配送中心或多个配送主体的联合,统一适时向用户集中配送。共同配送是物流配送发展的总体趋势,但是共同配送的实施需要打破过去的许多常规,在实施过程中会有很多困难。首先,各业种经营的商品不同,不同的商品特点不同,对配送的要求也不一样,这就加大了共同配送的难度;其次,各企业的规模、商圈、客户、经营意识等方面也存在差距,往往很难协调一致;最后,还有费用的分摊、泄露商业机密的担忧等。7-11在共同配送方面作出了大胆的尝试,并取得了一定绩效,值得我们好好去学习。

一家成功的便利店背后一定有一个高效的物流配送系统,通过配送中心可以有效提升便利店的服务质量和水平,降低总成本,进一步推动连锁企业经营能力,扩大企业规模。可以说,7-11的成功和其高效的物流配送系统是密切相关的。

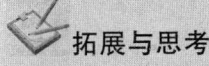

拓展与思考
1. 为什么便利店与配送中心结合能取得成功?
2. 配送中心有哪些类型?配送中心系统如何优化?
3. 在当前经济环境下,如何发展配送中心?需要考虑哪些影响因素?

第四节 物流可视化理念

可视化管理被称为"用眼睛去看的管理"。实现管理的可视化,能够及时发现发生的问题、异常、浪费现象等,从而能够及时解决或预防存在的问题,提高运作效率和准确率,提高顾客满意度,提升企业经济效益和核心竞争力。

物流可视化管理以物流过程监控为基础,通过监控系统收集物流业务过程状态信息和货运物品信息,为企业物流管理提供更为实时准确的数据来源。可视化管理使物流系统的管理者以直观的可视化方式,方便、简捷、清楚地把握物流业务运作过程,实时调整物流业务的管理。

可视化物流系统是指在利用卫星定位、GIS、射频识别(radio frequency identification,RFID)、无线电技术、计算机图形图像等技术构建物流的可视化、自动化平台,从而达到对货物和车辆的全程监控和管理,提高物流服务水平和效率的目的。与传统的物流系统相比,可视化物流系统可以对物流过程进行全程监控,从而提高管理水平。

【案例1-4-1】
中国烟草的可视化管理

一、中国烟草供应链现状

我国烟草行业实行国家专卖制度,农、工、贸,产、供、销,人、财、物等,统一领导,垂直管理,专卖专营。当前,烟草行业在卷烟供应链条上采用的是推式供应链的运作方式,国家烟草专卖局通过计划指标严格控制供应链运作。烟草行业的供应链由工业生产、商业配送及零售三大环节组成,如图1-1所示。其物流活动的主要特点是:物流流向稳定、物流流量稳定、物流流量与流向具有可调控性。

生产环节的核心是各卷烟生产企业(即工业企业),各商业公司为配送环节的主要组织单位。从整个供应链来看,它是以卷烟生产为中心,工业企业和国家烟草专卖局计划指标对整个供应链条起主导的作用,是卷烟供应链上的核心,而行业商业企业则处于被动的地位。

虽然烟草供应链的核心在工业企业,但行业卷烟营销渠道的核心却在商业企业。烟草行业营销渠道采用宽营销渠道,工业企业是通过大量地市级公司将卷烟推销到广大地区和广大消费者手中,商业企业掌握大量的零售客户资源,是将来与外烟争夺的焦点。

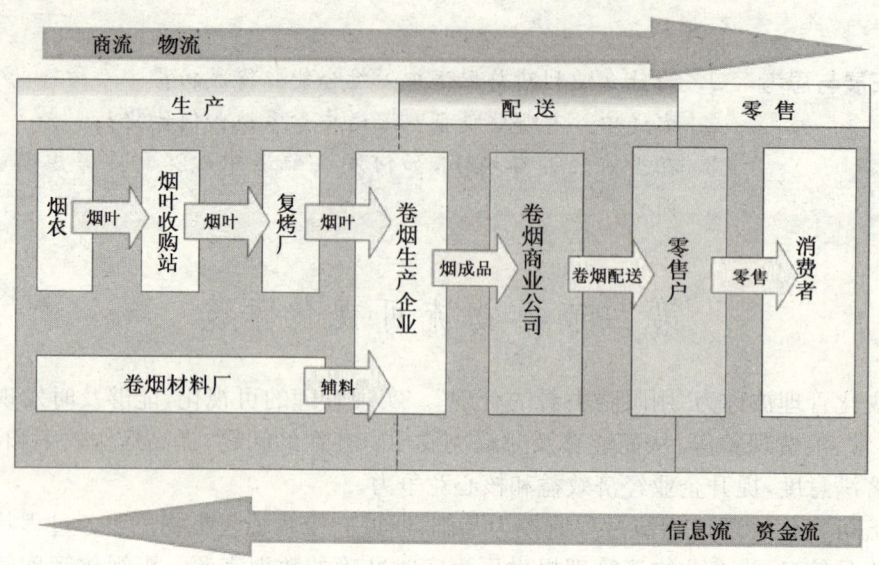

图 1-1　烟草供应链

因此商业企业进行的卷烟物流是烟草供应链重要的组成部分。卷烟供应链如图 1-2 所示。

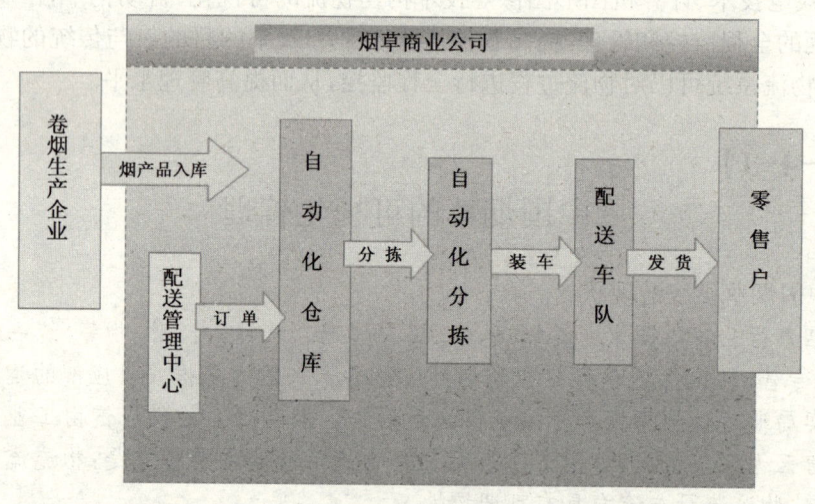

图 1-2　卷烟供应链

商业企业的卷烟物流是按照零售户的订单和各品牌烟的市场销售信息来从工业企业组织货源、维护商业库存量和进行配送的。这种以客户需求为引导的运作方式是现代物流拉动式的表现。

随着近两年来商业企业的物流建设和网络建设的不断推进,在订单采集、呼叫周期、物流响应时间上有很大的改进和进步。但同时卷烟物流的管理有以下主要问题。

(1) 片面强调物流设施的先进性,忽视实用性。

(2) 偏重新建设施,忽视对现有物流资源的整合、开发和应用。

(3)物流信息化建设过于侧重某一环节的功能,忽略了对物流整体过程控制和可视化的支持。

(4)目前的可视化监控系统往往是简单的提供物流业务的实景图或者地理态势图,缺乏与物流业务各个环节紧密结合的流程表示与规划。

(5)缺少对物流质量的把握和相应数据的统计,不利于持续改进。

(6)物流数据分散于多个系统或统计不完全,缺乏对物流数据进行全面的记录、统计和呈现,不利于经营决策。

现代物流建设不仅体现在现代化的物流装备上,最主要还是体现在精益的物流作业方法上。精益物流的核心是消除浪费和持续改进,要想做到消除浪费和持续改进首先要做到物流过程可视化管理。

二、卷烟物流可视化管理的四个核心内容

1. 问题的可视化

可视管理的第一个原则,就是要使问题曝光。现场的问题要让它能看得出来。如果无法检测出异常的话,就无法管理好整个供销过程。

问题的可视化就是指将烟草企业日常活动中发生的种种异常情况与问题及时置于可见状态,包括异常的可视化、差距的可视化、迹象的可视化、真正原因的可视化和效果的可视化。

(1)异常的可视化是将现场发生的异常现象捕捉出来,使其显现出来。

(2)差距的可视化是指与基准、计划之间有差距就说明有问题,利用图表等视觉表现手法将这种差距表现出来。

(3)迹象的可视化是在异常或者差距显示出来之前,抓住异常发生的蛛丝马迹,才能进行事前改进。

(4)真正原因的可视化是指在明确目标的同时找到更多的详细数据和事实,通常情况下就可以发现问题发生的真正原因。

(5)效果的可视化是指进行效果测定,将其结果可视化。

2. 状况的可视化

状况的可视化是指将卷烟企业经营活动的动态可视化。状况的可视化包括基准的可视化和阶段的可视化两个方面。基准的可视化明确了现在业务应该达到的标准,制定业务标准、具体步骤、指导方针与规定,这些都是发现和解决问题的第一步。阶段的可视化是指企业的经营活动存在哪些资源,构建起能将这些有关运营的阶段及时共享的机制是企业管理的基础之一。

3. 需求的可视化

需求的可视化是指烟草企业能够明确地了解顾客的特点及需求。需求的可视化包括顾客需求的可视化和对顾客而言的可视化。顾客需求的可视化是指不论是现有的还是潜在的顾客,企业都应积极倾听顾客声音,把握其需求。对顾客而言的可视化是企业要经常向顾客发出顾客想要了解的商品信息。

4. 管理的可视化

管理的可视化即烟草企业要对自身的经营环节有充分的把握和了解,在运营这个层

面的可视化之上,还要将监督管理运营全体执行情况的层面可视化。

三、物流可视化管理的信息化实现

随着烟草行业的快速发展,烟草的分拣、配送量会越来越大,与之相关的物流生产过程越来越庞杂,生产过程涉及的人、物与设备有很多,物流环节作业的软件多而分散。解决这些问题,需要建立一个统一的可视化物流综合指挥管理信息平台,协调各个子系统的协同作业,实现统一管理、统一分配、统一调度、实现物流全过程可视管理。

(一)系统的定位与特点

(1) 可视化物流综合管理平台的定位:实现烟草配售供应链全过程管理;不影响现有系统应用;系统的管理思路清晰;确保各个物流业务环节数据的透明化;要突出管理和控制;统一管理和协调各个现有系统的资源。

(2) 根据物流可视化管理的要点,此平台在功能上需要具备以下特点:物流配送业务的统一协调与管理,物流配送业务的全过程监控,强大的数据交换能力,严格的节点控制,成本费用的集中管理。

(二)系统的总体架构

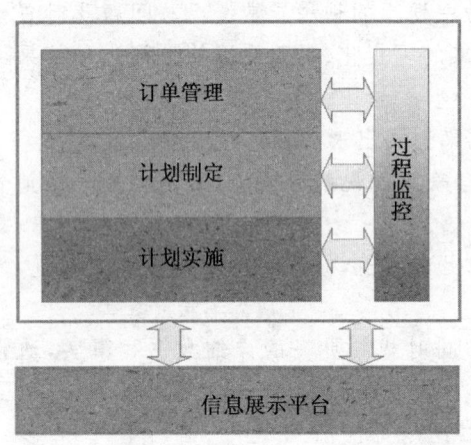

图 1-3　可视化物流综合指挥管理平台的架构

现代物流管理已经从单纯地从物流作业转变为有组织、有计划的运作方式,从接受订单开始,围绕订单,组织合理的资源,作出相应的计划安排,然后才进入实施阶段,即订单—计划—实施模式,其目的是尽可能降低物流的总成本,为客户提供最好的服务。

因此,可视化物流综合管理平台将遵循订单—计划—实施管理模式,负责管理发生在各个物流环节的数据及状态。可视化物流综合指挥管理平台的架构如图 1-3 所示。

订单是整个平台系统的源头,综合库存、分拣系统以及车辆资源等信息作出拣货计划和运输计划,然后通过对计划的实施,来完成整个物流配送业务,而过程监控将实时检测物流各个环节的状态信息。

(三)可视化物流综合指挥管理平台与其他系统的关系

可视化物流综合指挥管理平台与其他系统的关系如图 1-4 所示。

(四)可视化物流综合指挥管理平台的工作流程

可视化物流综合指挥管理平台的工作流程如图 1-5 所示。

1. 平台系统接收订单

这里的订单是指物流订单,销售系统接到销售订单后,平台系统转换成物流订单,统一管理订单,可以对订单进行查询、修改、存档、终止等操作。

2. 根据订单制订计划

计划指的是物流作业计划,可以分为总计划和分计划。总计划是根据总体资源情况

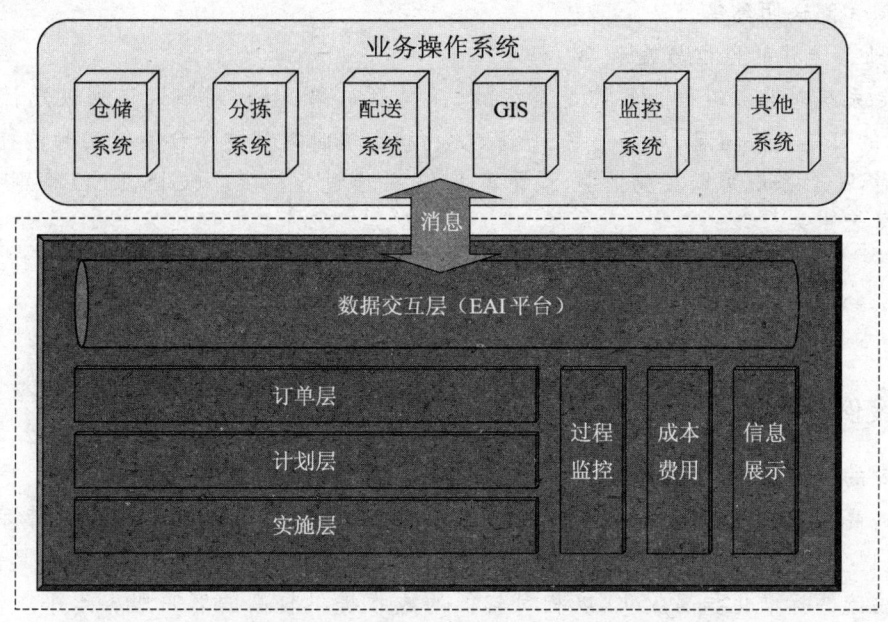

图1-4 可视化物流综合指挥管理平台与其他系统的关系

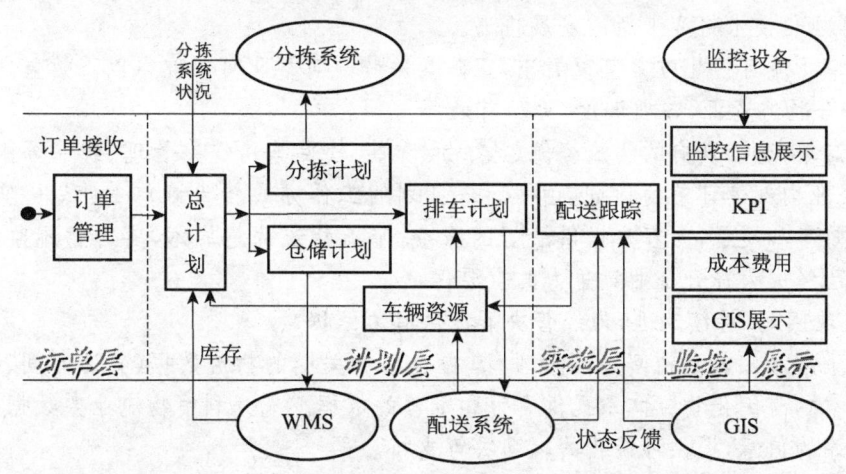

图1-5 可视化物流综合指挥管理平台的工作流程图

(如库存情况、分拣系统能力等)而制作的综合性业务计划,该计划最终演变为实际的分拣计划、仓储计划和排车计划;分拣计划要发送给分拣系统进行实际分拣处理,仓储计划要发送给 WMS 系统,以便 WMS 仓管员安排出库计划;排车计划是根据车辆资源情况和出库安排制定的,同样也要发给配送系统进行处理,配送系统需要根据实际发车情况信息更新车辆资源信息。

3. 计划执行

分拣计划、仓储计划和排车计划的执行是在外部的分拣系统、WMS 和配送系统。当外部系统执行计划的时候,需要把执行的信息反馈到平台系统,以便于平台系统可以监控库存信息和配送明细等。

4. 业务流程的监控与展示

平台系统对业务流程的监控是全程的，从接到订单开始，到制订计划以及计划的执行，所有的订单状态信息、库存信息、资源、货物状态信息等都被平台系统实时监控。当出现问题时，平台系统可以实现报警、预警等工作，并通过各种媒介（GIS、LED等）将以上各种信息展示出来。

（案例来源：万方数据）

案例分析

高效的现代物流体系需要全程物流标准化、自动化和可视化。物流信息化是传统物流发展的高级阶段，以先进的信息技术为基础，注重服务、人员、技术、信息与管理的综合集成，是现代生产方式、现代经营管理方式、现代信息技术相结合在物流领域的具体体现。它强调物流的标准化和高效化，以相对较低的成本提供较高的客户服务水平。快速、实时、准确的信息采集和处理是实现物流标准化和高效化的重要基础。因此电子标识、识别、跟踪和可视化物流管理系统，自动分拣、传输、仓储和机器人作业将大量运用。基于此，物流可视化技术将迎来新的发展机遇。

从烟草物流可视化方案可以看出，正确实施物流可视化可以取得以下效益。

1. 整合物流资源，合理调度，更加有效

围绕订单，整合现有的物流资源（人、物、设备、软件等），统一管理、统一分配、统一调度，实现企业内部各环节的协同，由执行—计划的工作方式转为订单—计划—实施模式，提高工作效率和质量，为客户提供最好的服务，降低物流的总成本，实时物流监控和精细任务调度已经成为提升企业竞争力的重要保证。

2. 发现问题，持续改进，为经营决策提供有力依据

正确了解和实施物流可视化管理，掌握全面和关键的物流数据（物流时间、物流绩效和物流成本），为优化物流体系提供有力和准确的依据。充分利用物流业务数据库和其他相关数据库的信息，提供可视化的辅助决策支持。

3. 提高整体供应链收益率

物流是供应链的重要组成部分，卷烟的物流在整个烟草行业供应链上同样占着非常重要的位置，在未实施供应链协同之前，先实施卷烟的物流可视化，对今后实施烟草行业的供应链的可视化打下了坚实的基础，提供了有力的保障。

通过卷烟物流的可视化管理，逐步打造烟草供应链的协同可视化管理，使原来的局部优化行为转为整体利益最大化，最终提升中国烟草行业的核心竞争力。

拓展与思考　　1. 物流可视化平台有何优势？
　　　　　　　　2. 可视化与智能化是什么关系？

【案例 1-4-2】
招商局物流公司运输过程可视化管理创新

招商局物流集团有限公司(简称招商局物流)为国资委直接管理的国有大型企业——招商局集团有限公司的全资下属子公司,经营总部设于香港,是国家驻港大型企业集团。招商局物流集团有限公司注册资金 1.5 亿元,业务主要分布于香港、内地、东南亚等极具活力和潜力的新兴市场,是中央直接管理的国有重要骨干企业,是招商局集团旗下发展现代物流业务的专业平台,亦被列为香港四大中资企业之一。

招商局物流在全国 31 个重要城市建立了 60 多个物流网络运作节点,实现了全国范围内的物流网络化运营,且具有物流网络完整、物流资源丰富等优势。其中,22 个设有仓储运作节点,形成华南、华东、华北、东北、西南、华中、西北 7 大区域的全国性物流网络布局;正在经营的多种功能现代化分发中心面积超过 70 万平方米,并正在投资兴建多个大型现代化分发中心。招商局物流在全国已运作 32 条干线运输和中转运输线路,拥有可控各类运输车辆近 3 000 辆,其中具有中港过境车牌近 100 台,公路运输周转量超过 23 亿吨公里,仓储堆存量近 2.5 亿立方米/天,操作量逾 1 800 万立方米,物流配送可及时送达全国 700 多个城市,形成了不同区域间、不同功能间协同和全国网络化运营。

但同时,招商局物流已有的庞大物流网络和众多分散的运输车辆,给企业加强管理带来了困难。为满足物流行业规模化、网络化、集约化管理的发展要求,招商局物流引入"运输过程可视化管理"理念,进一步整合企业、社会资源,成功将传统物流简单、粗放的发展模式转变为精细化管理的现代物流发展方式,提升了企业管理水平。

招商局物流运输过程可视化管理主要借助 GPS 全球定位系统、互联网络、3G 移动通信技术、数据库技术、DVR 车载视频技术以及车载高科技技术等现代信息技术手段,有效提高了对运输过程中车队的控制力度和对货物状态的监控可视化程度。

(案例来源:招商局物流集团有限公司网站)

 案例分析

如何对公路运输全过程进行可视化管理一直是困扰我国物流企业的难题。在运输过程中,会涉及车辆、配车、调度、在途、交货、厂商结算、司机提成、财务等多个方面的业务管理,可视化管理就是要在这些业务管理过程中,将与地理空间相关联的业务数据加载到地图上呈现给用户,实现业务过程的可视化。这不仅有助于物流企业规范运输管理,还有助于提高物流企业的运作效率和效益。

招商局物流的可视化系统灵活性高、成本低、性能好、扩展性强,有显著的技术架构优势。其价值体现在系统的应用使招商局运输管理的效率和客户满意度得到大幅度提升,有效提高了对运输过程中车队的控制力度和对货物状态的监控可视化程度,促使企业向集约化、信息化及精细化现代物流管理方式转变。

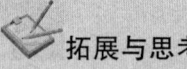**拓展与思考**
1. 招商局物流引入了什么理念?
2. 该企业物流创新解决了什么难题?
3. 可视化物流与精准、精细化管理有何关系?
4. 精细化物流应该采用什么模式?
5. 可视化物流增加了成本的问题如何解决?

第二章　物流业态创新

引　言

　　物流业态涵盖行业的组织形态、产品形态和经营形态，直接反映产业运行状况、服务社会经济的能力以及产业创新能力，研究物流业态对于我们获知物流产业发展水平具有非常重要的作用。近年来，我国物流产业蓬勃发展，现代物流业态结构呈现出多样化特征，新兴商业模式的物流业态呈现出高增长特征，但国内多数物流企业还处于小、散、乱状态，增值性物流业态服务占比很低。因此，提升物流行业组织、产品和经营形态，提高企业核心竞争力，增强产业效能和创新能力，成为物流企业发展的当务之急。为了更好地促进我国物流业态升级，本章通过深度认知物流新兴服务产业的业态特征，扶持物流业态创新，提高物流服务效率。

　　物流业态创新是指在物流业态发展进程中，以新的经营方式、新的经营技术、新的经营手段取代传统的经营方式和技术手段，创造出不同形式、不同风格、不同物流模式的物流业态去面向不同的顾客或满足不同的市场需求。

　　物流业态创新是一种"螺旋式前进、波浪式发展"的循环迭代过程，源于企业大量管理和流程微创新汇聚累积后的突变。一种物流业态创新模式的形成，既建立在现有商业模式基础之上，也将是未来商业模式的基础。

第一节　互联网＋物流创新模式

　　"互联网＋物流"是指借助移动互联网、云计算、大数据、物联网等先进技术和理念，将互联网产业与传统物流业进行有效渗透与融合，形成具有"线上资源合理分配，线下高效优质运行"的新业态和新模式，满足公众更便捷出行、更人性化服务和行业更科学决策的需求，加快推进现代物流业的转型升级。

　　"互联网＋"代表着一种新的经济状态，即充分发挥互联网在生产要素配置中的优化和继承作用，将互联网的创新成果融合于经济社会各领域之中，这对传统物流行业来说，意味着机遇与变革。

【案例2-1-1】
小米的互联网创新模式

　　小米的创新模式可以用一句话来概括，那就是"粉丝饥渴营销＋C2B预售＋快速供应链响应+零库存"策略。

作为一家互联网创新企业,有着"电商基因"的小米,生态链相对简短,只涉及研发组、供应商、代工工厂、核心企业和顾客几个环节。在供应链模式上,小米采用饥饿营销、缩短供应链的方式,依靠专业的代工厂为其代工,减少了中间代理商和流转环节,直接对接生产商与用户。

事实上,小米内部有一套较为完善的供需生产流程:雷军、林斌、黎万强和周光平每周都会开一个小型生产会,根据当周销售额、预约购买数等确定3个月之后的订单量,而这个生产计划马上就会交由50人的管理团队去进行跟进管理。

在这个过程中,每个人都有不同的分工负责:黎万强负责小米网电商和仓库,周光平负责供应链管理,林斌负责采购核心元器件,雷军则负责统一协调。

如果说苹果凭借自身IOS系统圈起一个完整的生态链,那么小米则是依靠饥饿营销的互联网思维,以资金为纽带,在取得规模效应后绑定大批硬件供应商,进而形成成本优势狙击其他竞争对手。

在小米相关负责人看来,"小米供应链在全国是最强的那档。我们基本上都选择在各领域当中最优秀的供应商"。从小米供应链的布局上来看,分散供应商,向内地转移的趋势已经显现。据不完全统计,与小米结盟的国内供应商有上百家之多,其中上市的公司达到了12家,为小米提供不同的芯片、结构件等手机零配件。

小米的大陆合作伙伴主要分布在华南地区。越来越多的深圳零配件制造商加入到小米的供应链中,如玻璃加工商蓝思科技和伯恩光学,触控面板厂商欧菲光,电感供应商顺络电子,以及提供锂电池与移动电源的欣旺达与卓翼科技等。据业内人士透露,仅小米手机每月就为深圳供应链贡献数亿美金的业务量,深圳现在可以说是全国甚至全球手机行业的供应链中心。

(1) 产品定位。小米将自己定位为苹果的补缺者,采取了侧翼战为主要战略形式,定位在手机"发烧友"这个市场,"为发烧友而生"。

(2) 营销模式。小米最重要的营销策略是采取饥渴营销模式,没有F码,有钱也未必能买到小米。在这个粉丝经济的互联网时代,小米完全靠社交媒体、走的是电商路线,成本大大地降低,超高的性价比仍然有利润。

(3) 盈利模式。小米卖手机,其实单独的手机利润并不高,关键卖增值服务、衍生产品,同时打造互联网平台来盈利。2013年,小米推出了一系列粉丝需求的产品:盒子、电视、路由器等。可以预测,未来的小米将会依托粉丝经济卖智能生活。

(4) 供应链模式。C2B预售+电商模式交易渠道扁平化+快速供应链响应+"零库存"策略。C2B预售:在供应链资金流上得到重要的保障,同时从传统的卖库存模式变革成卖F码,而且还是饥渴营销模式。整个交易过程彻底扁平化,只有线上的途径才可以购买。然后通过需求集约来驱动后端的整个供应链,后端的供应链组织大概在2~3周内满足。这种供应链模式对于小米来说几乎"零库存"管理,每一个动态的库存都属于顾客。

(案例来源:中国物流信息中心)

案例分析

物流从来都是个传统产业,新型产业在物流产业上,只是不断地去创新、去适应新兴产业的物流需求而已。那么,在这种经济形态下,物流行业只有在技术、思维、理念、模式上进行深层次转变,才能真正走到"互联网+"这条路上去。

小米作为互联网思维颠覆传统行业供应链模式的革新者,将传统手机这一"重资产供应链组织模式"转变为"轻资产供应链组织模式"。

与传统厂商相比,小米的这种互联网模式带有极强的掠夺性。在生产上,它不能达到供求平衡的水平,但这也正是它的销售策略,饥饿营销的手段。不过随着小米手机的销量增加,成本曲线会逐渐向下倾斜,产品生命周期越长,累积利润也越多。

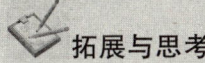 **拓展与思考**
1. 试分析小米的供应链模式:C2B 预售+电商模式交易渠道扁平化+快速供应链响应+"零库存"策略有哪些优势?
2. 为什么说与传统厂商相比,小米的这种互联网模式带有极强的掠夺性?

【案例 2-1-2】
宝供一站网的物流电商创新模式

宝供集团运用移动互联网技术整合社会多种物流运作资源,对物流电商创新模式进行探索,主张车货需求直接匹配对接,去中间化,构建车货匹配平台——一站网。通过重构信用体系、重构并购模式、重构责任分担模式、重构支付结算,从而构建生态链条。

一、物流的电商时代

物流产业作为一个非常庞大的产业,里边的要素每天都在高频度交换和流动,物流作为一个传统产业给人的印象是个劳动密集型的产业。物流行业的市场主体是大量的中小物流企业,他们普遍给人留下"小、散、乱、差"的印象,"物流电商"更是无从谈起。

目前物流产业互联网的渗透率还比较低,大家还是习惯于分享经济高速发展的红利,但是这并不是长久之计。服务业有一个案例——机票销售,曾经何时,这个行业很挣钱。20 年前,如果我们要出门去哪个城市,买机票要到机票代售点,因为没有相应的航班信息或直接购买渠道,票可能是机打也可能是手写的。后来,携程出来了,携程改变行业只用不到 10 年时间,今天机票代售点还有没有?几乎没有了。此外,移动互联出现之后,传统产业改变的趋势会更明显。现在还有火车票代售网点,在移动互联普及渗透这么快的今天,机票代售已几乎没有了,那火车票代售这个行业还能撑多久呢?当这些核心技术出现并且和传统产业结合的时候,往往很多人没有意识到它可能是传统模式的终结。

二、一站网的思维方式

在互联网+的今天,物流产业肯定是要改变的,一站网的着力点在哪里呢?从整个行业结构来看,中国目前整个物流运作效率整体还是偏低,宝供集团作为中国最早的物流企业,一直都想为这个行业做点事情,推进行业的发展。

通过分析宝供发现,在物流费用总数里面有52%是运输费用;而运输费用里面,有75%是公路运输。既然这一块占中国物流费用比重最大,是否可以对这块进行有效的改变?因此当时一站网做模式设计的时候,对这个领域做了一些深入剖析。剖析以后宝供注意到,原来中国公路运输领域是一个两端高度碎片化的结构,上游运作企业中,规模以上企业仅仅有1.5万家,有80万家左右是中小企业,更有700~800万家的个体工商从业者。在中国整个市场份额里面,物流前50强仅仅占到12%的市场份额,其余88%的市场份额就是由这些中小微企业,这些小蚂蚁在支撑,这个现象跟美国对比反差很大。美国工业前十强占了市场份额的60%,所以中国在物流运作的环节其实是没有集约化优势的。

此外,下游承运人也很有特色。中国目前号称有1600多万辆长途运输卡车,但每个业主的平均车辆持有量不到1.17辆,意味着什么?严格意义上讲意味着中国没有大车队。大量的个体车主是承载运力的主体。在这种情况下,问题来了,由于中国没有很完善的社会信用管理体系,出现了一个从上游到下游漫长的交易环节和链条,来串起货主和各个成员。在没有信用背书情况下,个体车主在中国没有办法直接承运上游货主的一手货品资源,于是在行业里面滋生了很庞大的群体——信息部(黄牛),他们帮下游做信用背书,有时候还会帮下游的车主垫付路桥费和车费,黄牛靠乡情笼络老乡司机。通过调研可知,中国长途干线运输有八成的运单多多少少经过黄牛的手,有的甚至可能是多次转手,这里面所产生的虚高成本有时候会高达四成,因此在做商业模式设计的时候,如果要用互联网创新,就应该走一条去中间化的道路。打破信息不透明和不对称,正是互联网的用武之地。

1. 一站网是什么

一站网是中国公路运输资源的交易平台,在平台上利用互联网和移动互联技术,通过去中间化建立连接货方和车方的对等透明的交易环境。通过这种交易环境构建,使双方实现高效对接,从而优化交易成本,提升交易效率。

首先,一站网主要服务两大类对象,一类是同业货主,一类是直接货主。同业货主包括第三方物流、专线公司等;直接货主主要是制造和流通企业,宝供主张的是需求直接匹配对接,去中间化。在这个基础上,宝供所做的第一个事情是重构信用体系,在平台上要求每一个交易的过程和信息必须是真实和准确的。对个体车主,宝供采用很严谨的线下发运安检模式审证、审人、审车。除了这些之外宝供对货主也有要求,会对他们的资质和证照做审核,确保平台发布的信息不会有虚假。此外车、货双方在后期产生互动也会应用平台进行动态记录,成为双方筛选对等评判的参照指数。

其次,宝供重构了交易模式。宝供用市场杠杆来调整定价,平台有两种交易模式,一个是拍卖、一个是竞价。在拍卖模式下货主发单,车主经过竞价,价优者得。拍卖是如何运作的?货主挂单按照轻重急缓挂价,车主对接。宝供做了调查跟踪发现,在这种市场调节机制下,货主发运成本可以节省15%~25%。

再次,第三宝供重构了责任分担模式。车在路上跑,货在车上运,存在着各种运作风险。一站网平台建立在标准化的运作之外还通过标准化的保险导入来平移风险,每一单标配,均通过庞大业务量去采购低价货运保险,货损货差都由保险公司来解决,可以解决双方的后顾之忧。

最后,一站网平台也重构了支付结算。在运输行业,最怕资金链条不断延长,下游为了承揽上游的货源要承担很大资金成本。一站网平台基于整个运作数据,结合银行,为平台内各种运作单位提供金融支撑。宝供跟华夏银行合作,获取了30亿授信,帮货主在一站网平台采购运费的时候做运费垫付。在这个体系下构建了标准结算模式"T+4",车主把运单运到目的地,通过手机客户端把回单做电子拍照上传,货主确认无误之后在4天之内会按标准结算支付给车主,避免产生付款问题和其他纠纷。

2. 一站网平台最终想做什么

宝供是在构建生态链条。若车主和货主双方有一个完整的信用数据,并且有完整交易流水时很容易评判他们的信用等级。在这种情况下,利用平台的优势导入金融、保险、票据等一系列的服务,整合优质社会资源,通过平台提供给用户,形成公司的盈利模式,一站网在平台交易环节是免费的。

宝供通过互联网创新在改变传统业务方面出现的成果,有一个是红牛。平台上的车不到20万辆,全国有动态的整体运送跟踪,根据竞价拍卖模式,扫除货主采购环节中间的灰色地带,因为去中间化,少了黄牛和信息部等中间环节。在这种情况下,车主和货主在平台上通过直接匹配可以实现成本最优化。在跟踪红牛项目运作的时候,2015年4月份做了一个数据跟踪,对比去年下半年同等车型、同等线路,成本最高可以下降24.7%,这就是去中间化的威力。

另一个成果是关于金融问题的。因为中小物流企业属于轻资产运作,管理不规范,没有正规融资渠道,业务规模越大资金压力也越来越大。急起来为了筹钱要么借高利贷要么找朋友,利息非常高。凯诚物流是成立于2007年的企业,他们在一站网平台上获得了100万融资,是宝供跟华夏银行做的一站融服务。即应用一站网平台动态跟踪凯诚物流整个完整交易记录,通过交易记录,可以很精准分析它的业务结构,从而很精准评判其各项运作数据。因此结合市场和业务发展的趋势,可以评判这个企业的盈利能力,可以很清晰地看到这个企业的健康程度,包括它上游货主稳定性等。宝供对凯诚物流的偿还能力知道一清二楚,再加上对企业和个人征信之后,就有了一个动态的风控体系,因此这100万元放出去宝供也很放心。

作为"物流+互联网"的企业,一站网骨子里面是互联网企业,商业运作是围绕物流产业做各种模式的创新。一站网整个结构其实很简单,非常简单,有三个中心:业务运营中心、产品与技术中心和市场营销中心,只有两个传统意义上的部门:财务部和人事行政部。这个企业里部门边界非常薄,根据项目运作需要从产品研发中心、市场营销中心、业务运营中心抽调人手组成高度有弹性的跨部门团队,实现产品策划、研发、运作、营销一体化。所以在一站网,大家都很明白自己做事的目的是什么,要达到什么结果。这可能也是互联网的特性,部门边界小,里边跨部门的矩阵结构会很多。

三、一站网对人才的理解

第一,一定是要把正确的事情做对。基于这一点,一站网希望所有员工要很精准去理解企业战略,也要很精准去理解他自己应该承担什么职责,应该做什么事情,要得到什么结果。把正确的事情做对,一方面做的事情是正确的,另一方面用正确的方法做,这是一站网对人才的第一个定义。

第二,秉承以客户价值为导向。在一站网,无论是领导还是所有的基层员工都坚持一点,这个人是不是有价值。除了能够有专业程度之外,还要秉承以客户价值为导向的原则,所做的事情如果违背客户导向,那肯定就是错的,就不是一站网所要的人才。

第三,要主动担当,注重承诺和结果。在一站网,团队里面不会靠人去管、靠人推才会出成绩,而是每个人主动找活干。其实当员工承接一个岗位,去担当一个职务的时候,其实承担的是一份承诺。员工对他的职务有承诺,对他的上司有承诺,要担当承诺。同时,要敢于质疑,敢于打破局限。

在"物流+互联网"环境下,对人才培育应做新的定义。"一站网是做物流的吗?"是做物流,但是一站网又是做互联网的,公司需要什么样的人呢?需要既懂物流又懂互联网的跨界人才,在一站网里面,现在是一半物流人跟一半互联网人做深度交融和结合,不知道将来会不会出现一个全新的职业叫物流电商专业,或者叫互联网物流专业,但是从目前趋向看,已经出现了。

(案例来源:长风网)

 案例分析

在整个互联网和移动互联网对物流的渗透日益加深的情况下,无论是物流公司也好,还是"物流+互联网"创新企业也好,都必须懂得顺势而为。这个顺势而为是指,该颠覆的要敢于去颠覆,该创新要敢于去突破,打破常规。目前有很多创新平台企业是在做什么呢?信息对接,比如信息撮合。光撮合是不够的,也有很多企业注重把物流市场小黑板搬到移动端,这样也是不够的,没有把互联网直接对接个性用到极致,不去中间化,创造的价值始终是有限的。

同时,站在企业角度,一站网对物流人才提出一些要求。第一,一定要把正确的事情做对;第二,秉承以客户价值为导向的原则;第三,主动担当、注重承诺和结果。

这些对人才的要求很值得物流企业和负责物流人才培育的高校去深思。

拓展与思考　1. 物流创新和人才培育创新怎么结合?
　　　　　　　2. 当物流遇到互联网之后,是不是会使人才培育方向产生一些新的专业类型?

【案例 2-1-3】
Uber 专车快递模式的创新

日益剧增的快递量给快递末端的配送带来了新的压力。网购热潮"黑色星期五""双十一"等电商狂欢日使快递业务量产生巨大波动,快递业务的快速增加带动了我国快递业的迅猛发展,其巨额利润促使我国形成外资、国企、民营三分天下的格局。传统快递模式存在的诸多问题,消费群体的日益庞大,"最后一公里"(1公里=1千米)的制约,促使快递行业需要创新转型,寻求新兴快递模式来突破当前的发展瓶颈,适应时代需求。

移动终端技术的革新使得客户和用户对快递灵活性的要求日益上升,他们对快递服务的需求不仅仅是送达,而是更多具有个性化的订制服务:在需要的时间,需要的地点,收到或者发出需要的快递。因此物流服务的策略发生了改变,这就强调快递模式能够满足客户在合适的时间、合适的地点收货、合适的地点发货的需求,而新兴快递模式能满足客户对即时性和便利性的更高要求。例如,同城快递的业务量正在快速增加,快递末端服务的需求应运而生。一些打破传统快递的配送模式应运而生,比如顺路捎带、人人争做快递员的人人快递;以专车司机在载运乘客的同时顺路捎带同城包裹的Uber专车快递模式。新兴快递模式可以在一定程度上分担部分同城的业务量,缓解订单量异常波动的压力。

Uber的全称为Uber Technologies,用移动应用程序将顾客和私家车司机联系起来以实现乘客随时叫车的目的。乘客可以通过发送短信或是移动应用程序来预约车辆,同时可利用移动应用程序追踪车辆位置。Uber的定位不仅仅是一款打车应用平台,也涉及快递行业。2014年4月,Uber在美国推出了名为UberRush的同城快递服务,用户可以像叫车一样叫快递,Uber速递员以步行或是骑行的方式在1小时内将货物送达至目的地。

Uber的快递服务模式类似于"城市物流网络",载着乘客的司机可以在送客的同时顺路送货,比如一些外卖、百货及文件。Uber的用户可以像叫车一样,设定自己的所在地或是要求司机取货的地点,接着,邻近的私家车司机们便可以开始"抢单",在极短的时间内赶到寄件人身边取件,然后将包裹运到寄件人所要求的地点,转至收件人手中。Uber的用户可以在Uber上看到司机取件的预计到达时间,也可以随时检查自己的物品移动情况。因此,专车快递模式灵活性高,不受时间的限制,可以根据客户的时间安排来进行送货。

Uber刚刚进入快递行业,还没有广阔的市场,没有理想的订单密集度,因此,其选择与大型零售商合作,可以使专车快递的昂贵成本得到一些补偿。另外,不涉及外卖业务也有其原因。外卖订单通常会在中午及傍晚的那一两个小时内爆发,订单密集度高,Uber很难找到如此多的私家车司机来进行配送,且这些外卖订单大多在3公里之内,不能发挥汽车本身的优势,步行或是骑行才是适合外卖配送的方式。

在新兴的按需快递服务行业,移动终端使得新一代购物者产生,这些用户希望自己能尽快收到货物,甚至是在自己最方便的时候接到快递。他们对快递服务的需求已经不仅仅是简单的尽快安全的送达,他们希望能够订制更多具有个性化的服务:在需要的时间,需要的地点,收到或者发出需要的快递。因此,Uber的这种新式配送模式具有绝对的优势。

(1) 降低配送风险及包裹损坏率。传统快递配送通过电话提前告知顾客,若顾客没能按时领取快递,快递员一般都会将包裹放在小区门卫处代收,各个快递公司均如此操作,逐步形成惯例。但此种方法无法避免恶意取货,而国内快递市场现今还未有健全的法规,无法给顾客很好的交代,这便会增大顾客对快递公司的投诉率。采用专车快递,可以避免代收的情况,从而避免恶性收取包裹的行为。专车快递是上门揽件,直达直送,不需要进行过多的分拣操作,在一定程度上降低了包裹损坏率。

(2) 取货时间可由顾客自行安排。专车快递模式灵活性高,不受时间的限制,可以根据客户的时间安排来进行送货。

(3) 缓解交通压力。专车快递模式,充分利用了社会闲置资源,有效缓解了交通压力,降低了城市污染。

(4) 解决快递业"消化不良"问题。近几年,以"黑色星期五""双十一"为首的购物热潮使得快递业务量在某一时间段内迅猛增加,快递公司不堪重负,快递员几乎陷入崩溃边缘。通过Uber的这种专车快递模式,可以在一定程度上对快递业进行补充,分担部分同城的业务量,使这种订单量异常波动的情况得以缓解。

(5) 增加司机的收入。顺路捎货既可以在原有计划下将乘客送往目的地,又能够赚取送快递的相应佣金,不仅提升了快递服务质量,同时也实现了互利共赢。

尽管Uber的这种专车快递模式具有很大的优势,但从另外一些角度看,它也存在着一定的局限性。

(1) 规范化的问题。专车快递模式是以私家车司机为主要送货人的,也就是说,司机在此时还担任了快递员的这一角色。但专车司机毕竟不是正规的快递人员,如何规范这些私家车司机的送货服务及技能是Uber需要考虑的一个问题。

(2) 没有理想的订单密集度。Uber现在只与一些高级奢侈品、大型零售商进行合作,它之所以选择这些单价高的产品进行配送,是因为专车送快递很难达到理想的订单密集度,顺路配送的包裹离开了规模效应其经济性会受到一定的影响。

(3) 平台构建。想要充分发挥专车快递模式的优势,需要Uber与各大快递公司合作,这样才能发挥规模效益,降低运作成本。然而,Uber的快递业务才刚刚上线,各大快递公司不会在短时间内就与其进行合作。专车快递模式的平台建设还需要一定时日。

(案例来源:长风网)

 案例分析

Uber专车快递模式创新主要表现在:

1. Uber的认证方式更规范,监管机制更健全,安全隐患小

相比人人快递较为简单的认证方式,快递员通过绑定信用卡或是到所在区管公司进行登记审核即可。Uber认证方式更加规范,Uber的私家车司机需要提供其私家车的牌号及相关证件才能成为Uber的专车司机。

人人快递提倡社会公众都成为自由快递人,面对在线注册的百万用户,人人快递无法一一进行培训,也无法在短时间内完善个人资料。Uber的专车司机人数少而精,确立了一套培训体系,由于信息更加俱全,因此监管也更为健全。

2. Uber 的业务范围和送货时间覆盖面广

Uber 为了扩展业务范围，获得订单密集度，选择与时尚奢侈品和大型零售商进行合作。顾客可以在这些品牌的网站上进行购物，下单后选择 Uber 送货。收到信息后，Uber 便将订单在私家车司机的平台上发布，抢到单的司机去商店取货，送至消费者手中。同时平台还有多种配送费用的结算方式，即商家与 Uber 直接结算，或让消费者自行承担。

在某些特殊日子，比如狂风暴雨或者夜晚 12 点，以步行或是骑行方式是很难及时送货的。专车快递模式使用的是私家车，包裹大小和重量不受限制。

3. Uber 的专车快递模式使送货时间更短

通过 Uber 的专车快递模式，人们可以在紧急情况下快速将自己的物品运至目的地。当用户出现紧急情况时，可以利用手机在 Uber 的 APP 中叫车，3~5 分钟，Uber 的专车司机便会来到用户所在位置，并带走用户的物品，送至用户所要求的目的地。10 公里的路程，收费大约为 33 元。

4. Uber 的专车快递模式可合理利用社会资源并增加司机的收入

专车司机顺路捎货既可以在原有计划下将乘客送往目的地，又能够赚取送快递的相应佣金，不仅提升了快递服务质量，同时也实现了互利共赢。

Uber 专车快递模式是否符合我国国情仍然是未知数。目前专车服务的规范化和合法性问题、业内形式不统一等问题亟待解决；此外，我国法律禁止车辆客货两用，也是专车快递模式难以进入中国市场的痛点。目前四通一达、人人快递、自提柜等行业竞争对手的发展也将成为 Uber 专车快递抢占国内市场的进入壁垒。另外，采用定制业务和专车快递来提高响应性的行为会降低专车快递模式的资源利用效率，从而使有效利用社会闲置资源的优势不明显。因此，专车快递业务更多将面向高端客户和奢侈品递送服务。

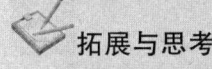

拓展与思考　　1. 专车快递企业进入国内市场有哪些影响因素？
　　　　　　　　2. Uber 在中国的专车快递模式遇到了哪些问题？

第二节　冷链物流业态创新

冷链物流（cold chain logistics）泛指冷藏冷冻类食品在生产、贮藏运输、销售，到消费前的各个环节中始终处于规定的低温环境下，以保证食品质量，减少食品损耗的一项系统工程。它是随着科学技术的进步、制冷技术的发展而建立起来的，是以冷冻工艺学为基础、以制冷技术为手段的低温物流过程。

冷冻链的概念就是从产品被选中开始到被顾客放进自家冰箱的全过程，包括田间采摘后预冷、冷库、冷藏车运输、批发站冷库、超市冷柜、消费者冰箱的全程冷冻，经过冷冻链运输的水果蔬菜在物流环节的损耗率仅有 1%~2%，能较大程度延长水果保鲜期。冷冻链物流以水产品、畜产品、果蔬及花卉为主，并在冷却肉、深海冻品、保鲜蔬菜、进口鱼肉等运输方式中有着极大的发展空间。目前，欧美发达国家已形成了从生产、加工、分拨、仓储、配送、售后等一整套完整的食品冷冻链体系。

冷链物流商业模式包括如下几种。

第一种：运输型（包括零担）

运输型是指以从事货物低温运输业务为主，包括干线运输、区域配送以及市内配送的模式。目前中国冷链按此种模式运营的代表企业有双汇物流、荣庆物流、众萃零担等。

第二种：仓储型

仓储型是指以从事低温仓储业务为主，为客户提供低温货物储存、保管、中转等仓储服务的模式。目前中国冷链市场按此种模式运营的代表企业有太古、普菲斯。

第三种：城市配送型

城市配送型是指以从事城市低温仓储和配送一体业务为主的模式。按此种模式经营的企业目前来看具有一定的区域局限性，很难实现跨区域服务，但利润还不错。这方面比如北京快行线、上海中外运冷链、深圳曙光等。

第四种：综合型

综合型是指以从事低温仓储、干线运输以及城市配送等综合业务为主的模式。比如，招商美冷、上海广德、北京中冷、重庆雪峰等。

第五种：交易型

交易型是指以农产品批发市场为主体，从事低温仓储业务为主的模式。比如联想白沙洲、海吉星、江苏润恒、福建名成等。

第六种：供应链型

供应链是围绕核心企业，通过对信息流、物流、资金流的控制，从采购开始一直到终端整个过程提供低温运输、加工、仓储、配送服务，然后由分销网络把产品送到消费者手中的，将供应商、制造商、物流商、分销商，连成一个整体的功能网链结构的模式。目前中国冷链按此种模式运营的代表企业有众品、良中行、联想控股增益供应链、广东华新等。

第七种：冷链宅配

根据企业需求提供个性化的温控物流服务的模式，比如冷链宅配，代表型企业如雅玛多。随着企业的发展以及战略的调整，企业的商业模式也会不断升级。

冷链物流比一般常温物流系统的要求更高、更复杂，建设投资也要大很多，是一个庞大的系统工程。由于易腐食品的时效性要求冷链物流各环节具有更高的组织协调性，所以，食品冷链的运作始终是和能耗成本相关联的，有效控制运作成本与食品冷链的发展密切相关。

【案例 2-2-1】

田野生活冷链物流的创新

上海田野农副产品配送服务有限公司（简称田野生活）是国内知名专业提供食材及相关服务的全程服务商，一直为各类机关单位、家庭提供一站式食材服务。

田野生活冷链物流为企业、医院、学校、工厂的食堂配送贯穿食材流通的全部环节，可将各个低温控制的冷库、加工间等环节连接起来，保证各环节无缝对接从而实现全程冷链管控。田野生活从成立开始就一直致力于为企事业单位的食堂配送冷链运输服务，公司集食材配送、生鲜食材经营、绿色食品加工等于一体，旗下拥有多家子公司和产品实验室以及上万亩绿色蔬菜种植基地、禽类养殖基地,并通过与多家院校及科研单位合作,研究有关食材安全的标准。田野生活至今已经为沪浙两地几百家单位提供了专业化食材供应服务,员工达 600 多人,各类型配送车辆超过 100 辆。食堂配送是田野生活的主营业务之一,致力于为政府机关、学校、企业、工厂等单位食堂提供优质的蔬菜、水果、粮油、水产、肉类等农副产品的综合加工配送服务,解决了大中型企业、工厂员工食堂大批量农副产品需求的采购问题。

田野生活从客户需求出发,向客户提供食堂食材全品项配送,让客户下一次单,收一次货就能解决日常食材的需求,使田野生活成为客户依赖的合作伙伴。

田野生活本着竭尽全力、客户至上、精益求精、全程共赢的经营理念,用心搜罗健康美食,及时送达客户餐桌,努力成为中国健康食材全程服务第一品牌。

一、设备升级:冷链物流硬件体系全面升级——田野生活一批全新冷链车投入使用

最近两年,田野生活新采购了一批康飞冷藏车,并正式投入使用。本次采购冷藏车针对上海大型企事业后勤单位配送需要,具有吨位大,可自动升降等特点。

全自动升降尾板,适宜食材在运输过程中的交接和搬运,极大地提高田野生活在食材运输过程中的运输效率。目前,田野生活已经拥有 7 座 200 吨级冷库,100 余辆物流车,每天 80 余条配送线路服务 600 余家客户,就餐人数为 30 万~50 万人。田野生活的服务区域几乎涵盖了整个上海,新的一批冷藏车的投入使用极大地提高了田野生活的物流运输能力,也极大地提高了田野生活的服务质量。

二、设立蔬菜种植基地和家禽散养基地,从源头把握产品质量

田野生活设立严格的基地准入标准,符合田野生活品控标准的基地才纳入公司的基地体系。在蔬菜种植管理过程中,田野生活采取指导基地选种,严控农药使用,定期现场抽验等举措,严控基地质量。同时,田野生活将 600 余家的客户需求进行整合,有计划、有步骤、系统化地在各个基地进行蔬菜种植,使合作基地的农产品契合田野生活的客户终端,保证基地农产品的供求一致的同时,也确保了合作基地的利益。

目前,田野生活在上海崇明、南汇的合作基地已达万余亩。田野生活逐渐形成蔬菜基地和终端客户需求一体化的产业链模式。基地农户以田野生活为纽带,让生产出来的农副产品直接对接市场需求,增强了千家万户的小生产和千变万化的大市场之间的联系,加快了农产品的流通速度,降低了农民的种植风险,彻底解决了当地农民"种菜容易卖菜难"的问题。田野生活农产品合作社中农民股份在 80% 以上,农民在合作社中的身份逐步转化产业工人,每月可以获得稳定的经济收入。

田野生活的合作家禽散养基地位于崇明,基地规模约为 300 多亩,年产鸭 5 万羽,鸡 4 万羽,配套设施一应俱全,内设种鸭场、养鸡厂、屠宰场、养殖场等部门。

三、田野生活的区域扩展策略

田野生活的经营理念是致力于打造国内一流的健康食材全程服务商,为江浙沪地区各类企事业单位提供一站式食材配送服务,建立专业的品控体系,从食材源头到餐桌为浙沪两地客户提供健康食材配送服务。

生鲜产商与产品物流,缺一不可。即便是再好的农副产品,若在运输过程中处理不当,也有可能不再新鲜,质量出现瑕疵。一旦这样的产品送上货架,损害消费者利益的同

时也影响了企业声誉。

现在的生鲜产商都已经意识到从产品源到供应链的品控,唯恐稍有不慎在市场竞争中落伍。出厂时对产品质量严格把控,配送时对运输条件要求苛刻。即便如此,产品从出厂到送达消费者手中仍然可能出现问题。

无论多么的"无缝对接",食材从出厂到冷链,最后到消费者手中,毕竟需要时间,特别是有些时候,产品需要在配送公司内贮藏,这段时间也有可能影响产品品质。

田野生活最大的特点就是填补了这一难解的"空窗期",公司与绿城农科合作共建农产品检测中心,在农场、配送中心加工间、冷库都设有不同的检测环节。

(案例来源:上海田野农副产品配送服务有限公司网站)

案例分析

近年来,随着政府一系列推动农产品冷链物流建设政策的出台,农产品冷链物流呈现出的巨大发展前景得到进一步肯定。然而,目前冷链物流也存在诸多问题,这制约了农产品冷链物流的发展。

在冷链物流与食品安全的双风口下,解决制约农产品冷链物流的关键问题在于做好"两个一公里"的工作。

1. "最先一公里"急需标准化建设

"最先一公里"对农产品交易尤为重要,但是在这个阶段中存在的问题也最为严重。

"最先一公里"环节存在三个问题。第一个是"最先一公里"的产地交易问题,即信息不对称,好产品走不出来。国内大部分较好、较大的批发市场,实际上都是建在消费地,建在生产地的较少;第二个是关于产品的保鲜、保鲜库的建设。一些规模型的农产品生产基地通过产地的预冷和储存可以做到错峰上市,躲开农产品销售高峰,但是大部分产地没有冷库,因为其投资比较大。另外,大部分农产品基本上一年收获一季,如果建冷库,利用率非常低,因此不会有太多的企业愿意投资;第三个是农产品的标准化问题。比如如何对农产品进行分级,如何对农产品进行深加工。

对于标准化,业界一直认为这是解决制约农产品"最先一公里"问题的法宝。要推动冷链物流的发展必须做好"七化",即标准化、现代化、国际化、产业化、市场化、组织化、信息化。其中,首先要做好标准化,因为标准化是冷链物流的基础。标准化包括商贸标准、产品标准、服务标准等。

在发达国家,很多农产品,比如说胡萝卜都是按片卖,不是整个卖。还有生菜,不仅洗好,而且打包好才卖。但是我国农产品在产地几乎没有包装,都是通过栅栏车、棉被车运到消费地的批发市场。如果在产地不进行预冷,到了消费地质量就非常差。当然,目前我国农产品的包装也在发展,现在鸡蛋都已开始进行包装了,随便扔都不会碎。包装标准化是未来的方向,目前很多企业已经开始学习,按照进口农产品的包装直接复制。

产地标准化、预冷的问题,在中国的农业领域非常严重。作为涉农的生鲜电商来讲,农产品没有在产地进行标准化,压力就全到了生鲜电商身上,但是由企业自身做标准化,成本的压力非常大。在产地做好标准化有几方面的优势：第一是成本优势，产地的用工、场地等成本相对低廉；第二是损耗少，如果产地做好了标准化，做好了预冷，损耗可以得到进一步控制。另外，如果产地较好地完成适合于生鲜网络互联网销售的商品包装形式，则会减少生鲜商品在流通领域各个环节的损耗，品质、新鲜度都有保障。

应加强"最先一公里"保鲜技术的应用。现在消费者的要求越来越高，不仅希望吃到不腐坏的产品，也需要口感与新鲜度，尤其是水果，所以"最先一公里"保鲜技术的应用也非常重要。

2. "最后一公里"的O2O还需完善供应链

目前，"最后一公里"基本上有三种模式：第一种是快递模式，类似顺丰这样的企业，就是走传统快递的方式；第二种是自提和便利店模式，这种模式比较经济，成本也比较低；第三种模式就是O2O模式。

这三种模式，第一种模式成本最高，也是大部分快递企业在做的。便利店这种模式成本最低，如日本、中国台湾的冷链物流就是通过便利店的方式进行B2C的交易。便利店每天的冷藏车本身是一日三配，而电商渠道的生鲜品，如果搭上这个"公共汽车"会大大降低成本。如果客户自提，成本会更低。但是由于国内便利店体系不健全，这个模式的发展受到限制。前面说到的第三种模式就是社区店，直接在小区的周围做自提点，甚至在小区放自提柜。这种方式很受资本追捧。

"最后一公里"的几种模式，各有优势。以生鲜电商领域为例，传统的生鲜电商物流成本相对比较高，但是服务品质和对商品品质的把控比较严。发展比较快的O2O生鲜电商，成本比较低，配送效率也非常高，它们甚至推出1小时达、2小时达、3小时达。但是相对来讲，它们的产品和服务，在"最后一公里"方面还有待提升。

"最后一公里"的成本高、体验差等问题一直制约着农产品流通的发展，而今，除了利用专业的第三方物流公司，行业已经开始进行一些新的尝试。

对于当前的O2O企业来讲，它们先是注重规模，规模起来之后再去完善供应链体系。但是作为做生鲜食品的企业来讲，食品安全要放在第一位，所以在这类企业的发展中，在供应链的完善上还需要继续探索。

而田野生活无论在"最先一公里"还是"最后一公里"做得都比较完善。

田野生活从客户需求出发，从产品和服务两个方面追求客户对田野生活的信赖——对田野生活产品的信任和对田野提供服务的依赖。

田野生活整合上万亩基地，从源头控制产品品质，自建全程冷链物流体系和检测实验室，严格贯彻HACCP和ISO9001管理体系，最大程度的保证产品质量安全。杜绝一切存在食品安全隐患的食材经过田野生活至客户厨房，让经过田野生活配送的产品得到客户的一致信任。

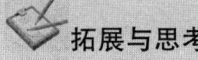 **拓展与思考**

1. 田野生活冷链物流还需要在哪些方面进行提高？
2. 田野生活冷链物流在未来的发展中还需要注意哪些问题？
3. 田野生活冷链物流现阶段仍然以单位配送为主，你认为它若要将业务拓展到千家万户的百姓家庭餐桌面临的主要困难是什么？

【案例 2-2-2】
联合利华冷链物流的创新

联合利华集团(简称联合利华)是由荷兰 Margrine Unie 人造奶油公司和英国 Lever Brothers 香皂公司于1929年合并而成。其总部分设于荷兰鹿特丹和英国伦敦,产品包括个人护理用品、家庭护理用品和食品,品牌覆盖150多个国家;全球员工总数达17.9万人,是全球第二大消费用品制造商,年营业额超过400亿欧元,是全世界获利较好的公司之一。联合利华在中国的历史可追溯至80年前,利华兄弟在上海黄浦江畔建立了中国肥皂有限公司。1986年,联合利华重返中国。2002年,随着中国加入世贸组织,联合利华在上海成立了全球采购中心。2007年,联合利华在上海建立了公司总部办公楼,作为中国地区总部。联合利华在中国的业务主要分为两块:家庭及个人护理用品,主要品牌包括奥妙、中华、力士、旁氏、清扬和夏士莲;食品,主要品牌包括家乐、立顿、和路雪等。

联合利华生产冰淇淋已有很长的历史,是世界上较大的冰淇淋生产商之一。作为世界重要的冷饮制造商之一,联合利华和路雪冰淇淋在冷链管理上保持了先进水平。那么联合利华和路雪是如何保持冷链管理的高水平的呢?

一、冷饮乳品冷链架构解析

冷链物流是特殊的物流形态,对温度的控制其实就是对产品品质的控制手段之一。

目前,冷链环节主要是产品从工厂生产线下来进入与工厂相连的成品冷库,接着是成品的运输配送。运输配送有几个环节,产品先通过干线运输到区域的配送中心,再配送到客户或者经销商的冷库,然后由经销商或者客户负责配送到零售门店,最后再从零售门店到消费者的手中。

联合利华冷链在全国有多个配送中心,按东南西北的区域分布,有的地区大一些,便设有两三个配送中心。配送中心没有严格的配送半径,一般半径在500~1 000公里。具体操作上,联合利华的冷链物流基本上都聘请专业的冷藏物流公司来运作。

联合利华和路雪物流除了国内配送,还有相当量的出口物流运作。虽然出口冷冻产品的物流费用很高,但相对来说,进口国的生产成本还是比中国工厂生产并运输过去的总成本要高,出口的总费用还是节省,只是运输时间长一些。

在仓储运输上,为了保证产品品质,联合利华有自己比较严格的规范和要求。首先,对仓储运输的温度有要求。每家冷冻企业对冷链的控制温度都不一样,联合利华要求的温度比较低,工厂成品冷库的温度达到—26℃。出了工厂冷库后,因为现在市场上大部分的冷库基础设施都是按照—18℃设置的,要达到更低的温度比较难。在冷库储存时还好,运输过程中有时还达不到—18℃,比如铁路冷藏车,能达到—18℃就算很好的状况了。

究其原因,首先是制冷设施的硬件资源不够好,再者跟运营成本的上升压力有关,温度设定得越低,越费油,而油价前些年又在不断上涨。对于那些温度达不到要求的冷库和车辆,联合利华不考虑使用。

其次,联合利华对冷链整个链条有控制,这主要体现在冷链的衔接上。产品暴露在常温下是不允许的。在把产品从冷库搬运到冷藏车上时,会经过一个过渡房,这个过渡房的温度没有冷库那么低,但也在零度以下。装车时,冷藏车和过渡房门之间有门封连接,形成隔绝外界的封闭通道,使得产品的移动过程没有暴露在常温的空间。

虽然这样的操作在工厂冷库和配送中心都没有问题,但是越往终端就越难做到,特别是在配送至零售门店的过程中,一般是由经销商或批发商负责再往下配送。由于条件限制,经销商或批发商的冷库一般很小,而且只有一扇门进出货,当把产品卸货至其冷库时,产品常常会裸露在常温下。现在对终端配送,生产企业只能是要求客户尽量减少产品暴露在常温中的时间。

二、冷链控制难点攻略

所谓的难点首先就是对温度的监控。温度的控制是冷链最重要的一环,能否控制好温度将直接影响产品质量,因为冷饮最忌讳化了之后再冻上,那样口感变得完全不一样,简直是两种产品。

控制温度首先是要规范冷链物流运作。产品在冷库一般没问题,出了冷库到冷藏车上温度会高一点,但只要严格按规范操作都没有问题。最怕的是不按规范操作。联合利华以前遇到过这种情况,运输商承诺运输时温度可以达到$-18℃$,但是为了节省成本,他们的冷藏车出了冷库门后就关掉制冷机,这时车内温度不会马上升高,但会一点一点升高,比如从$-18℃$到$-10℃$再到$-5℃$,这时有一些冷饮已经开始化了。车辆在到达目的地前他们再打开制冷机,变软或者化掉的冷饮慢慢又冻上,这时候的产品品质已经不一样了。这样的运输商是不能考虑使用的。

现在有很多高科技手段帮助联合利华杜绝了这类违规操作。比如温控仪的使用,温控仪放到车厢里打开就能连续不断地记录温度,到达地点后把温控仪连接到电脑上就能看到温度的变化曲线图,以此监控温度的变化范围。现在联合利华要求运输商所提供的冷藏车都必须配备温控仪,并且温控仪所记录的温度变化曲线图也是考核运输商的一个关键绩效指标。

另外,控制温度也受制于硬件条件。硬件条件不好,操作再规范也没用。新的冷库和冷藏车都可以达到要求的温度,旧冷库和车辆比较难,尤其是铁路的冷藏车。现在运行的很多铁路冷藏车还是国家多年前投放使用的,比较陈旧,想有效控制温度有点困难。海运冷藏使用的是集装箱,集装箱在货船上通电制冷,只要货船的电路系统不出问题,冷藏集装箱一般不会出问题。

除温度控制外,另一难点就是针对第三方物流商的管理。对于怎么管理好第三方物流商,各个企业有各种不同的方法,有效的做法是给第三方物流商设定好一些关键的绩效指标,即KPI,然后定期监控。如果绩效指标没有达到要求,就应该和物流商一起分析原因,指出有哪些改进措施,然后再去监控。如果达到要求,证明这些改进措施是有效的。

一旦选定了某家第三方物流商,那么双方便结成了合作伙伴关系,应尽力相互提供各自所需要的帮助,使第三方物流商与客户一起共同发展。比如,完善的物流运作流程很重要,一般来说第三方物流商都有操作流程,关键是这个操作流程能细化到哪一步。有的第三方物流商不错,有细化并且量化的操作标准,有些物流商没有很细的操作流程,也不知道该怎么细化流程。这时联合利华双方会共同分析、相互协助,发挥各自在冷链物流运作上的经验,共同建立起细化的操作流程。

联合利华认为,在选择第三方物流商时,可以有不同的方式。可以从一家供应商那里租赁冷库,但将冷库交给另一家专门从事冷库管理的第三方来管理,然后再找一家专门负责运输的第三方。有的第三方物流商实力比较强,自己有冷库,管理能力也不错,还有自己的车队,这样的第三方也是一种选择。选择后者可以让管理轻松很多,但是因为整条冷链都在一家第三方那里,风险会很大,一旦出现问题,就是一大堆的问题;而前者做法虽然管理复杂,但相对地能分摊风险。

(案例来源:万联网)

案例分析

联合利华和路雪冷链物流的创新之处主要有以下几点。

(1)在仓储运输上,有自己比较严格的规范和要求。首先,对仓储运输的温度有严格要求;其次,联合利华对整个冷链有控制,这主要体现在冷链的衔接上。

(2)严格的流程化管理,是联合利华和路雪对物流服务商提出的一项新要求。目前,联合利华和路雪对操作规范的要求越来越细化了,甚至规定到每一个步骤。比如:进厂区后的限速,停车的步骤和具体位置,多少分钟内装完车,甚至是司机的穿着。

(3)联合利华要求运输商所提供的冷藏车都必须配备温控仪,并且温控仪所记录的温度变化曲线图也是考核运输商的一个关键绩效指标。

(4)选择优秀的第三方物流商,并建立合作伙伴关系。与其他同行企业将物流外包给多家服务商的做法不一样,联合利华和路雪在整个北方地区的物流外包是交给北京华日飞天物流有限公司独家运营。这样,这家公司对联合利华和路雪的忠诚度就非常高,对和路雪产品及变化规律也越来越熟悉。同时它也会严格按照联合利华和路雪公司的要求操作,按照联合利华的思路去改变它自己的组织结构和管理方式。

有些企业在冷链的前端做得很好,但是末端断链仍会影响消费者最终拿到的产品品质。对于联合利华和路雪来说,由于在全国有众多销售点,想依靠自己的力量建设终端配送体系来有效控制末端冷链是非常庞大的工程,实际操作中并不现实。所以,还是要依靠经销商和客户来控制末端冷链,最终提供给消费者优质产品。

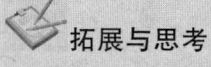 1. 冷链控制的难点主要有哪些?如何更好地突破这些管理难点?
2. 联合利华和路雪选择第三方物流商的创新有哪些值得我们学习和借鉴的地方?

【案例 2-2-3】
麦当劳的冷链物流

一整天的繁华喧嚣过后,来自麦当劳物流中心的大型白色冷藏车悄然泊在店门前,卸下货物后很快又开走。尽管一切近在眼前,但很少有人能透过这个场景,窥视到麦当劳每天所需原料所经历的复杂旅程,这些产品究竟如何保持新鲜,又是怎样在整条冷链中实现平滑无隙的流转呢?

一、麦当劳的土豆、面包和鸡块——高质量的需求

在麦当劳的冷链物流中,质量永远是权重最大、被考虑最多的因素。麦当劳重视品质的精神,在每一家餐厅开业之前便可见一斑。餐厅选址完成之后,首要工作是在当地建立生产、供应、运输等一系列的网路系统,以确保餐厅得到高品质的原料供应。无论何种产品,只要进入麦当劳的采购和物流链条,必须经过一系列严格的质量检查。为了炸制出符合质量要求的薯条,麦当劳要求供应商提供的土豆要有较长的果型,芽眼不能太深,同时淀粉和糖分的含量必须控制在一定范围之内。而且,麦当劳对薯条的规格都有量化的要求,长度为5英寸的要达到20%左右,3~5英寸的达到50%左右,3英寸以下的比例在20%~30%。在面包生产过程中,麦当劳要求供应商在每个环节加强管理。比如装面粉的桶必须有盖子,而且要有颜色,不能是白色的,以免意外破损时碎屑混入面粉,而不易分辨;各工序间运输一律使用不锈钢筐,以防杂物碎片进入食品中。

麦当劳餐厅使用的鸡蛋由专业养鸡厂提供,经过特殊的消毒工序,以杀灭鸡蛋表面对人体有害的沙门氏菌。麦当劳的供应商必须在鸡蛋产下来3天内运到工厂,按标准检测鸡蛋的大小、新鲜度,然后清洗、消毒、打油(起保护膜的作用),冷藏保存。麦当劳还要求餐厅鸡蛋在冷藏条件下,必须在45天内用完,以保持新鲜美味。

麦当劳对质量的敏感,源于其对市场走向的判断。消费者对食品安全的要求越来越高,低价竞争只能对供应链产生伤害,价格竞争将被质量竞争所取代。为此,麦当劳愿意在别人无暇顾及的领域付出额外的努力。比如,麦当劳要求,运输鸡块的冷冻车内温度需要达到-22℃,并为此统一配备价值53万元的8吨标准冷冻车,全程开机。同样的旅程,用5吨的平板车盖上棉被一样可以操作,成本可以节省一半以上。但是,麦当劳对于这种可能影响最终产品质量的行为坚决禁止。"打个比方,在麦当劳看来,冰淇淋化了之后再冻上,就不是冰淇淋了,只能算是牛奶和冰晶的混合体。"其物流供应商这样形容麦当劳的立场。正如餐厅并不是麦当劳的全部,运输中的质量控制,只是麦当劳冷链物流的冰山一角,在它的后面,有技术先进的食品加工制造商、包装供应商及分销商等构成的采购网络支撑,更有遍及世界各地的运销系统承载,还有准确快速的财务统计及分析软件助阵。

二、麦当劳和夏晖——独特的外包模式

谈到麦当劳的冷链物流,不能不说到夏晖公司,这家几乎是麦当劳"御用3PL"(该公司的客户还有必胜客、星巴克等)(3PL即Third Party Logistics的简称,也写作TPL)的物流公司,它与麦当劳的合作,至今在很多人眼中还是一个谜。麦当劳没有把物流业务分包给不同的供应商,夏晖也从未移情别恋,这种独特的合作关系,不仅建立在忠诚的基础上,麦当劳之所以选择夏晖,在于后者为其提供了优质的服务。随着商品流通市场买方地位的日益增强,消费者的选择越来越多,流通链也越来越长,麦当劳要求夏晖提供一种网络化的支持,这种网络能够覆盖整个国家或者整个地区,不同环节之间需要高效的无缝对接。与麦当劳合作了整整30年的夏晖,流通网络的整合能力得到了长足进步,拥有其他公司不可匹敌的经验。

即便如此,对于夏晖来说,在中国完成这项工作也非轻而易举。"在北京、上海、广州这些大城市,至今也没有形成网络化的物流系统。从批发站订购货品然后用面包车运送,还是很多企业通用的方法。在这种单批量送货模式下,不仅无法保障产品的质量,还直接导致物流市场的低价竞争。"夏晖的一名物流经理对此颇有感触。他认为,这种低价竞争将会给中国的物流市场带来很大的压力。而麦当劳对物流服务的要求是比较严格的。在食品供应中,除了基本的食品运输之外,麦当劳还要求物流服务商提供其他服务,比如信息处理、存货控制、贴标签、生产和质量控制等诸多方面,这些"额外"的服务虽然成本比较高,但它使麦当劳在竞争中获得了优势。"如果你提供的物流服务仅仅是运输,运价是1吨0.4元,而我的价格是1吨0.5元,但我提供的物流服务当中包括了信息处理、贴标签等工作,麦当劳也会选择我做物流供应商的。"为麦当劳服务的一位夏晖物流经理说。

另外,麦当劳要求夏晖提供一条龙式物流服务,包括生产和质量控制在内。这样,在夏晖设在台湾的面包厂中,就全部采用了统一的自动化生产线,制造区与熟食区加以区隔,厂区装设空调与天花板,以隔离落尘,易于清洁,应用严格的食品与作业安全标准。所有设备由美国SASIB专业设计,生产能力每小时24 000个面包。在专门设立的加工中心,物流服务商为麦当劳提供所需的切丝、切片生菜及混合蔬菜,拥有生产区域全程温度自动控制、连续式杀菌及水温自动控制功能的生产线,生产能力每小时1 500千克。此外,夏晖还负责为麦当劳上游的蔬果供应商提供咨询服务。

三、餐厅与物流中心——精细有序的对接

在餐厅一端,是麦当劳的采购工作。餐厅经理需要接受一项专门的培训——对销售、进货和库存量进行预测。这项复杂而琐碎的工作,也是他们每天的必修课。在一周为单位的进货周期中,餐厅经理需要预先估计安全库存,在每周二与配销中心联系,对冷藏货下订单。麦当劳认为,订货量太多太少都是不允许的,过多会增加成本,积压资金,使产品品质下降;不足则会使营业额和利润下降,并对公司信誉和员工士气产生不利影响,而紧急订货成本就会上升。订单被配销中心接受之后,每周三、周五分批进货。餐厅订货组要按时完成盘存报告,这项工作包括货品的编号、名称、计算单位、库存及货品盘点表、每日送货及退货单、损耗表、产品销售日报表、周报表、月报表、员工餐饮、餐厅调拨单,等等。

每天,餐厅经理都要把订货量与进货周期对照,一旦发现问题,立刻进入紧急订货程序。虽然紧急订货不被鼓励,但一经确认,2个小时后货品就会被送到餐厅门口。送货和接货也有固定的程序和规范。在货物被装车之前,必须根据冷冻货对温度的敏感程度,按照由外向里分别是苹果派、鱼、鸡、牛肉、薯条的顺序装车;接货时,则要对这些情况进行核查。接货的检查项目包括:提前检查冷藏和冷冻库温是否正常;记录接货的时间和地点;检查单据是否齐全,抽查产品的接货温度;检验产品有效期(包括估计是否有足够的使用时间);检查包装是否有破损和污染,糖浆罐是否溢漏,二氧化碳罐压力是否正常。最后,才是核对送货数量,签字接收。

及时响应麦当劳餐厅的需求,则是物流供应商发挥的特有作用。物流中心的一切管理工作细致有序,先进的设备也为物流质量提供了必要保障。麦当劳利用夏晖设立的物流中心,为其各个餐厅完成订货、储存、运输及分发等一系列工作。这个物流中心恰似一个具有造血功能的"心脏",每时每刻不断地向分布于大江南北的各家麦当劳餐厅输送着

新鲜血液,使得整个麦当劳系统得以正常运作,通过它的协调与连接,使每一个供应商与每一家餐厅达到畅通与和谐,为麦当劳餐厅的食品供应提供最佳的保证。

目前,夏晖在北京、上海、广州都设立了食品分发中心,同时在沈阳、武汉、成都、厦门建立了卫星分发中心和配送站,与设在香港和台湾的分发中心一起,斥巨资建立起全国性的服务网络。例如,为了满足麦当劳冷链物流的要求,夏晖公司在北京地区投资 5 500 多万元人民币,建立了一个占地面积达 12 000 平方米、拥有世界领先的多温度食品分发物流中心,其中干库容量为 2 000 吨,里面存放麦当劳餐厅用的各种纸杯、包装盒和包装袋等不必冷藏冷冻的货物;冻库容量为 1 100 吨,设定温度为 -18℃,存储着派、薯条、肉饼等冷冻食品;冷藏库容量超过 300 吨,设定温度为 $1\sim4$℃,用于生菜、鸡蛋等需要冷藏的食品。冷藏和常温仓库设备都是从美国进口的,设计细致而精心,目的是为了最大限度地保鲜。在干库和冷藏库、冷藏库和冷冻库之间,均有一个隔离带,用自动门控制,以防止干库的热气和冷库的冷气互相干扰。干库中还设计了专用卸货平台,使运输车在装卸货物时能恰好封住对外开放的门,从而防止外面的灰尘进入库房。该物流中心配有先进的装卸、储存、冷藏设施,$5\sim20$ 吨多种温度控制运输车 40 余辆,中心还配有电脑调控设施用以控制所规定的温度,检查每一批进货的温度。从设立至今,夏晖设在北京的物流中心已向麦当劳餐厅运送货物近 1 000 万箱。

四、冷链管理秘诀——标准化与跟踪

餐厅与物流中心之间的精细对接,只是麦当劳冷链物流顺畅流转的前提,要在操作中保证一切不出纰漏,标准化和跟踪技术至关重要。在食品供应链管理中,安全性和稳定性日益受到企业的关注。供应链的链条越来越长,安全体系则越来越薄弱,在 29 000 多家麦当劳餐厅组成的大家族中,任何一家餐厅发生食品安全问题,对全球的麦当劳都会造成无可挽回的伤害。

冷链物流中的标准化,正是麦当劳如履薄冰、力图将危机扼杀在萌芽之中而采取的手段。麦当劳的冷链物流标准,涵盖了温度纪录与跟踪、温度设备控制、商品验收、温度监控点设定、运作系统 SOP 的建立等领域。即便是在手工劳动的微小环节,也有标准把关,比如一台 8 吨标准冷冻车,装车和卸车的时间被严格限制在 5 分钟之内。根据货品的需要,还会使用一些专用的搬运器械,以避免在装卸过程中出现意外的损失。

在中国,麦当劳还在考虑应用一些国家制定的物流业服务标准和技术标准,以便把工作细化到 MRP 或者 VMI 系统的各个节点,进而对整个流程实施控制和跟踪。有了这些标准,麦当劳的下一项工作就是对所有产品实施在途跟踪。坐在办公室中的物流经理,怎么知道货车发出之后货物是否处在冷冻状态?身处在低价竞争的市场环境,这种担心并非多余。一台 8 吨标准冷冻车的冷机价值 48 万元,经过 500 个小时之后就必须进行一次大修,不少企业在这种情况下选择了"偷工",货车从北京出发到上海,只有一头一尾冷机是开放的,中间则被关闭。由于唯一的证据就是油耗,几乎没人能知道中间发生的故事。可有了温度跟踪和货物跟踪的帮助,一切变得完全透明。夏晖公司在中国并没有使用昂贵的跟踪手段,而是选择了一种类似于民航飞机上黑匣子(BLACKBAG)的技术。借助这些由清华大学开发的工具和技术,不仅可以记录车的位置,也可记录车的状态。只要在事后打开记录,有关车的发停时刻、温度变化等数据就会尽收眼底。在不少企业还把标准化

和跟踪系统当作一种技术来处理时,麦当劳已经利用它们构建起了一套有效的食品安全管理系统。在麦当劳看来,凡是在生产、储存中有要求的地方,不论普通食品还是冷冻食品,都应该设置这种标准。

(案例来源:万联网)

 案例分析

麦当劳的冷链物流以外包方式完全包给第三方物流企业即夏晖公司。夏晖公司是麦当劳的全球物流服务提供商,为麦当劳提供优质的服务。夏晖公司为了满足麦当劳冷链物流的特殊要求,投资建立多温度食品分发物流中心,分为干库、冷链库和冷冻库,配有冷链冷冻保存设备及冷链运输设施,保质保量地向麦当劳餐厅运送冷链货物。

随着麦当劳餐厅和夏晖公司合作的进展,双方建立起的合作关系趋向稳固,且随着操作经验的不断积累,双方通过冷链资源的不断整合,已经建立起了相对科学的、固定化的冷链物流管理和运作体系。这是值得其他冷链合作企业学习和借鉴的。

冷链物流标准化一直是我国冷链行业的软肋,而麦当劳在这方面做得相当成功,如麦当劳的冷链物流标准,涵盖了温度纪录与跟踪、温度设备控制、商品验收、温度监控点设定、运作系统 SOP 的建立等领域。即便是在手工劳动的微小环节,也有标准把关。这才是麦当劳冷链成功的关键。

> **拓展与思考**
> 1. 麦当劳和夏晖独特的外包模式有哪些优点?
> 2. 我国中餐饭店能否向麦当劳那样实行冷链物流标准化?

第三节 基于城市配送的物流平台创新

如今的物流市场,面临着客户对物流服务的要求不断提高和人工和管理成本不断上升的多重压力,激烈的市场竞争使企业很难通过提升运输价格来消化成本。所以,管理创新和技术革新成为了物流企业生存和发展的必然选择。

随着市场变化以及电子商务的兴起,市民消费习惯发生了重大改变,门对门服务成为企业的核心竞争力之一。所以,如何科学合理地配送货物成为物流企业必须面对和研究的问题。

【案例 2-3-1】
佳吉快运城市配送的智能调度平台

佳吉快运是一家以公路零担运输为主的现代物流企业,在城市间的长途运输积累了丰富经营管理经验。随着移动终端(movable termination)的迅速崛起和位置服务

(location-based service)广泛应用,物流终端配送有了新的方法和手段,佳吉快运迅速抓住机遇进行技术革新,通过新技术来寻求科学合理的货物终端配送解决方案。

一、上海佳吉快运有限公司简况

上海佳吉快运有限公司(简称佳吉快运)是一家主要从事公路零担货物运输、兼营快递和航空代理服务的民营企业,总部设在上海市。

佳吉快运自成立以来,运输业务每年都在以15%～30%的速度在增长。现拥有员工万余人,拥有运输网点1 100多个。佳吉快运的网络运输,以高速公路和国家高等级公路为依托,根据客户需求,建成了以上海、天津、广州、武汉、杭州、西安、沈阳、淮安、成都、郑州10地为中枢,遍布全国的信息化货运网络,以现代化的、科学的运营管理方式为客户提供全方位一条龙服务。

二、城市智能调度平台建设的背景

佳吉快运推出城市配送智能调度平台(简称平台)的背景,是因为在复杂的线路规划和海量的订单处理中,企业面临成本高、效率低的困惑。在平台实施前,佳吉快运面临的问题主要有以下几项。

1. 缺乏有效手段,车辆管控能力不足

佳吉快运有市内配送货车辆1 800辆及临时外雇车1 500余辆;包括金杯车、小货车(4.2米、5.2米、6.2米、7.2米等),完成配送中心(hub station)到市内揽货点(business office)的接驳;佳吉快运要完成所有到货的配送,这些货物的收货人分布在城市不同地区,每天的配送线路都不固定。而佳吉快运的配送体系相对薄弱,配送中心集中在城市郊区等现状短时间内很难改变。车辆多、车型杂,加上复杂的行驶线路和货物配车等困难,对于总部监管和分公司调配管理都提出了高要求的课题。

2. 作业效率低,差错无法控制

佳吉快运一直主推直送业务。所谓直送业务,就是从配送中心直接配送给客户,这是佳吉对以往模式的改进,原模式是由市内揽货点配送上门,新模式是从配送中心直接配送上门。新模式提升了配送效率,减少了往市内揽货点中转的环节,减少了运作时间和装卸工作量,优点很多。但新模式大大增加了配送中心的工作量,对配送中心的配送管理提出了很高的要求。

在系统推广前,配送环节是将送货单据打印出来,先靠人按大区分拣,然后大区内再次按区域分拣。往往调度室就像一个大市场,单子多、人多、杂乱无章、作业效率很低,而且差错率无法得到有效控制。

3. 行车线路不合理,重复线路多

由于货物装载的不合理,导致司机送货困难。装车顺序无法按配送的要求来装,增加了搬运装卸工作量,两票货物的距离太远,司机不得不绕道,导致行车路线不合理,重复线路多,司机怨声载道;部分司机因路况不熟,随意行车十分普遍,运力浪费惊人。

4. 考核体系需改进

俗话说:没有考核就等于没有管理。计费考核是本平台的核心之一。平台推出前佳吉快运依靠有经验的员工来调度车辆,人情因素导致成本增加。而平台实施后实行按里程和工作量考核司机,电脑自动计算,平台在各级管理者的监控之中。平台考核一定要做

到公平、公正,做到透明化运作,目标是奖励先进,鞭策落后者。

1) 平台实现的考核简述

为鼓励驾驶员多拉快跑,佳吉快运的市内配送车辆实行按里程(distance)和装载量(loading capacity)计费,类似于出租车计费但又比出租车复杂的计费核算模式。

计费过程根据揽货形式制订不同的标准。如送货、提货和转往市内揽货点等方式,费用结算中存在交叉重叠现象,较复杂。为方便描述,本案例中仅以送货计费这一样例来论述。

佳吉快运为每种车型设定了计件标准,也叫计件车型定额(loading fee norm)。计件车型定额用来指导运费核算,定额不定期会进行微调,以确保驾驶员的收入相对合理。

每车每趟的运费由里程运费、重量补助、体积补助和票数补助四类汇总而成,如表2-1所示。

表2-1 送货车辆运费结算公式表

项目(item)	补助金额(formulary)
计件里程收入	＝GPS实际行驶公里数×计件车型定额
计件重量收入	＝车辆实际装载货物吨位×计件车型定额
计件体积收入	＝车辆实际装载立方数×计件车型定额
计件票数收入	＝车辆日送货票数×计件车型定额

实际行驶公里数的计算方法:信息平台对每条线路根据货物的分布预先设定线路,并以该线路的里程为基准;实际行驶里程高于设定线路的,以设定线路的公里数为准;实际行驶里程低于设定线路的,以实际行驶公里数为准(取里程更短者)。

车辆实际装载货物吨位、车辆实际装载立方数、车辆日送货票数以计算机中体现的本车实际装载的数量为准。

车辆单趟收入金额为计件里程、重量、体积、票数收入相加的总和。

2) 考核体系的落实

在如此复杂的计算中,不靠计算机系统来实施是不行的。佳吉快运对司机的绩效考核方案,从最初的提出,到细化,再到计算机系统,经历了一个漫长的过程。一方面是技术的实施,另一方面平衡驾驶员的收入是一个反复的过程。

通过执行核算体系,既提高了运费结算的准确性,又使费用结算审核更科学、更透明,并有效地平衡了市内车辆收入与支出。

三、城市配送智能调度平台的主要功能

1. 配送区域规划

配送区域规划(distribution-area init),也就是对城市进行合理分区,方便区域配送。这是一项系统、全面的工作,工作量较大,往往要结合城市的区域划分、路况和其他诸多因素考虑。

2. 货物位置初始化

货物位置初始化(location-based init),佳吉快运也称之为"货物标点",就是对行政区域进行了规划后,分公司要将待送货物按地址自动标配在地图上。

3. 车辆监控

平台通过手机等智能终端对送货车辆进行定位,与服务器实现通讯。平台可对车辆进行适时跟踪、轨迹回放等功能。平台能监控到车辆在线、离线等状态,通过图标颜色也能监控到车辆的行驶和静止状态。

4. 智能调度

进入配送计划的货物,平台会按地址自动播放在地图上。平台系统根据设定的区域,在区域内利用扫描法(sweep method)对货物进行逆时针逐票扫描,再结合车辆装载吨位确定每个车的装载货量票数。

5. 费用结算

费用结算的依据是根据前面介绍的规则进行的。计算结果以报表的形式体现出来。

费用功能结算分为三个区域,最上方是车辆、运费、运单统计区,主要显示该车辆的车型、提送货单数、补助、提送货行驶里程、里程补助,及提送货运费合计;中间部分是提送货明细,能计算出每单的送货费用明细;最下面是地图展示区域,能体现车辆一天的轨迹。

6. 费用审批

相关管理人员可审批调度申请,审批通过的运费系统视为最终结果;可对车辆里程信息、计算运费、申请运费及备注说明进行审核,并根据时间、结算进度进行结算审核申请查询。管理者可非常方便全面地了解运费是否合理等信息,并作出审批意见。

7. 绩效考核

完成配送任务后,车辆绩效考核指示(KPI)也通过报表的形式展现出来。

考核指标有:按照里程、装载票数、货物重量综合测算;里程以规划里程、实际行驶里程,取两者最短里程计算;计算出每一票货物的价格。

四、城市配送智能调度平台的应用效果

1. 平台的应用,直接提升了企业的劳动效率

以金杯车为例,平台应用前,每车每天的送货效率为24票左右,应用后,每车每天的送货票数达到30票左右,效率提升25%;送货速度的提高,节约了仓库的利用率,使货物更物畅其流。同时减少了货物在仓库里停留的风险;平台的应用推广,提升了工作效率,节约了人力成本。平台应用前,佳吉快运上海分公司要有3个调度员来分单配车,平台应用后只需1人就能完成工作。对于整个佳吉快运,因此节约用人总数为20人左右,每年人力成本节约超过百万元。

费用核算功能系统实现了送货车辆运费的自动结算,大大降低了核算人员的工作量,同时提高了结算的准确性、公平性。

配送效率的提高和人员的减少,最终将反映到企业效益上来。近年来佳吉快运健康快速成长,得益于平台的应用。

2. 品质的提升

由于平台的应用,配送效率的提升,客户收货速度明显加快,与应用前的时效相比,一般的收货时效都能提前1天左右,客户感觉物流时效比原来快了,满意程度比原来提

升了。

效率的提升,库存周转时间加快,仓库更顺畅整洁,原来仓库有货物积压,现在基本上能做到当天清库,库存管理压力小了,货物在仓库的风险进一步降低了。

企业服务品质的提升,必将吸引更多的客户选择佳吉快运。客户得到了更好的服务,佳吉快运也通过优质的服务实现了自我价值,这无疑是一个双赢的项目。

3. 促进企业流程再造

平台的应用促使企业对流程进行基本的再思考、再设计,从而在成本、质量、速度等关键绩效上作出重大的改进。经过再造的流程,是一个科学、高效的完整过程,必将进一步推动企业的经营和管理。

平台的应用,打破了原有的业务操作模式,推动企业对市内配送部分流程再造。原来繁琐的分单环节被取消、杂乱无章的调度室从此安静;原来单票的单据打印,现在变成了流水线似的批量打印……这一切,改变的不仅是操作模式,而是更改变了佳吉快运人的管理思想与理念。

(案例来源:长风网)

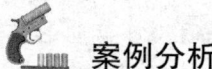

案例分析

佳吉快运通过基于移动终端的城市智能调度平台实现对货物配送的最优方案,实现车辆合理调度,提升了员工劳动效率和车辆利用率,不仅给公司带来了良好的效益,对社会来说也具有非凡的社会效益,从而实现企业与社会的双赢。

近年来,随着CPI的高速增长,政府、企业和民众感觉到很大的压力。而在近期的调查中,高成本的流通环节是助推CPI上升的重要原因之一。因此,如何降低流通成本成了政府高度重视的问题,在这种背景下,平台实施成功的意义就更显重要。

平台的应用,有利于减少社会资源的消耗。通过系统的合理配载,提升了车辆的装载能力,必将使工作效率大大提高,进而减少车辆的空驶,降低能耗,减轻城市道路和国道车辆拥挤,为全国的经济发展创造优质的、物畅其流的环境。

平台的应用,将间接改善环境。通过减少行驶里程,将减少车辆尾气排放,降低城市噪音和道路损伤等,使人民群众生活环境得到较大的提高。

平台的应用,将大大降低企业的物流成本,为企业让利于社会、让利于民众提供了可能。物流成本高必将推动物价高涨,而通过佳吉快运平台应用的方案优化,力争使物流成本由目前的18%降低到10%,接近国际上的物流成本。平台的应用有利于疏通流通环节,缓解通货膨胀,降低居民的消费成本支出。

 拓展与思考　1. 佳吉快运智能调度平台的创新点主要有哪些?
2. 为什么说佳吉快运智能调度平台的推广实施可以实现企业与社会的双赢?

【案例 2-3-2】
九州通药业的 O2O 物流平台创新

中国有 40 多万家药店,这些药店使用上千种不同的经营软件。医药电商和药店难以实现真正的互联、互通,医药电商也不可能对药店的后台进行精细化管理。现在中国规模最大的连锁药店仅仅拥有几千家店铺,也无法在全国范围内提供服务。医药电商是天然的 O2O,但是医药电商和药店进行系统对接和管控一直是业内难题。这个矛盾如何解决呢?

一、九州通的电商布局

九州通做医药流通行业已经做了 20 多年,相对其他的创业者九州通可能在整合供应链上面有一定的优势。目前公司在全国有 24 家二级公司,35 家三级公司,覆盖全国 90% 以上的行政区域,8 700 余家供应商,同时有门店 1 000 多家。所以说九州通的业务做到哪里,O2O 布局就可以拓展到哪里。

同时,九州通有自己的经营品类,已经达到 18 万个。一个药店一般是 2 000~3 000 个品类。此外九州通跟厂家有深入合作,有 500 种独家品种,也就是说在市场上所需要的药,在九州通的大仓里面肯定找得到。

九州通还有核心优势,就是安全、快速的物流配送体系。针对 B 端的物流配送,类似于 211 的配送,下单之后半天时间可以送达 B 端客户。面向 C 端九州通在武汉提供 25 家配送点,提供 1 小时送达的服务。同时九州通本身也是做 B 端物流的,所以九州通拥有医药第三方的物流资质,不但保证药品供应,同时也保证安全。

二、九州通 O2O 项目的实施阶段

九州通药业将旗下的 O2O 项目分为三个阶段,每个阶段和线下药店进行不同层次的对接。

第一个阶段:药急送

药急送依托于移动端的微信平台,药急送并不强迫商家将销售的产品上线,也无需将商品信息同步到系统中。

当消费者通过药急送发起购物请求的时候,抢单的药店将直接和用户沟通,满足用户的需求。九州通希望通过这种方式为用户提供更快的服务,为商家提供更多的销售机会。药急送对药店的配送服务也制订了一系列的标准,如果药店在一段时间内达不到要求,则会被替换掉。

此外,九州通建立了医药健康 B2C 电商平台好药师,将通过药急送项目集合一批药店,建立一个服务联盟。好药师会从服务联盟中选择优质的药店进入第二阶段。

第二阶段:微药店

被筛选出来的优质药店进入微药店体系后,将获得好药师提供的一套系统。该系统可以迅速和药店对接,帮助药店将销售的药品上架到线上。但是该系统只提供商品上架的功能,并不会管理药店的库存情况。

当用户通过微药店下单之后,系统会自动帮助接收订单的药店形成一张小票,小

票上记录了用户所需的药品、用户地址以及联系方式。如果药店发现,用户所需药品已经断货了,将及时联系用户修改订单。因为有很多同类型、同功能的药品可以相互替换。更改订单后,系统也将自动生成一张新的订单,然后药店再为用户提供送货上门服务。

微药店项目也并没有掌控商家的实时库存,而是通过更改订单的方式巧妙地规避了这一问题。

好药师还将帮助一些优质药店补充线上销售的商品。九州通拥有丰富的药品资源,已经在为10万家药店供货。这些资源可以帮助线下药店拓展线上货架。线下药店展示空间和存储空间有限,所以为消费者提供商品也有限。而好药师的经营数据显示,线上用户在医药电商购买药品的种类大大多于线下药店。

当好药师帮助药店进行药品种类拓展后,九州通将把用户订单所需的药品运输给药店,再由药店完成最终的配送。和好药师合作的药店,未来可以尝试零库存的在线销售模式。

第三个阶段:未来处方药的"最后一公里"配送将由被筛选出来的优质药店承担

国家政策要求商家必须获得资质认证才能进行处方药的配送。现在"四通一达"这些物流企业并没有药品的配送资质,而好药师背后的九州通集团也没有办法在全国范围内为用户提供送货上门的服务,而药店最适合做此项服务。

未来,用户可以通过线上问诊的方式获得电子处方,然后实现线上购买。届时,好药师可能尝试将一些药店发展成电子处方的定点药店,或者网络医院的定点药店。

由于药店的存储、销售和配送符合GSP规范,在电子处方合法的情况下,好药师将利用药店进行最后一级的配送和落地服务。

从这三个阶段的业务来看,B2C模式和O2O模式分别是好药师非常重要的两条"腿",两种模式结合起来将为用户提供更完整的服务体系。

(案例来源:亿欧网)

案例分析

如果谈到医药O2O的本质,应该是互联网连接个人获得本地化的服务。这个里面有两个关键词,一个是连接,一个是本地化服务。九州通从用户端向医疗机构发起,如果用户需要购药,医疗机构通过药房,药房之间通过资源的调度,最后通过配送员送达到消费者手中,这个过程九州通的箭头就是连接的所在。通过互联网的连接以及本地化配送,使得用户足不出户就可以体现全流程的医药配送。

据调查,患者生病后,40%的慢性病患者,是去医院取药,但是医院挂号难、排队难,因此对于患者来说,便利的医药配送服务成了相对稀缺的资源,九州通医药O2O可以覆盖夜间配送、紧急配送,包括医院的处方配送,这给患者带来极大的便利。

医药服务市场是一个典型的供方主导的市场,谁掌握了稀缺的资源,谁就主导这个市场。而九州通医药的O2O,正是着眼于连接稀缺资源。比如说九州通齐全的商品品类、便利的医药配送、专业的用药指导,九州通打破了这些局面,可为消费者提供更好的医药本地化服务。

拓展与思考
1. 九州通医药O2O平台项目的核心竞争力在哪里?
2. 我们能否把九州通医药O2O平台项目的模式推广到其他行业的物流领域?

第三章　物流模式创新

引　言

现今,物流已不仅仅是企业价值链条中普通的一环,而成为企业发展壮大的基石,是企业铸造竞争优势的重要因素。物流效率的提升不仅是用户体验的保证,更是企业供应链优化的前提。

我国企业的物流发展大致经历了三个阶段:第一阶段是将物流部门囊括在企业的服务体系中,往往作为成本大户受到企业财务的严格监控;第二阶段随着企业专业化分工和社会物流的发展,物流被外包给专业的第三方物流公司,以提高效率,降低运营成本;第三阶段物流又重新回归企业,物流部门成为企业的一项战略资源,成为企业新的利润增长点。"重资产"运营成为当前企业物流发展的新趋势。自建物流需要投入大量的物流成本,但可以在根本上降低送货时间,并且保证配送质量,将物流最大程度地控制在企业自己手里,抬高了竞争门槛。

麦肯锡《2015年中国数字消费者调查报告》显示,71%的中国数字消费者已经在使用O2O服务,其中97%的消费者表示他们在未来6个月内仍会继续使用O2O服务甚至增加使用频次,而在还没使用过O2O服务的消费者中,近1/3的消费者表示他们愿意在未来6个月内进行尝试。O2O中最大痛点就是物流。众包物流模式利用社会闲散资源,降低了人力成本压力,最大程度地满足了当前离散、高频的消费趋势,对解决社区O2O配送具有非常重大的应用价值。看中"最后一公里"社区商机的不仅仅是人人快递、爱鲜蜂、达达、社区001,甚至电商巨头阿里、京东、苏宁等也在虎视眈眈。

在互联网经济下,传统零售商以及传统电商企业都在寻求转型,商务运营模式发生改变,但提高用户体验是亘古不变的话题,而线下的物流配送体系的建立和完善就成为企业必打的攻坚战,未来谁能占领物流最后一公里,谁就将成为市场的赢家。农村电商和三四线小城市电商以及日渐兴起的跨境贸易都将是电商企业发展的未来,为应对农村市场和跨境市场的巨大需求,各大电商企业积极部署渠道下沉和海外仓储物流,线下物流模式创新层出不穷,对支持线上电子商务的发展功不可没。

本章从自营物流模式创新、众包物流模式创新和O2O环境下企业线下物流布局三个方面对当前出现的新的物流模式进行分析,以点带面,使读者能够更加深刻地理解物流未来发展的大趋势。

第一节 自营物流模式创新

自建物流属于重资产模式,需要投入大量的物流成本,但能够从根本上降低送货时间,实现对客户需求的迅速反应,为客户提供更优质的产品与服务,将物流最大程度地控制在企业自己手里,抬高了竞争门槛,同时也优化了企业供应链管理。

【案例 3-1-1】
振华重工自建船队筑造起振华的核心优势

上海振华重工(集团)股份有限公司(简称振华重工)是全球领先的集装箱运输和港口机械企业,自建船队是其创始人管彤贤最为得意的秘密武器,是全球75%以上集装箱市场占有率的坚固保障;海尔日日顺"无孔不入"的自建物流网络是支撑海尔商城和日日顺商城未来高速发展的筹码,助其在未来三四线城市的激烈竞争中占据先机,开放的物流平台也必将成为企业新的利润增长点;刘强东力排众议率先在国内布局了完善的自建物流网,以此保证了良好的用户体验,成为托起企业核心竞争优势的重要一环。

振华重工是国有控股A、B股上市公司,总资产市值达到500亿元,主导产品集装箱机械进入世界76个国家和地区,占世界市场78%的份额,覆盖世界200多个主要集装箱码头,遥遥领先其他竞争对手。

振华重工共进行了四次大型的战略性投入:打造自己的运输船队、公司上市、建造基地和终生承诺。每一次战略性投入,都使得振华重工的国际竞争力上了一个新台阶,而自建运输船队是创始人管彤贤最津津乐道的一项举措。振华重工是世界上唯一自备整机越洋运输船的起重机制造商,所生产的大型港口集装箱起重机全部采用整机运送至对方港口的交货方式,整机运输被认为是振华重工核心能力之一。

集装箱起重机体积大、重量重、单位价值高,铁路、公路都难以运输,必须依赖水路。由于远洋运输的时间周期较长、海上不确定因素较多,因此交货时间也存在不确定性,而客户对集装箱起重机交货时间的要求却非常严格,合同中一般都有针对延迟交货的违约条款。20世纪90年代初期,世界上只有荷兰具备集装箱起重机整机运输能力,处于垄断地位。1993年,振华重工为加拿大生产首台桥吊后,计划从黄浦江装船将整机运送到加拿大,荷兰船运公司对振华重工提出诸多霸王条款限制和要求,例如:"从上海运往温哥华,第一次要价95万美元,第二次100万美元,第三次要150万美元,条件还越来越苛刻,要求机器送到后3天必须调试完后卸完";"如果耽误交货日期他们不承担责任,但如果船到了岸,因振华重工原因影响装船,振华必须赔偿",等等。

缺乏整机运输能力使振华重工感受到了发展壮大步履的艰难,组建自己的船队完全是当时的环境所迫,管彤贤力排众议决定打造自己的整机运输船。1994年,振华重工为美国迈阿密港制造4台超巴拿马型岸桥,这是振华产品首次进入美国,也是中国大型集装机械首次进入美国市场。对这宝贵的第一单,振华人全力以赴确保优质按时交货。振华重工花费200万美元买进一条装煤炭的旧船,次年,首艘自行设计改装的整机运输船"振华2号"从上海外高桥2期码头出发,船上装有2台桥吊,横跨太平洋,穿越巴拿马运河,历经52天抵达美国迈阿密,成功首航美国。"这一次航程,承载的不仅是港机产品,更是振华人自强不息的精深气概"。

自第一艘自行改造的运输船诞生以后,振华重工将旧船改造为运输船的工作一直没有间断,并组建成自己的运输船队,成为世界上唯一自备整机运输船的港口机械公司。1997年,振华重工夺得了中远集团和美国SSA联合采购的用于长滩港的6台岸桥订单,为了将6台起重机一次性运抵长滩港,振华重工又改造了一艘大型整机运输船"振华4号"。振华重工通过改装国外旧散装货船拥有了20艘6万~8万吨的越洋整机运输船队,整机运输船队保证了经过调试的岸桥以整机形态运往世界各地,使公司在产品质量、价格、交货期上占据优势,大大增强了公司的国际竞争力。

改造后的运输成本只有不到20美元,确保了振华重工的产品得以高质量、短周期送往世界各港口用户。港机设备从下单到交货一般需要一年到一年半的时间,一些态度傲慢的港机生产商交货期甚至长达两年,振华仅需半年到8个月即可交货。凭借低成本和快速交付,振华重工能提供比竞争对手低30%的价格,还能将交货时间缩短到竞争对手的一半,牢牢掌控住全球75%以上的港机市场。

将旧船赋予整机运输能力必须使船舶重心下降,装货区域甲板也必须随之下降,这些困难均被振华重工一一克服。由于港机设备满载在船,驾驶台瞭望视线因此受阻,振华重工甚至为船舶加装了雷达系统。振华重工在实践中利用潮汐特点解决了装船卸船、高重心运输等难题,诞生了一大批装船工艺,成为令竞争对手"望而生畏"的独门秘"笈"。

重大件运输船队是振华重工的核心竞争力之一,为振华重工的发展立下了汗马功劳。1997年,美国各大港口采购起重机,美国人惊奇地发现,只有一家公司准时交货,这家公司就是中国的振华重工。1998年,振华重工势如破竹,在美国市场共拿下全年6个港机项目中的5个。在美国市场连中5标的消息引进了全球轰动。加拿大温哥华港和美国奥克兰港为了能准时得到产品,也都认准了ZPMC品牌,先后多次与振华重工签订新的合同。

重大件运输是高风险、专业性极强的行业,涉及航海、船舶、气象、水文、结构设计、机械设计、安装设计等诸多领域,目前,世界上只有少数公司能够掌握该技术。作为第一个吃螃蟹的人,振华重工的运输能力得到国际认可。振华重工经过20多年的摸索,自主创新了多项船运技术,成功将制约发展的瓶颈转化为市场竞争力,填补了国内重大件运输设计的空白。

上海振华船舶运输有限公司(振华重工直接控股的子公司,简称振华船运)在实践中不断积累经验,拥有超过50人的专业船运设计团队,开发出了大型整机产品上岸下水、移位过泊、海运与锚泊、浮装浮卸等技术,拥有"港口机械的整机运输装置、集装箱起重机的海运绑扎机构、船舶航道与过桥轨道间的连接装置"等实用新型专利。振华重工的整机运输可以将15~20台场桥,以整机形态运向全世界的港口,拆除捆绑就可以投入工作,大大便利了用户,这是振华重工的重大创新,国外整机到货后都是垂直卸货,有时会造成集装箱桥吊倒塌事故,ZPMC整机运输到达后,将重达2 000吨,高如25层楼的钢铁巨人,利用潮差对船调整压舱水,安全地将起重机沿另铺设的轨道卸下船,是ZPMC整机运输的关键技术,为世界首创,实施平行卸货,做到出口运输 1 000 台无事故。目前,振华船运拥有包括 4 艘半潜式特种运输船在内的共 22 艘特种运输船,7 艘巨型浮吊船,23 艘驳船。振华船运对运送的货物还有一整套严格的数据分析与计算的科学程序,以保证船在风浪中的平衡性和稳定性,海运技术已成为振华船运的核心竞争力。

安全运输是任何一家船运公司发展的前提条件,在振华重工的船运史中,几乎没有出现重大海运事故。振华重工的船队已经安全运营 1 000 多航次,遍及 80 余个国家和地区的 200 余个港口,运输各类大型设备 4 800 多台套。1999 年,在运营实践的基础上建立了公司安全管理体系(SMS),并于同年 12 月 29 日获得上海海事局颁发的 DOC 证书,2005 年 11 月 17 日获得中国船级社颁发的 DOC 证书。这些权威机构的审核和认可,为振华重工提供了积极参与全球竞争的资格证书。

2008 年 12 月 17 日,"振华 4 号"轮船运载 4 台集装箱岸桥驶往苏丹港,完成卸船任务后自苏丹启程回国,途径海盗猖獗的亚丁湾海域时遭遇海盗拦截,面对手持步枪甚至火箭筒的武装海盗,时年 57 岁的船长彭维源指挥全体船员用啤酒瓶做成的燃烧弹还击海盗。"振华 4 号"轮船船员顽强抗击,成功挫败了海盗的劫船计划,成为有史以来唯一一艘在海盗登船之后获得自救的船只,捍卫了正义和祖国的尊严。2011 年 1 月 21 日,"振华 26 号"轮船从苏丹载运工装返航途径印度洋马六甲海峡时又遭遇 2 艘海盗艇追袭,全体船员经过 1 个多小时的英勇抗击,成功摆脱了海盗的登轮劫船企图。振华重工抗击海盗的事件引起了国内外知名媒体争相报道,高度肯定了振华船员的英雄气概。

2008 年之前,由于 ZPMC 自身业务的迅猛发展,其庞大的船队基本用于运输自己的产品。2008 年金融危机后,为消化过剩的运力,振华船运开始进军国际重大件航运市场,明确提出了"抢高端、维护中端、优化低端市场"的经营方向,走出了早前完全服务于内部市场的狭窄定位。振华船运曾经为中远、中海、中外运、烟台中集来福士、和记黄埔、现代重工、斗山重工、丹麦马士基等国内外知名公司提供过特种运输服务。

当振华重工准备开始在海上重工市场寻找新的经济增长点时,配备强大的整机运输船队成为该公司全方位准备工作的重点。为满足公司运输海工产品的需要,振华重工结合运输船的特点,开始实施 4 艘半潜式特种运输船的改造工作,标志着振华重工向全球海工运输市场进军的方向又迈出了坚实的一步。这些特种运输船,每艘可装 4~6 台集装箱岸桥或大件,货物跨海越洋驶向全世界港口,可以极大缩短交货周期,不仅保障了振华重工产品的运输,还面向全球用户提供从装货到卸货,包括装卸工艺、海上运输计算、绑扎设计以及装卸实施的一条龙服务。

振华船队劈波斩浪,已将 ZPMC 品牌送至全球各个港口,而如今强大的自建船队正引领振华重工在海上重工、大型钢构等领域继续书写新的传奇。

(案例来源:部分选自《振华重工成功之道》一书)

 案例分析

物流战略的调整需要企业领头人的远见和魄力。振华重工在企业发展之初的困难时期,决定自建船队,打破了荷兰海运在重大件运输领域的垄断地位,攻破了企业未来发展的掣肘。在集装箱运输领域,竞争对手通常是在港口分装,分部件运输,部件到达港口后再进行组装,既降低了运输难度,也无需受制于整机运输船。但此举弊端是到岸组装时间通常长达数月,严重影响交货时间且占用码头资源。振华重工大胆采用整机运输方式,自建的6万吨级整机运输船队,可将大型产品跨海越洋运往全世界,确保了产品的准时交付,运达后即可投产,节省安装时间,大大增强了振华重工的国际竞争力。迄今为止,在世界同行中,拥有6万~10万吨级整机运输船的只有振华重工一家,这正是其在激烈的市场竞争中脱颖而出的秘密武器。

当前,振华重工自建船队不再仅仅服务业企业内部,而是凭借强大的运输能力、丰富的船运经验和技术过硬的团队,逐渐成为世界航运市场的一支强大生力军,为集团公司带来了新的利润增长点。这是振华重工创立独立运输船队时未曾料到的"附加值"。

企业产品的特殊性是决定振华重工自建物流配送体系的重要驱动因素,物流规划是基于企业长期发展的战略部署,当物流成为提高企业产品市场占有率不可逾越的障碍时,垂直一体化战略能够使企业掌握竞争的主动权,甚至自建的物流体系会成为企业的另一片蓝海。

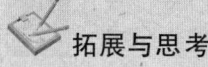

拓展与思考
1. 振华重工在其产品运输过程中曾面临哪些困难?是如何解决的?
2. 制造企业物流的垂直一体化战略有哪些优势和劣势?

【案例 3-1-2】
海尔日日顺的虚实结合

海尔物流成立于1999年,实行"一流三网"的物流管理模式,即以订单信息流为中心,建立全球供应链资源网络、全球用户资源网络和计算机信息网络。自整合以来,海尔的供应商由原来的2 336家优化至840家,呆滞物资降低了73.8%,仓库面积减少了50%,库存资金由1999年的15亿元降到2001年的4亿元,商品库存周转期由30天降至7天。海尔通过优化供应链体系,建立起强大的全球供应链网络,有力地保证了海尔产品的质量和交货期,由于物流技术和计算机信息管理的支持,海尔物流通过三个JIT,即JIT采购、JIT配送和JIT分拨物流来实现整个供应链全流程最优与同步工程。

海尔在全国建有物流中心系统,无论在全国什么地方,都可以快速送货,实现JIT配送,同时也避免了第三方物流商品运送不及时、商品缺损率高等弊端,提升了品牌形象。海尔的物流体系不仅为其自身提供了强大的支持,也成为最具竞争力的第三方物流企业。依托海尔集团的先进管理理念以及强大资源网络,海尔物流为全球客户提供最有竞争力的综合物流集成服务。凭借先进的管理及物流技术,海尔物流被中国物流与采购联合会授予首家"中国物流示范基地"和"国家科技进步一等奖",先后获得"中国物流百强企业""中国物流企业50强""中国物流综合实力百强企业"和"最佳家电物流企业"等殊荣。

在家电零售行业,渠道商一直处于强势地位。为改变这种现状,家电企业纷纷通过自建渠道来扩大市场的话语权,海尔也不例外。2009 年,海尔电器宣布成立一家独资附属公司——日日顺,专门拓展三四级市场的销售、物流和服务网络,尤其要抓住不断上升的农村市场需求。日日顺是海尔集团旗下在香港联合交易所有限公司主板上市的公司,目前日日顺物流已成为中国最大的全国性物流网络之一,尤其在三四级家电市场具有绝对优势。

日日顺商城是互联网时代虚实融合的智慧开放平台,"虚网"是指互联网,通过网络社区与用户互动,形成用户黏度,"实网"是指营销网、物流网、服务网,日日顺以物流网为中心,向前整合营销网、虚网的用户资源和订单资源,向后整合服务网资源,为用户提供包括家电、家具、家居、家饰在内的全流程最佳交互体验,在消费者下单购买后,海尔商城便联系距离最近的服务网点,承诺 24 小时之内为消费者送货上门并安装调试,从而解决了大家电送货难、产品保障等种种问题,凭借四网融合的坚实基础,日日顺为网购大件产品搭建了一个开放的平台,如图 3-1 所示。

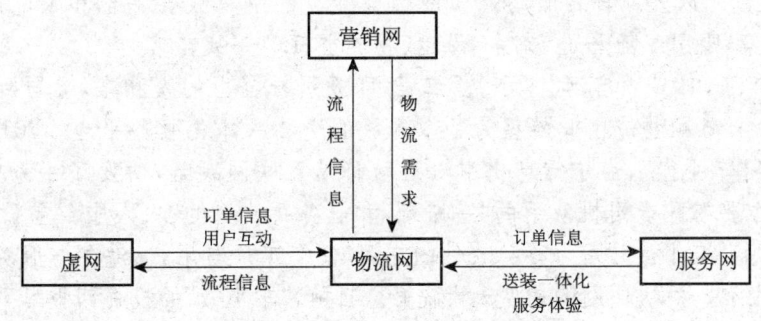

图 3-1　海尔日日顺的四网融合

日日顺物流在全国有 3 000 多条客户配送专线,在全国建立起 9 个发运基地,90 个物流配送中心,仓储面积达 200 万平方米以上,同时还拥有 7 600 多家县级专卖店,约 26 000 个乡镇专卖店,19 万个村级联络站,并在全国 2 800 多个县建立了物流配送站和 17 000 多家服务商网点,这意味着全国平均每个县有 3 家以上的县级专卖店和将近 10 万个县镇专卖店,每 3 个行政村就有一个日日顺联络站。海尔日日顺物流在全国各地串起了一张配送同步无盲点的网,在 1 500 多个区县实现了 24 小时内配送到位,在 460 个区县实现 48 小时限时送达。日日顺物流以全国 83 个配送中心为基础,与全国 6 000 多个服务网点融合,即使你身处西藏、新疆、东北等国内边远地区的三四级城市和农村,也可以无障碍购物,成功解决了电子商务行业物流配送的"最后一公里"难题。

日日顺物流很早就开始推行售服一体化策略,县级网点具备维修能力,镇级网点具备安装能力,确保当天就能为区域内的用户提供及时上门、一次就好的成套精致服务。日日顺以用户的个性需求为中心,对于不同的用户群体制定针对性强的特色服务,创新性地提出"按约送达,超时免单""一次就好,多次免单""规范服务,违规免单"三大免单承诺,对新婚夫妇用户,通过"24 小时限时达"服务,确保今天下单明天即可到货安装;对白领用户,提供"按约送达,送装同步"服务;对想给外地亲人买家电的用户,可以异地送货,突破家电配送区域局限性,这些特色服务为日日顺吸引了大量客户,得到用户极大认可,形成良好口碑。

三四级城市家电网购中普遍存在"送货不上楼""管送不管装""装后没人管"等问题，而日日顺原先服务于海尔集团的家电销售、配送和安装早就实现了一体化，有能力在三四线城市为家电网购客户提供"送装一体"以及其他售后服务工作，真正做到"销售到村、送货到门，服务到户"，很好地解决了端到端大件配送的问题，成为全国唯一能将大件物流产品配送"到村入户"的渠道服务商，在"最后一公里"的配送中获得竞争优势。差异化服务的延伸直接拉动农村市场的购买力，创造了消费者的潜在需求。

目前，日日顺物流不再仅仅提供简单的运输、仓储、装卸业务，而是与客户深度一体化，提供供应链全程管理的物流解决方案。日日顺家电物流"最后一公里"解决方案为用户创造了超值体验，得到了很高的评价。日日顺物流四网融合信息交互平台能够满足客户及用户零库存条件下的即需即送，并与客户的商业模式深度融合，通过不断优化供应链环节，降低客户库存，有效地提升物流效率，降低物流成本，提高资金周转速度，帮助客户降低物流成本5％以上，促进资金流提速3~5天，按1 000亿元流动规模计算，年降低物流成本5 000万元以上。日日顺物流四网融合开放的用户服务平台和家电网购"最后一公里"解决方案，吸引了亚马逊、京东、易迅、物流宝、LG等战略客户。

2013年年底，日日顺启动"车小微"工程，即吸引社会上的人和车，参与到日日顺的送装服务中来。日日顺物流由此转型为一个开放的送装一体化服务平台。2014年3月，为了更好地服务"车小微"，海尔信息化中心启动移动互联网战略，研发了一系列服务"车小微"的APP，主要有配送司机使用的"一路顺"和服务兵使用的"人人服务宝"。日日顺平台上已经有5万辆"车小微"，因为移动软件的应用，使得工厂与用户、海尔与服务人员之间的服务流程大大缩减，解决问题的速度大大提升。目前，"车小微"的投资回报率平均达3％，企业配送成本降低了5％。正是有了这个庞大的队伍，日日顺的长远发展才有了根基。

日日顺物流塑造了用户高差异化的服务体验，实现了海尔网上用户全国覆盖率100％，海尔网上用户送装同步服务100％，海尔网上用户订单实现"24小时限时达"占比76％，用户网上物流服务评价高于同行业50％，海尔用户多次购买占总订单量的25％，用户订单环比增长46％的辉煌业绩。

（案例来源：部分案例内容出自《财新网：海尔系列报道》）

 案例分析

海尔的配送网络已从城市扩展到农村，从沿海扩展到内地，从国内扩展到国际，形成了全国最大的分拨物流体系。日日顺物流凭借的正是全国无盲区的服务网络，不断提升用户体验，增强用户黏性，促进了"虚网"的销售业绩。目前，海尔也与阿里巴巴等企业积极开展第三方配送合作，充分发挥自建物流网络的潜力，使其成为集团新的竞争力，真正使企业物流变成了物流企业。

海尔的物流发展可谓是虚实结合的典范，值得其他企业借鉴。海尔商城基本上是消费者大件家电采购的首选，而这也正是得益于其完善的售后体系和高效的配送网络。尤其是在当前三四线城市电商迅猛发展、渠道下沉的时代，海尔日日顺"无孔不入"的物流网络必将成为支撑海尔商城和日日顺商城未来高速发展的筹码,物流网络的系统化布局是一个逐渐积累的过程,不是一蹴而就的,也注定是竞争对手短期内无法有效模仿的企业核心竞争力,日日顺物流体系使海尔如虎添翼,深入人心,助其未来在三四线城市的激烈竞争中占据先机。

 拓展与思考
1. 海尔日日顺物流在未来的发展中存在哪些商机?
2. 在互联网经济下,我国传统制造企业转型发展存在哪些先天的优势和劣势?

【案例 3-1-3】
京东商城的自营物流王国

京东商城是中国 B2C 市场最大的 3C 网购专业平台,在线销售家电、数码通信、电脑、家具百货、服装服饰、母婴、图书、食品等 11 大类数万个品牌的百万种优质产品。

京东商城峰值订单已经达到一天 4 000 万个左右,均值订单在 1 200 万个左右,业务量的迅速扩大使得与它合作的外包物流公司的业务能力远不能满足需要,第三方物流企业单一的服务功能也无法满足电子商务企业和消费者的需求,而且第三方物流普遍存在物流数据反馈不及时、配送服务态度差、商品破损率高、配送不及时等诸多问题,使消费者对企业物流问题的投诉不断,也间接地损害了电商企业的形象。

京东商城始终将提高物流服务水平放至战略高度。2009 年,京东商城投资在上海成立了上海圆迈物流快递公司,后又陆续在天津、苏州、杭州、南京和深圳等 23 座重点城市建立了配送站。2010 年,京东商城在上海成立了"华东物流仓储中心",成为其目前最大的仓储中心,承担了一半以上销售额的物流配送任务,提高了上海及华东地区乃至全国的配送速度。2013 年,京东商城引进了代号为"青龙"的物流配送体系,完成了物流配送系统大升级。"青龙"物流配送系统通过构建高效的信息管理系统,提升了处理海量信息的能力,有效提升了配送效率。

京东商城构建起极具前瞻性的物流网络。京东商城在全国范围内拥有 7 大物流中心,在 44 座城市运营了 166 个大型仓库,拥有 4 142 个配送站和自提点,覆盖全国范围内的 2 043 个区县,且全部自营,此外,京东在自营城市还开通自提点,采取自营、社区合作、校园合作、便利店合作等形式,满足不同的配送需求。京东商城组建起了 28 000 名仓储员、配送员的庞大自有配送队伍,北京、上海、广州开办的 3 个大型的物流中心已经扩容至 8 万平方米,每日可以配送 2.5 万个订单,日极限订单数量为 5 万个。

京东商城在北京等城市率先推出"211 限时达"极速配送服务,在全国近 30 个城市实现"211 限时送达",充分体现了自建物流服务的及时性与高效性。"211 限时达"服务是指以每日 2 个 11 点钟作为时间分割点进行快速投递服务,承诺当日 11 点前提交的现货订单(以订单进入出库状态时间点开始计算),当日送达,11 点之后、夜里 11 点之前提交的现货订单(以订单进入出库状态时间点开始计算),第二天下午 3 点前送达。而后,京东商城宣布推出"极速达"服务,从用户下订单到收货,实现3小时送达,比之前的"211限时达"的速度提高了两倍。这是继推出"211限时达"、预约配送等服务之后,在物流建设方面又一重要举措,目前该服务主要针对北京、上海、广州、武汉、成都、沈阳6大核心城市的核心区域,未来有望推广到其他区域。京东商城还为其用户提供货到付款的服务,商品的资金回收不需要第三方快递公司代理,简化了资金流动环节,加快了资金流动。如果没自己的物流系统,京东的"211限时达""次日达""夜间配送""预约配送""售后100分""全国上门取件"等个性服务就不可能成为现实,也正是因为拥有足够强大的物流配送系统和冷链技术,京东商城更开始大胆进军生鲜领域。

当快递公司、电商企业开启"假日模式"时,收揽件、发件的时间会出现不同程度的延迟,直接影响平台模式的销售。依托自建物流,京东商城能够提供一整套完整的针对放假期间的不间断配送服务,保证了消费者在京东商城的购物体验不受影响。京东商城自建物流体系能有效地缓解快件急剧暴增时带给仓储、运输等方面的压力,使消费者在享受到优惠价格的同时也能享受到高效优质的物流服务。"双十一"期间,京东商城爆仓危机的成功化解,很大部分就是得益于自建物流战略。完善的配送服务提高了电商的配送门槛,京东商城依托多年打造的庞大物流体系,使消费者充分享受了"足不出户,坐享其成"的便捷,不少用户表示光顾京东商城不只是因为低价,更因为京东物流配送的速度和态度。

京东商城自营干线运输以单价上百万的"SCANIA"牵引车担当主力,所有牵引车均配有采用空气悬挂技术制造的挂车,减震效果更加明显,可以最大限度地减少货物在长途运输中的意外损害,长达18米的载货箱体,可以达到单车运载近100立方米货物的能力,由300多辆卡车构成的大型运输车队专门服务于京东商城的线下干线和支线物流运输。京东商城运输车队的"豪华阵容"为强大运输能力提供了最可靠的保障。京东商城自营干线运输实现了城市之间运输的自主性,提高仓与仓之间的运输速度,是京东商城自建物流战略中的重要举措,从根本上完善了京东物流配送系统,解决了物流配送在运输环节的各种问题,在运输能力、运输效率、投递精准性、配送服务等方面均大大提升。以从北京到上海为例,自营干线运输车队仅需18~20个小时即可到达,运输时间大大缩短。自营干线运输车队的建立,改善了客户的购物体验,大大提高了配送效率,更进一步打通全国物流网络,成为京东商城区别于其他电商平台的竞争优势。

为保证发货效率和准确性,京东商城还自主研发了物流配送系统。自建物流系统数据更新及时,能够形成自身独有的物流信息数据。京东商城利用ERP系统记录每一款产品的详细配送信息,客户可以随时查询订购商品的具体状况,管理者也能通过数据处理系统提取有效信息及时追踪企业动态发展。为方便客户实时追踪自己的网购物品配送进度,京东商城推出包裹跟踪(GIS)系统,为所有配送员配备了PDA设备,派送路径可以做到最优化配置,消费者可以在网站地图上实时地跟踪自己包裹,查阅包裹当时当刻的地理位置以及行进速度,提高派送效率。京东商城自主研发的信息技术系统已将信息化管理应用到物流仓储、配送各个环节,完成了优化供应链的重要一步。

京东商城在上海市嘉定区建成了面积约为10万平方米的华东区总部——"亚洲一号"物流中心,该中心是国内最大的单体物流中心,分为4个区域——立体库区、多层阁楼拣货区、生产作业区和出货分拣区。其中,"立体库区"库高24米,利用自动存取系统

(AS/RS 系统),实现自动化高密度储存和高速拣货能力;"多层阁楼拣货区"采用各种现代化设备,实现自动补货、快速拣货、多重复核手段、多层阁楼自动输送能力,实现京东商城 SKU 高密度存储和快速准确拣货和输送能力;"生产作业区"采用京东商城自主开发的任务分配系统和自动化的输送设备,实现每一个生产工位任务分配的自动化和合理化,保证每一个生产岗位的满负荷运转,避免任务分配不均的情况;"出货分拣区"采用自动化的输送系统和分拣系统,分拣处理能力达 16 000 件/小时,分拣准确率 99.99%,已达到目前全球最高水平,工人只需将货物放到机器托盘上,机器就会自动将货物摆放到指定位置。无论商品在哪个环节,都会经过一次扫码,让消费者随时随地能了解商品的物流配送信息。

京东商城上海"亚洲一号"的仓库管理系统、仓库控制系统、分拣和配送系统等整个信息系统均由京东商城自主开发,拥有自主知识产权,所有从国外进口的世界先进的自动化设备均由京东商城进行总集成。京东商城原来从订单下单到完成仓库出货时间为 60 分钟,亚洲一号仓储中心投入使用自动分拣线后,这一下单到出货过程将缩短在 40 分钟内完成。高度自动化的上海"亚洲一号"投入运行,标志着京东仓储建设能力和运营能力呈现质的飞跃。

上海"亚洲一号"已开始向第三方商家提供仓储服务,未来京东商城有 60% 的仓储物流能力将服务于合作者,京东商城开放的物流平台能够与联营商户建立更紧密的合作关系,联营商户的商品在京东商城上的仓储、配送、客服、售后、货到付款、退换货和自提货等环节都按照京东商城自营的流程进行,可以实现与京东商城自营商品一样的服务水平,这对所有电商商家都有很大的吸引力。

(案例来源:部分内容选自《腾讯科技:京东商城自营干线运输车队正式投入运营》)

 案例分析

先进的物流设施、技术和自营物流积累的管理经验使京东商城有能力把物流部门规划成一个独立的运营中心,京东商城强大的自营物流体系不但能够为其筑起短期内难以逾越的竞争壁垒,而且作为第三方物流开放性综合平台,京东商城自建物流体系也将更好地服务于京东开放平台商户以及由此带来的商品配送需求,对支撑其业务规模和摊平庞大的物流成本作出巨大贡献。

自营物流为京东商城带来了很多无可复制的优势。京东商城通过自营配送为顾客带去更及时的服务,特别是在重大节日期间,京东商城的自营快递服务可以保证节假日照常配送,物流配送的快捷性已成为消费者首选京东商城的重要原因,甚至超过了价格的优势,极大地提高了消费者的购物体验,自建物流体系为京东商城带来了良好的广告宣传和品牌黏性。

自建物流体系一旦运转起来,就面临着业务量的问题,在北京、上海等一线城市,京东商城采用自主配送,但在二三线城市,还是依靠第三方物流,另外,京东商城与其他电商平台一样,也存在流量不均衡问题,这些自建物流的局限性使京东物流在某种程度上与第三方快递企业还有很大的差距。开放物流平台是京东商城未来的一个重要的发展战略,但配送价格与第三方物流相比尚不具备优势。

对于京东商城来说,如何严格控制自身的现金流、提高物流管理水平是一个艰难的考验。二三四线城市中,往往"最后一公里"问题十分突出,如何确保偏远城市的物流效率,也是考验京东商城的一个关键节点。

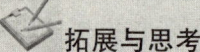
拓展与思考　1. 京东商城未来物流体系发展面临的主要挑战有哪些?
　　　　　　　2. 京东商城在物流管理上的战略规划对我们有哪些启示?

第二节　O2O环境下企业物流布局

我国电子商务行业正在逐渐走出野蛮成长的时代,以价格为主导的权重必将逐渐降低,当线上购买不成问题的时候,线下服务就是企业竞争优势所在,物流配送被认为是电子商务的"最后一公里",无疑是实现销售的关键环节,对整个电子商务系统具有决定性的意义。线上线下的互动发展正成为各大电商平台的竞争焦点,线下的物流布局成为决定电商企业服务品质的重要一环。

【案例3-2-1】
"逼死"实体店的电商为啥反过来大量开实体店?

当越来越多实体店感觉举步维艰,电商的玩法又开始变了——"逼死"了不少实体书店的亚马逊网、当当网纷纷摩拳擦掌,准备开实体书店。据了解,多家线上服装、面膜等电商品牌也纷纷布局线下。有业内人士认为,电商扎堆抢夺线下资源,将加速实体店的洗牌。

亚马逊在西雅图大学村开了第一家实体书店Amazon Books,为消费者提供与线上销售同样优惠的价格。时隔不到一个月,在网上卖书的当当网也高调宣布未来3年将开1000家实体书店,涵盖MALL店、超市书店、县城书店等多个类型。其首家实体书店于2015年12月在长沙开业,实行线上线下同价。

网上书店"偷袭"线下并非个别现象。从膜法世家到茵曼,不少从线上发家的电商品牌都开始在线下寻找新归宿,甚至大规模计划布局线下。

膜法世家将在现有实体店基础上增开多家实体店。茵曼也正在全面布局线下零售网络,5年内计划在中国开设万家实体店。在一线城市,茵曼正与新世界这样的百货合作开设直营店;在二三线城市,茵曼正招募粉丝开发加盟店,并通过粉丝沟通与营销的方式打造新的O2O商业模式。

御泥坊、阿芙精油等电商品牌也不断加速线下开店的脚步。

再看看"双十一"战绩辉煌的优衣库,其对线下一直不放弃,还要继续拓展实体店的数量,就能知道实体店给零售商带来多大的利益。业内人士普遍认为,优衣库在电商渠道的优秀业绩与实体店的布局策略密不可分。自进入中国,优衣库已遍布中国90多个城市,拥有超过400家店铺。

以汽车后市场为例：电商像飓风一样冲进了汽车后市场，很多实体店的店主纷纷叫苦不迭，但实体店真的输了吗？电商为什么势头如此迅猛？

用两个字就能概括：低价。

电商看上去赢了实体店一条街，主要原因还是电商节约了实体店最主要的投入——人工＋店面。

根据专业分析数据，一个实体店的工位基本成本：

60×30（场地）＋$3 \times 4\,000$（人员）＋$1\,000$（设备折旧）＋$1\,000$（耗材）＋$2\,000$＝$17\,800$（元）

假设汽车修理厂的毛利有50%，加上员工的奖金、税收等，那么一个工位一天修理3台汽车才能保本，低于2台车一定亏钱。这个数据直接撕开了很多汽车服务商的伤口，庞大的店铺成本已经让越来越多服务商不忍直视。

虽然电商节约了店面成本和修理技师成本，但也不能提供维修保养服务和汽车检测服务。所以，服务商大佬们也不能一直沉浸于抱怨的情绪之中，而是应该研究怎么抓住电商这个新机遇，与实体店进行融合，来一次"互联网＋"的华丽转型。

就拿2015年很火的优衣库来说，优衣库用试衣间证明了实体店相对于电商的强大优势。实体店之所以能在电商的冲击下屹立不倒，就是因为实体店是真实存在的，与电商的虚幻性有着明显的界限。

消费者的感觉和感受是电商无法做到的，实体店能够直接展示配件的效果，能提供专业人员制订服务项目并落地执行，而汽车维修保养的整个过程也是无法通过网络模拟的。这一系列活动，都是消费者乐于参与的过程，也是实体店相较电商的明显优势。另外，随着电商业务的全面铺开，消费者势必会出现怀旧情结。例如网络下载的歌曲远远无法企及老唱片的音质。同样的，电商把配件说得多么多么好，买家秀做得多漂亮，也不及实体店对该配件进行一次效果展示。这种触感是真实的、可见的、可信的，被低价冲昏头脑的消费者们冷静下来后，就会更倾向于亲自参与来选择自己所需的配件。

互联网扩大了销售渠道，缩短了世界的距离。在网上，你可以在最北边与最南边的顾客对话，并完成交易。通过各种低成本的营销模式，微信朋友圈宣传，借关系圈让顾客对你的权威性建立起信任感，完善口碑宣传。

既然两种销售模式都这么难以取舍，那还是贪心点两者兼得吧。从以上分析中，我们可以得出这样一个结论，汽车服务商的未来发展方向：线上销售＋线下体验。

把实体店当做体验店来做，不再把更换配件等业务作为主要目的，而是应该转移视线，把维修保养、汽车检测、用户体验提上议事日程。简单来说，就是不靠配件赚钱，你的门店卖的就是个体验。

你可以支持客户自带配件，也可以为客户提供免费检测，更可以向顾客普及配件知识。你做的不是赔本生意，而是对百年企业的前期积累。

也许，体验店看上去是不赚钱的，但这也为你的门店省去了库存和工作人员的成本，并可以同线上销售结合，提高订单的转化率。

将门店内的配件编上自己企业专有的SKU（产品编码），顾客在体验店经过了解和观察后,可以将编码记下,到线上店购买(线上店的价格一定要比实体店便宜,否则是产生不了实质效果的)。另外,线上店完善的网站信息也能让消费者对你的配件信息一览无遗,消费者根据网络数据的分析,在线上店选择出最佳配件,再到线下店进行体验。

同时,你可以借助互联网的传播能力,将你的口碑建立起来,关系圈玩起来,在网络营销中抢占先机的人,才能在电商领域获得更多的市场份额。

当然,做到线上线下全方位服务是一个大工程,没有雄厚的经济实力是很难做成这事的,但这是汽车服务商"互联网+"的大趋势,汽车服务商们应该了解未来走向,提前做好转型准备。

(案例来源:选自新华网)

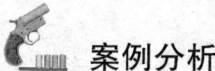
案例分析

可以说,电商逆向发展,扎堆线下开店,并不是简单地要与传统的实体店进行横向竞争,而是希望通过差异化的购物战略、体验战略来与传统实体店开展纵向竞争,其希望能够站在一个比传统实体店更高的视角来争取品位已经提升、实质需求已经发生变化的消费者对其所销售商品的青睐。

因此,我们对这种互联网电商的逆向开实体店的行为需要用更加理性的态度进行观察,将之视为是互联网电商在经济新常态下实现商业模式创新的重大举措。看来,基于O2O的线上和线下交易应该会越来越成为新时代的商业特征。

拓展与思考	1. 电商为何要选择在线下开店? 2. 线下体验店还有哪些可以改善的地方?

【案例 3-2-2】
物流网络助苏宁成功转型 O2O

苏宁易购是苏宁云商集团股份有限公司(简称苏宁)旗下新一代 B2C 综合网上购物平台,现已覆盖传统家电、3C 电器、日用百货等品类。苏宁易购位列中国电商 B2C 市场前三,蝉联全国工商联 2014 年度中国民营企业 500 强榜首,目前,苏宁易购遍及全国 30 多个省,拥有 1 000 个配送点及 3 000 多个售后服务网点,线下连锁网络覆盖中国大陆、中国香港、中国澳门和日本东京、大阪等地区。苏宁易购最大的优势在于可以把实体经济和虚拟经济结合起来,共同发展。苏宁率先提出了 O2O 模式,基于易购平台的服务以苏宁易购线上平台为基点,建立全品类、全渠道的互联网社区 O2O。苏宁的 O2O 模式已经经过了多年的实践,长期积累的遍布全国的物流资源、门店资源、售后服务资源等,都为消费者带来了更好体验。

苏宁物流一直都是苏宁服务体系的重要一环,是苏宁竞争力的关键因素。在快递牌照方面，苏宁不仅已经获得一张全国性快递牌照及国内 150 多个区域性的快递牌照，而且也已获得国际快递业务经营许可，成为国内零售行业中拥有快递牌照最多的企业。苏宁的物流战略主要经历了三个阶段：第一阶段完成了服务企业自身需求的物流配送体系，除了物流基础布局还包涵实体店与电商平台；第二阶段是将物流服务拓展到苏宁供应链体系中的各类供应商；第三阶段是向社会化物流发展，将企业自建物流部分剥离出来并转型为专业的第三方物流。

苏宁开始建设小件仓库及快递点，自建的 8 个小件物流仓库陆续投入使用，为了加快互联网化进程，苏宁将原来负责线下实体门店经验的连锁平台经营总部和负责线上的电子商务经营总部合并，成立了运营总部，同时成立了苏宁物流公司，物流正式成为苏宁八大独立公司开始独立运营，开始由企业物流向物流企业转型，并向平台商户开放仓储和配送服务，向物流方案解决专家迈出重要的第一步。

苏宁"物流云"综合信息服务平台正式成为第一批国家认定的 10 家物流信息服务平台之一，该平台依托苏宁自主研发的物流信息系统、仓储、运输和快递终端网络、大数据挖掘和分析智能化系统，打造出信息服务、资源整合、在线交易、物流作业管理、物流增值服务等功能，服务于干支线运输、配送、仓储、自提等环节，能最大程度地实现车源与货源，仓储资源、自提网点资源供需双方的有效对接。过去，其他企业和苏宁合作只有采销这一环节，而现在苏宁将物流、金融、大数据等每一个环节都做成一个独立的产品，使其都成为进入苏宁互联网零售平台的入口。

苏宁构建起一张基于云物流技术和供应链优势的大流通网。苏宁物流的主营产品主要包括供应物流、仓储物流、揽件速递、跨境物流以及冷链五项内容，还为客户提供苏宁物流查询服务，后续对农村电商的开发还将会继续扩大。苏宁"物流云"向第三方开放以来，已经有 70% 的苏宁易购平台商户，开始将自身的物流系统和苏宁物流对接使用，不仅缩短了工厂、渠道、客户三方之间的距离，加快了产品流通速度，提升了供应链效率，同时也使用户可以享受到苏宁物流次日达、急速达等特色服务。

随着苏宁易购线上综合购物平台的不断丰富，图书、百货等小件商品的分散订单也考验着苏宁的物流配送能力。在依托苏宁强大的零配物流资源的同时，苏宁易购在北京、上海、广州、深圳、南京等重点城市主城区设立小件配送模式，自建苏宁易购毛细物流，承载 3C、百货、OA、小家电等商品的配送任务，并由自有人员完成"最后一公里"配送。南京雨花小件商品自动分拣仓库已经调试完毕投入使用，新一代物流自动化仓库将实现小件商品的远距离快速配送响应，满足苏宁易购网上商城的细分化需要。占地 20 万平方米的苏宁雨花物流基地拥有立体存储、语音拣选、电子标签拣选、自动包装等技术，可以满足 300 万件货品的存储需求，每小时处理 5 000 个订单，可满足 350 家门店调拨，实现方圆 200 公里的 24 小时送货。

如图 3-2 所示，苏宁易购的物流配送体系分为两部分：小件商品采用自己的仓库，较大的货物则采用苏宁易购实体门店的配送队伍进行配送。苏宁易购接到客户所下的订单后，系统立刻进行处理分析，若为小件商品，系统就会将其转入苏宁易购自己的配送系统处理；如果是大件商品，系统将其分配到相应的地区，再反映到该地区的库存系统，如果有货，系统就会为其指定物流中心发货。针对网购商品的特点和细分化的需要，苏宁在原物流基地发展的基础上,建设能够满足苏宁易购需要的第四代物流基地、第五代自动化仓库以及城市自营快递体系,实现小件商品的远距离快速配送响应。

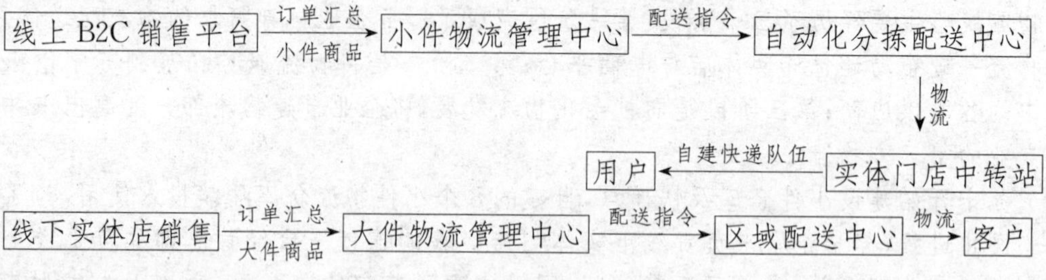

```
线上B2C销售平台 ──订单汇总/小件商品──→ 小件物流管理中心 ──配送指令──→ 自动化分拣配送中心
                                                                              │物流
                                                                              ↓
                                            用户 ←──自建快递队伍── 实体门店中转站

线下实体店销售 ──订单汇总/大件商品──→ 大件物流管理中心 ──配送指令──→ 区域配送中心 ──物流──→ 客户
```

图 3-2　苏宁的物流配送体系

近几年苏宁募集的资金几乎都投入了物流建设,苏宁在全国 12 个核心城市建有物流产业园,60 个物流中心,总计 300 多个城市的配送中心,1 600 多个快递点,实现了 195 城门店出货极速达(2 小时内),55 个城市、152 个区县实现了"半日达",还推出了苏宁物流品牌形象"火箭哥",在北京、上海、广州、深圳、南京、成都、重庆、天津等城市实现一日三送。同时,苏宁物流覆盖了大陆全境,跨境直通美国、日本、韩国、中国香港。"火箭哥"等模式之所以能够实现,是因为苏宁打通线上平台和线下门店,构建线下门店仓和快递点,实现用户选购商品和配送地址的智能匹配,优先从门店仓直接进入"最后一公里"的配送。

苏宁通过送装一体建构起强大的竞争壁垒。苏宁率先推出送装一体,原来消费者买东西时需要两次流程,送货一次、预约安装再一次,现在苏宁推行送装一体,即买货配送和安装合并一次到达,大大方便了消费者的同时,运营成本也得到了节约。同时,苏宁物流也不断完善覆盖城市及农村市场的物流网络布局,持续推进物流系统的优化。目前苏宁物流服务站和服务点下沉到了县、镇、村,依托其线下门店,可提高三四线小城市和农村物流的速度。

苏宁的成功与其自建物流战略是密不可分的,着眼于物流环节对公司整个经营体系顺畅运作的战略影响,苏宁在逐步建立高效敏捷的物流配送网络体系基础上,不断优化流通环节、降低物流成本,打造出了一条高效率、低成本的现代企业供应链。

(案例来源:新华网)

 案例分析

作为传统零售业的佼佼者,苏宁敢于主动出击,向 O2O 模式转型,经历过阵痛期后的苏宁显然较从前更具活力,也正是线下强大的物流配送体系支撑苏宁云商的成功转型,使苏宁在互联网的浪潮下依然屹立不倒。

"未来的零售企业是线上线下的完美融合",苏宁转型是对未来主动的谋篇布局,但大象转身需要时间,苏宁的战略转型不是一蹴而就的,经过几次战略性调整和阵痛期,传统零售的苏宁已经转型成为了全新的互联网苏宁。物流服务是苏宁互联网转型的核心,苏宁打造的 O2O 物流体系,是天猫商城、京东商城等纯电商所不具备的。庞大的线下门店是苏宁O2O融合的重要资源,特别是门店服务,比如上门安装家电等,成功地构建起竞争壁垒,尤其在渗透三四线城市和农村市场上具有明显的优势。随着物流基础设施的日渐完善,苏宁企业物流正全面转型为社会化物流,作为一个开放的平台,有望为苏宁带来新的盈利点。

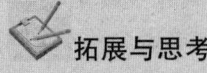 **拓展与思考**
1. 在互联网经济的冲击下,苏宁转型对我国传统企业的发展有什么启示?
2. 与京东商城和天猫商城相比,苏宁易购存在哪些优势和劣势?

第三节 众包物流模式创新

传统电商以销售相对低频的非日常所需品为主,比如数码家电、服装、书籍等,但进入以外卖、生鲜水果为主的电商时代,离散的消费需求随时随地会发生,并且需要被即时满足,高频的消费场景改变了物流需求,也意味着配送方式需要重构。为了能够保障这种高密度物流服务的顺利展开,让社会闲散劳动力来解决物流配送问题正成为各商家、电商平台的优选,众包物流成为了优化物流配送的重点。

【案例3-3-1】
达达的众包物流模式

达达搭建起众包物流平台,立志要让天下的O2O没有难做的生意,看似简单的"跑腿"公司,背后却拥有强大的技术支撑,推动其高速扩张;爱鲜蜂主打一小时闪电送达,迎合那些随时随地发生的任性消费,得益于与社区便利店合作的模式,爱鲜蜂构建起了星罗密布的配送网络;作为中国最早尝试自由快递人的人人快递,虽然因违规操作,被多次叫停,但是其创新性无可否认,值得我们学习和借鉴。

达达用移动和众包的方式解决配送,目前开通了40多个城市,拥有50万名配送员,与超过15万家商户建立了合作,包括美团、饿了么、百度、京东等大平台,日单量达到90万单。创办一年半时间,达达完成了C轮1亿美金融资,领投方为DST,红杉资本和景林跟投,达达扩张成了一个拥有15万兼职配送大军、日均完成60多万订单、服务超过10万商家的众包物流平台。

在品类的选择上,高频打低频,高效打低效。达达的策略就是从高频品类,也就是外卖入手,再延展到生鲜、超市便利店、水果等中频品类。面对热火朝天的"外卖大战",商家配送能力显然未能跟上外卖订单量陡增的节奏,传统快递又无法解决即时配送的问题,急需接入大量的外部配送资源,达达敏锐的察觉到其中的商机,迅速将达达系统在商户端开展了大量的推广。

达达现在的APP分为商户、配送员端,C端用户则是自行通过第三方平台、商户电话或者在线订购。在这个平台上,商家发出配送需求,任何有闲置时间的人注册成为达达配送员后,都可以去抢订单,从达达上接单后直接去商户取货,货物送到点击确认,配送费就打到了配送员的达达账户里。

达达的兼职配送人员实行实名身份证认证,所有配送员除了上传身份证照片,还要上传一张拿着自己的身份证自拍的照片。达达制定了一套配送员信用评价制度,通过GPS定位以及后台系统的数据分析,根据活跃度、准时性与用户反馈等一系列维度综合打分,并根据评分高低对配送员进行奖惩,评分低的配送员,将减少抢单权限,或者禁用APP 7天甚至彻底清退。达达也为配送员办理保险,提供基本的交通安全保障。

为确保货物不出问题,达达要求配送员取货时先检查货物,拍好小票上传,小票上必须有收货人地址、手机号、菜品清单及价格,以确保货物与用户订单一致。若配送员中途损坏了货物导致用户拒收,由配送员负责赔偿。商户发货时最担心的则是收款。平台上的订单分为货到付款与网上预付两种方式,前者会由配送员向商户垫付款项后再向顾客收取相应费用。当用户选择货到付款时,由配送员先行垫付,在预付方式下,就会冻结等值的信用额度以降低商户风险,完成后再解冻释放,并给予配送员5元配送费及相应补贴。达达还对每一个订单进行自动定位,记录时间和地点,保证配送员在15分钟内取货,并在60分钟内送达。

高密度的众包配送更多考验的是订单合并与精准路线能力,很多看似简单的"跑腿送货",实际上对于数据算法的要求很是苛刻,需要不断优化、丰富地理位置信息与经纬度数据。达达采用合并订单、动态定价、云地址输入、抢单排序、BD管理工具等一系列技术举措,极大提高了达达的运作效率。通过系统自动合并顺路的订单,自行校正了许多用户的地址,能更精确地计算送货距离,帮配送员做路径优化,甚至计算出不同的店的出餐速度。达达还有云地址功能,只要用过达达,收货地址就会自动记录在云地址库中,下次只要输入电话号码,就可以自动跳出相应地址,减少商家的重复输入。

合并订单和动态定价有可能为达达带来盈利。达达把顺路的订单合并在一起,让配送员一次可以接一个订单组,订单组的配送费会比普通的略高,为了让合并订单更为顺畅,达达还在原本抢单的基础上试验指派订单,向合适的配送员配送一些顺路订单,提高效率。而这背后很关键的一点就是动态定价,这直接决定了供求关系。达达根据所在城市、时间段、送货距离、客单价、天气等多个因素来调整配送费用。采用动态定价是为了把控和调节每个场景下的供求关系,而这其中的关键就是通过接单的延迟、订单取消率、活跃订单和配送员比例等一系列指标建立一个供求打分模型,监测每个场景下的供求关系。出现恶劣天气如暴雨的时候,外卖订单往往会激增,相比之下,活跃配送员的数量较少,适当提高运费可以保证有更多的配送员来接单。

日前,沱沱工社推出"承包整栋楼"的大促活动,激发同一个写字楼消费者众筹团购,为应对这种促销产生的激增订单,在传统的配送模式之外,沱沱工社物流携手达达,搭建了"移动仓储+最后一公里配送"相结合的创新配送模式,以实现最高效的控制物流成本和保障生鲜产品品质。沱沱工社根据订单地址分布配送货物,移动的仓储车将货物运到各个写字楼下,同时在达达平台发布配送订单,由达达平台提供"最后一公里"配送支持。活动期间,达达单日为沱沱工社完成数千单的高效配送,极大提升了配送效率。

"要做大,找达达"。达达已经与国内数百家O2O电商以及数万家线下商户合作,包括饿了么、淘点点、百度外卖、美团早餐、零号线等外卖平台,也包括诸如一米鲜、爱鲜蜂、回家吃饭这类创业公司,还有像永辉超市、Today便利店这类线下连锁零售企业。达达专注解决O2O最大痛点——"最后一公里"的物流配送,能够在短时间内驱动庞大的社会化运力,达达要让O2O没有难做的生意。

如何管理15万的兼职配送人员是达达面临的艰巨任务,在众包模式这样松散的合作关系中,员工的文化认同是企业持续成长的基石。达达建立了自己的"达达学院",获得认证的配送员先参加达达学院的线上培训,线上考试通过后才可以接单。接满50单后,配送员必须报名参加达达学院的线下培训,学习达达"踏实可靠、使命必达"的文化以及配送员服务的流程。这一系列的举措必将为达达的未来发展奠定坚实的基础。

(案例来源:亿欧网)

案例分析

从通过人际关系实现彼此帮助的熟人社会,到借助技术手段提供个性化服务的陌生人社会,众包模式提供的大规模业余化将给予人们在多种职业里追求价值的机会。然而,一项新事物的产生必然要经历这样一个萌芽阶段,道路坎坷曲折。企业和个人将会面临着道德、信用、管理等方面的挑战,因此众包物流从起步到成熟还是一个相当漫长的过程。众包物流缩短了需求者与供应者两个终端之间的距离,在这一方面降低了成本,也成为众多O2O商家前期创业的选择。但不管是哪种模式,建立企业自己的管理系统,把他们纳入到统一的考核体系中来,提高客户满意度与用户体验才是最终目的。拥有强大物流搭建经验平台的电商能否将众包物流模式打造为成熟有效的模式,有待市场和时间的考证。

外卖属于高频消费,且流量不均匀,高峰期出现在午饭和晚饭期间,其他时候十分空闲,自营配送团队的管理成本高,且效率低,众包物流就成为一个最优途径。众包物流作为一种轻资产模式,本身的进入门槛很低,容易被人复制,只有在体验和产品上下工夫,才能赢得市场。

达达是目前最被资本投资人看好,也是最被市场接受的外卖O2O平台,但面临的市场竞争也日益激烈,京东商城推出了众包物流产品"京东众包",并作为京东O2O业务的战略重点,对达达构成了极大的威胁,如何不断完善并拓展达达系统,形成独有的差异化竞争优势,在与京东、阿里巴巴等巨头的比拼中脱颖而出,是达达能否持续盈利的关键。随着中国人力成本的攀升,即使依靠兼职人员来做点对点服务也将是公司运营成本的一项不菲的开支,效率决定了众包"最后一公里"的成败。未来众包平台比拼的核心是技术,如何用最好的算法让配送员和商户有效对接是众包物流企业生存和发展的前提,规划最优路径和制订合理的配送费用,调动配送人员的积极性也是达达亟待解决的问题。

 **拓展与思考**　　1. 达达未来的盈利模式是什么?
2. 众包物流在未来的发展中需要解决哪些关键问题?

【案例3-3-2】

闪电送达的爱鲜蜂

爱鲜蜂是一家专门配送食品、生鲜及饮料的"跑腿公司",已经在北京、上海、广州、深圳、佛山、苏州、杭州、南京等主要城市上线。"爱鲜蜂"的"爱"就是希望能让大家的生活变得轻松些、更有爱;"鲜"就是新鲜,代表着商品品质、移动模式、用户体验的全新鲜;"蜂"代表配送店多,配送人员会像蜜蜂一样围在消费者身边。自上线以来,爱鲜蜂发展迅速,与北京、上海、广州和深圳的1万多家社区小店建立合作关系,日订单量稳定在10万单以上,月流水超过1亿元人民币。

爱鲜蜂瞄准的是"懒人吃货"群体的"任性"的消费需求,一方面要不出门就吃到美食,同时还要以最快的速度吃到。爱鲜蜂目前提供送货服务的商品大概分为两类:一类是冷鲜食品,比如小龙虾、酸奶、星巴克、便当、冰淇淋、卤味小吃等,主要满足用户突发性的嘴馋;另一类则为生活急需用品,比如香烟、蚊香、安全套、卫生巾等,一小时的配送时间让用户在临时急需时也能通过爱鲜蜂及时获得想要的商品。

爱鲜蜂有效利用了闲散资源,供应商、物流和消费者三方面的需求都能得到有效的满足。上游的供应商得到利益,因为商品直接进入了社区;小便利店得到利益,因为多了很多常规流水之外的订单,多卖东西了;消费者也能受益,因为购物比以前更加便利了。为了提高便利店配送的积极性,爱鲜蜂规定每笔订单需达到50元方可配送,并需要顾客支付给便利店5元的配送费,因此爱鲜蜂将自己的目标消费人群主要锁定为有一定消费能力的年轻白领。

爱鲜蜂专注于社区生鲜"最后一公里"配送,杀手锏是"一小时送达"。早在两年前,还在卖鸭脖子的张赢就体会到"一寸近一寸金"的含义。爱鲜蜂主打一小时闪电送达,以便用最快的速度满足用户对生鲜、生活必需品、日用百货等快速体验的需求。爱鲜蜂并没有自己的专业配送团队,而是借助社区内的小卖部、便利店完成1小时内闪送。为了把配送时间控制在一小时之内,社区便利店便成为爱鲜蜂模式中相当重要的一环。爱鲜蜂的配送员"鲜蜂侠"均为社区、商圈小型便利店、小卖部的店主店员,这意味着不需要花大价钱布局中转仓、分货仓,爱鲜蜂就拥有了早已布局在各大社区、商圈毛细血管深处的物流仓储终端。爱鲜蜂已经与上万家便利店达成合作,业务拓展到北京、上海、广州、深圳、佛山、南京、苏州、杭州等核心大城市。在选定合作的便利店时,爱鲜蜂会选取服务半径在3~5公里之内的便利店,不同地点的便利店密集起来,就形成了一个区域内的配送网络。社区小店的覆盖密度大、与消费者的距离近,更容易支撑到家的便利性。

对于基础条件不好的小店,地推员不仅要对店主进行人力资源投入,反复培训、亲手指导,还会对门店本身的基础设施进行升级改造,安装爱鲜蜂的灯箱、冰柜、冰箱、配送箱,统一标识工作服装等。爱鲜蜂是想要用这种扶持投入方式,获得店主的心理忠诚与实际的路径依赖,将合作门店塑造成为爱鲜蜂的线下网络节点,进一步加固对"最后一公里"网络的控制程度。爱鲜蜂非常重视对合作门店店主的"感情投资",不仅要求地推员与店主"同吃、同住、同劳动",还会定期举办针对业绩优秀店主的培训活动。

相比品牌便利店，爱鲜蜂更愿意与夫妻店合作，夫妻便利店足够密集，在配送时间上才会有真正的优势。让小店也能够融入O2O并增加收入，这也是爱鲜蜂最初决定采用众包模式的出发点之一。爱鲜蜂通过集中采购、直采，降低货源成本，让利给夫妻便利店，并对夫妻便利店的软硬件技术进行升级，为其带来实际的客源。爱鲜蜂具有LBS定位功能，附近小店的商品明细会分门别类的显示在爱鲜蜂APP或微信上。因此，小店店主不仅能挣到配送费，而且使其店内商品也有了新的销售渠道。

客户在爱鲜蜂平台下单后，系统会根据客户所在地点，将订单推送给距离最近并且存货充足的一家门店，由店主完成最后的配送环节，6个客服可以24小时保证服务。虽然覆盖范围不同，但大多数门店距离客户的直线距离均在半小时车程以内，而随着合作门店的逐渐增加，覆盖范围还可以进一步减小，送货速度还有提高空间。

从货源来看，爱鲜蜂平台上的产品分两种，主推产品是由爱鲜蜂供货给小店的，居于页面较末位的则是作为补充的小店自营产品。在商品采购上，重点品类商品采取产地直采策略，还有一些是和大品牌合作，再由爱鲜蜂统一供货给小店，所选品类多为社区便利店较少见到的品牌或者食品等，一方面可以提升利润空间，和社区便利店拉开了差距，同时也降低了采购成本，增加货源和质量的稳定性。生鲜是爱鲜蜂平台的强势产品，水果是用户需求较大的一个品类，直采可以使供应链更稳定，价格长期有优势，更重要的是对当地传统经济结构升级有重要的意义，比如产地当地政府、农业局等，都会非常重视，落在实处是能让当地老百姓在家乡就得到就业机会。

为了掌握更多的话语权，提高利润率，爱鲜蜂推出了自采品牌"蜂觅"，从供应链源头把控，采取海外直采、天然直采、产地直采策略，去除传统生鲜售卖的中间环节，将"蜂觅"品牌的直采水果在爱鲜蜂平台上做重点推荐和销售。随着"蜂觅"圣心芒果、15度蜜梨、琯溪蜜柚等高品质精选水果的热卖，用户对"蜂觅"品牌快速认知并广泛接受，逐渐养成跟着"蜂觅"吃水果的习惯。爱鲜蜂还与中粮合作，提供一些独家产品供便利店销售，如盱眙小龙虾。合作商家也可以借助小店渠道实现品牌推广，比如爱鲜蜂跟中粮合作，可以一夜之间让中粮的产品海报贴遍全北京的小店，让所有消费者知晓。

在发展之初，小店每送一单，可以得到5元的补贴费，另外，还可获得10%~30%的货品价差收益。随着客单量的急速上升，爱鲜蜂已经取消了每单补贴5元的政策，甚至还计划对店主收取"进场服务费"，走"平台返佣"模式。也将成为爱鲜蜂未来的一个重要利润来源。

（案例来源：百度百家）

案例分析

爱鲜蜂的成功主要是赢在"最后一公里"，采取对闲置社区资源共享的方式，完成物流"最后一公里"，实际上走的是一种众包形式。在运营模式上，得益于与社区便利店合作的模式，在完善自有仓储布局的同时，还可以充分调用社区便利店闲置仓储空间，大大提升了仓储优势。更为重要的是，爱鲜蜂搭建了一个连接上游供应商、下游小店店主以及用户的平台，它采用"众包"模式，整合各方资源，形成一个商业生态圈。

爱鲜蜂是一家专注于社区生鲜"最后一公里"配送，以众包微物流配送为核心模式。爱鲜蜂依托社区小店，为消费者提供一小时内的零售和配送服务，它锁定都市"懒人"，采取对闲置社区资源共享的方式，完成物流"最后一公里"。爱鲜蜂采用"轻平台"模式，既没有库存，也不自建物流体系。

爱鲜蜂没有自己的物流团队，甚至也没有合作或者租用其他的物流团队，它所有的配送都是由合作商铺来完成的。"轻平台"的爱鲜蜂固然节省人力和成本，但其依靠的核心资源其实并不牢靠，面临如何培训管理小店店主的问题，爱鲜蜂与门店配送人员属于合作关系。对于小卖部店主的管理是最大的风险，因为这部分人直接影响服务质量和配送速度。

未来爱鲜蜂仍然应该将主要精力放在深耕"一小时配送网"上，合作门店资源才是爱鲜蜂的核心竞争力之所在，是实现快速扩张的关键。随着覆盖范围的进一步扩大和团队的扩张，如何做好合作店主的管理工作、培训配送员是爱鲜蜂发展的难点。

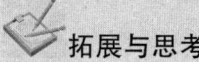**拓展与思考** 1. 随着爱鲜蜂的业务扩张，需要对社区便利店有更强、更好的管理，你有什么好的建议？
2. 爱鲜蜂模式是否较竞争对手具备核心竞争力？

【案例 3-3-3】

人人快递——自由快递第一人

"人人快递"是由四川创物科技有限公司开发的一个第三方电子商务信息服务平台，2012 年 6 月正式上线并投入运营。人人快递以区域加盟的方式在全国迅猛发展，遍布了全国 130 多个城市，注册用户超过 70 万人，申请自由快递人的人数已经超过 150 万人。人人快递基于众包理念，旨在将全社会公众都发展成为自由快递人，该软件倡导社会大众共同参与，利用自己的闲暇时间，根据自己的行程路线顺路捎带，使快件不落地，直送直达，以此节约社会资源，达到送快递也环保、低碳的目的。目前人人快递同城配送服务主要服务于小 B 企业与电商平台，主要承接鲜花、蛋糕、下午茶、休闲美食、生鲜果蔬等品类的业务，倡导"人人为我，我为人人"的服务理念，提供一种更高效、更环保的服务。

人人快递的差异化优势在于能在传统快递不能收递的时间服务，捎带的方式也可节省大量的时间成本，人人快递可以提供多样化的快递服务，可寄送鲜花、蛋糕、文件等多种物品，还可通过人人快递代购快餐、咖啡、票据等一系列服务。与传统快递相比，由于省去了中间的分拣环节，人人快递大大提高了快递的派送时效，降低了快件在装卸、运输、分拣环节的破损甚至丢失的几率，提高了派件的时效性。顺路送快递也是体验生活的一种方式，能够在如今快节奏的生活中，体现一丝人情关怀。

人们只需在智能手机上安装名为"人人快递"的 APP，用手机号码快速注册，便可以以发件人身份在线发件，在线跟踪快件，以收件人身份在线签收。寄件人可选择"预约件"

或者"立即寄"发布订单,包括取件时间、货物名称、重量、声明价值以及地址、联系方式等,软件会自动核算出快递费用,推送给离发件人最近的自由快递员。目前,人人快递采取对自由快递员认证的模式,一是信用卡绑定,二是现场提交资料授信。未绑定信用卡的用户需要提交申请资料,到所在地区管理公司进行现场登记和审核,这类自由快递员只能接货物价值500元以下的小单。自由快递人送货成本较低,只要与自己行程吻合,不需要额外投入,利用闲暇时间自主选择身边并且同程的快件进行捎带,抢单"顺路快递"即可得到10~30元。

对于自由快递人的申请,人人快递要实名审核,绑定手机和银行卡,上传即时拍摄的个人照片和身份证,并对每个自由快递人都建立了个人信用档案:一方面是个人金融信用,包括绑定银行卡、手机卡,录入个人住址、职业等基本信息;另一方面则是网上交易信用情况,成为自由快递人的时间内累积的表现评价以及客户对其的认可度。这些都为人人快递的服务质量提供了保障。在交易流程中,人人快递设置了诸如核实用户信息、开箱验货、拍照留档等环节;订单生成后,人人快递的系统还会自动冻结自由快递人银行卡上与寄递物品声明价值同等的金额;一旦发生物品损坏,人人快递还承诺全额赔付物品的声明价值。

自人人快递问世起,关于它的争议就没间断过,有人给它贴上"创新"的标签,也有人认为它价值寥寥,运营模式隐藏巨大安全隐患,遭受到各方面质疑。

零点集团快递事业部就"人人快递"对北京、上海、广州、成都、青岛、武汉六个城市的居民展开了电话及网上调查。在已经使用或愿意使用这种P2P快递模式的人群中,70后、80后比例最高,分别为25.2%与26.6%,合计过半;在调查涉及的各职业中,企业工作人员对这种快递模式的使用意愿最高,达49.5%;相对于中低收入群体,高收入人群使用意愿相对较高(低收入:69.7%,中等收入:70.9%,高收入:81.9%)。公众最担忧的问题包括:售后维权无保障,妥投与隐私保护有隐患。

虽然人人快递在确保交易安全方面也煞费苦心,但从目前情况来看,还是远远不够。当前人人快递的安全保障过于松散和不完善,自由快递人在审核方面存在严重的漏洞。在整个社会征信制度不完善的情况下,如果仅凭快递人有信用卡或交一张身份证复印件而授信给他,这种风险仍处于不可控状态。并且自由快递无能力和条件对收寄物品进行验视,这样就存在将违禁品或危险品混入人人快递快件里的可能性,对自由快递员的安全或社会的安全带来隐患。另外,自由快递员和企业没有签订任何的劳动合同,自由快递员的自身权益难以得到保障。由于人人快递的注册协议明确写有"自由快递人的人身及财产安全由自由快递人自行负责"的条款,一旦快递行为发生人员受伤或货物损失的情况,责任追溯和损失理赔便成为后顾之忧。

据悉,人人快递总部具备快递业务经营许可,但很多区域公司尚不具备。虽然人人快递一直声称自己只是发布寄件、送件的信息的平台,不属于快递企业,但根据《快递市场管理办法》中关于快递的定义,它确是在进行着快递业务。

人人快递宣称"同城一小时,寄什么都行"。这是它的优势,也暴露出其极大的安全隐患。处风口浪尖的移动互联网应用正在调整"人人快递"的商业模式,试图与"快递"划清界限,意欲大力扩展"精品购"的B端商家,围绕商家、用户、自由快递人打造一个交易闭环。这样做不仅能够从货物源头保证代购商品的真实性,更关键的是可以使人人快递转变为一个电商平台。人人快递希望打造一个社会化的诚信体系,通过人人快递这种自由互助的众包形式让所有人相互信任。人人快递还设想未来推出一款叫"信仁宝"的基础平台产品,人人快递将只是其中一个应用而已,将来会有基于信任的更多应用出现在平台上,将来人人快递的盈利也将来自这种信任关系凝聚起来的平台。

(案例来源:新华网)

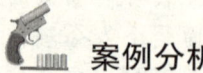
案例分析

在互联网经济的大环境下,物流行业的创新模式将不断推出,人人快递的机遇与遭遇、经验与教训值得我们学习和借鉴。直至目前,人人快递还在吸引风险投资人的关注,这表明"人人快递"的模式仍存在发展前景。

众包物流最重要的是信用体系的搭建,尤其是个人完整的信用体系的搭建。信任是人人快递能否成功的关键,取得公众信任是其扩张中需要突破的一大瓶颈。现阶段,人人快递主要的业务来自小件低值货品(比如鲜花、蛋糕等类别)的就近、顺程捎带服务,能够从类别上控制风险,但随着企业业务的扩大,如何保证安全仍是个难题。是否能够成功打造一个信任平台将是人人快递能否形成竞争壁垒的关键。

在未来发展中,人人快递的工作重心应该放在发展和培养自由快递人上,包括制定完整的、标准化的培训计划,服务的标准化规范建设等。安全监管和合理性认定是众包物流的痛点,新兴模式的出现需要引起监管部门的注意,尽快出台相应的规定,未雨绸缪、防范风险,同时也应该给予新兴模式大胆尝试的机会,相关的法律、法规的健全是社区众包模式良性发展的前提。

快递业是劳动密集型行业,充分调动社会闲散劳动力派送快件是一个很好的创意,虽然"人人快递"遭遇了不少质疑,甚至在某些地区被"叫停",但不能否认该平台是我国物流行业的一个创新。

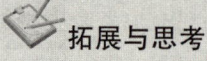
拓展与思考　　1. 人人快递未来的出路在哪里?
　　　　　　　　2. "自由快递人"模式未来能否维系?其发展需要具备哪些必要条件?

第四节　虚拟物流模式创新

一种商业模型的形成,最初大都源于管理和流程创新的汇聚,当这种微创新累积到一定程度,将引发企业管理形态和经营模式的突变,进而推动管理规则和整个商业链条机制的颠覆性创新。在这个进化过程中,企业必须不断地跟踪和创新管理方法,以适应发展要求。

虚拟物流模式是利用日益完善的通信网络技术及手段,将分布于全球的企业仓库虚拟整合为一个大型物流支持系统,以完成快速、精确、稳定的物资保障任务,满足物流市场的多频度、小批量订货需求。它能使企业在世界任何地方以最低的成本跨国生产产品,获得所需物资,以赢得市场竞争的速度和优势。

虚拟物流模式是多个具有互补资源和技术的成员企业,为了实现资源共享、风险共担、优势互补等特点的战略目标,在保持自身独立性的条件下,建立的较为稳定的合作伙伴关系。虚拟物流打破了单个企业的绩效界限,通过相互协调和统一,创造了最适宜的物流运作结构。可以说,虚拟物流是伴随着协同商务的发展而产生的,是现代物流发展的高级阶段。在协同商务环境下,各物流企业间不再只是竞争对手的关系,它们在很多时候成了合作的伙伴,最终达到开源节流和双赢的效果。

【案例 3-4-1】
森马:"虚拟经营"物流中心的运作模式

森马以"虚拟经营"为特色,将服饰生产外包,高效的物流中心在其供应链上的管理作用显得尤为突出。目前,森马位于温州、上海的两大物流基地,为整合经销商供应链和提供高效的物流服务提供了坚实基础。

一、森马物流中心的运作模式

物流中心的高效运作,可以减少森马在生产环节的成本投入。并且,将生产外包之后,物流中心可根据下游经销商需要,向上游供应商发出订单,将库存转化为"在途物资",减少自身库存成本,在收到上游供货的同时进行流通加工,再对货品进行加工,综合管理物流成本,更好地实现按单生产(MTO)流程。

森马有两大物流中心,位于温州的物流中心主要覆盖江浙地区,而上海的物流中心则覆盖长江以北地区。两大物流中心相辅相成,满足国内数千家门店的订货和配送需求。

森马上海物流中心的技术水平处于国内服饰行业前列——平均订单反应时间为 3.5 小时,日吞吐能力 70 万件,产品年流转率为 7 次,每万件产品的生产周期为 18 天。该物流中心占地 25 000 平方米,主要由两栋建筑物——自动化立体仓库(AS/RS)和拣选楼组成。AS/RS 占地 12 000 平方米,长 150 米,高 24 米;其北侧的拣选楼,占地 9 600 平方米,共两层,层高 8 米。在 AS/RS 和拣选楼的西侧,规划了一条宽 5 米、长 202 米的月台,设有收货停车区,在南侧有大货车发货停车区和小货车发货停车区。与之相比,位于温州的森马物流中心自动化水平较为欠缺,以手工劳动力为主,主要进行装卸、搬运、扫描、入库等工作。但是,温州物流中心在整体调度和调配方面发挥着重要作用。

二、森马物流中心功能分析

森马物流中心整合现代和传统物流中心模式,对现有供应链上下游的物流资源进行虚拟优化配置,构建了适用于多渠道、多 SKU(品规)运作环境的供应链基础构架;而传统的实物物流中心偏重于运输与仓储。森马物流中心的主要功能可以概括为以下几点。

1. 相对独立的管理系统

森马上海物流中心采用了曼哈顿仓储管理系统(WMS)。由于森马温州物流中心设备较落后,因此没有采用曼哈顿 WMS,而是引入 SAP 系统进行管理。SAP 系统与其他供应商、经销商的系统相连接,整合、共享供应商和经销商之间的信息。

2. 整合供应链上下游资源

WMS 功能强大,借此森马可以通过商场分销单模块,根据门店的订单进行补货,这就意味着门店可以比以往更快地直接从对应的配送中心接受订单货品。货品层面模块将数据从森马主机传输至 WMS,因此森马可以通过大批量波次完成订单并且在已有库存中进行拣货,以便于整合近 200 个生产商和近 8 000 家销售网点的需求。

3. 提高库存管理精度

通过提高库存准确率,强化订单执行和缩短订单周期时间,WMS 还帮助森马加强了库存管理。其上海物流中心的拣货效率提高了近 60%。在此基础上,空间利用率也提高了 30%。同时,也促进森马进行仓库布局优化,从而加快订单执行,降低日常管理费用。

三、森马物流中心运作流程

从供应商发货开始,货品分别经过入库、仓储、出库等几个过程,供应商发货主要采用森马自营物流和第三方物流(3PL)结合的模式,在货品内向交货的同时,货品信息也录入到系统之中,并且与之前供应商发来的数据进行核对,保证无误的情况下再进行货品入库。

对于传统物流中心而言,仓储在物流成本中占比相对较高。森马物流中心以服饰仓储为主,配有鞋类以及其他各类配件,通过系统进行管理,其对货品的盘点主要分季末盘点、临时盘点和年终盘点,具有很强的灵活性,货物盘点均根据当期制订的盘点计划进行,并且将实物盘点数与库存信息以及财务信息进行核对。

1. 合理的仓库布局

森马温州物流中心不存在高层立体式货架,货物拿取、堆放大部分都由人工完成。仓库一楼分为扫描区、包装区、辅料区、托盘摆放区、叉车停放区以及货品待发区,区位的合理设计协调了整个物流过程。二楼以上均为库存货品,通过 SKU 码的编号对货品进行摆放,货品分拣由专门的分拣员根据订单以摘取式分拣为主,在二楼完成分拣,然后通过货运电梯,将货品送往一楼的扫描区,由扫描员进行扫描,再经过打包以及装车,最后出库发货。

2. 精准的包装方式

都说包装是生产物流的终点,同时也是社会物流的起点,可见包装在物流过程中是十分重要的。森马物流中心的货品包装以运输包装为主,以保持货物的完整性为目的。为了方便统计,上海的物流中心通过 WMS 计算出单位商品所占包装箱的面积比,以及总的货品需求量,再通过最优组合来堆放商品。而在温州物流中心,包装以人工为主,取一个值为装箱标准量,除尾箱外,每一箱都为标准装箱量。另外,森马物流中心对需要周转货品的包装,外面贴上一层塑料膜,以降低运输过程中人为造成的缺货以及货损情况发生的概率。

3. 多样的配送模式

森马将区域配送逐步向共同配送发展,在货物运输上,森马物流中心采用自营和第三方物流相结合的运输模式,"近距离"的货物采用自营物流运输,"远距离"的货物采用第三方物流运输,按照不同地区划分,组成共同配送中心,由两大物流中心统一配送到区域配送中心,再由各店分别取货。

(案例来源:物流技术与应用)

案例分析

传统服饰行业属于劳动密集型行业,而森马在创立初期并没有把服饰生产作为自己的核心竞争力,而是把企业发展方向定在品牌、规模、市场这三方面,进而做到"三管齐下"。采取了"虚拟经营"模式的森马,将附加值较低的生产环节进行外包,而将自己有限的资源放在研发设计、供应链优化和渠道拓展之上。

另外,就我国实际情况来看,劳动密集型产业占比大,存在大批缺乏品牌意识,只是简单从事服饰生产的企业,这些企业也为森马提供了强大的生产外包市场。

森马物流中心整合了供应商生产以及经销商需求的货品信息,并通过自营和第三方物流相结合的模式,优化全国的销售网点配送模式。由此可见,森马物流中心运作模式近似于"第四方物流平台",不仅实现了物流的基本职能,还整合了企业自身的供应链系统,搭建上游供应商和下游经销商之间第三方物流的功能,是将"虚拟经营"模式运用成功的企业之一。

>  **拓展与思考**　　1. 森马物流中心的运营模式取得成功的原因是什么?
> 　　　　　　　　2. 森马与传统服装企业在运营模式上有什么区别?

【案例 3-4-2】
戴尔虚拟整合让供应链"敏捷"

供应商从提供零件的角度看就相当于戴尔的一个车间,越过企业四面围墙的 ERP 系统就是戴尔管理这些供应商的信息平台。在这个信息平台上,戴尔和供应商双方的信息可以做到极大程度的共享,这是戴尔供应链最精妙的地方。

戴尔有一个重要的经营思想:专注于自己最擅长的领域,把不擅长的环节给行业中做得最好的人去做,然后通过采购把最具性价比的产品买回来,自己做最后的整合。

戴尔最有特色的"直接模式"——戴尔完全是按订单按需求生产。戴尔中国客户中心数据中心的机房里有上千台服务器 24 小时运行,客户既可以通过网站,也可以通过 800 电话下订单,这些信息直接进入数据中心,数据中心每一个半小时把这段时间内的订单统计出一张清单,上面列着分别需要哪些配置。这张清单直接就会传到供应商的仓库,这一公共仓库由戴尔的全球伙伴第三方物流公司伯灵顿(Bax Global)公司管理。伯灵顿接到戴尔的清单后在一个小时之内就能够迅速把货配好,不到 20 分钟就可以把货送达——这就是设立中转仓库的好处了:戴尔的供应商不可能都在厦门,只有建立这个中转仓库,才能保证每一个半小时送一次货。

客户的订单没有下之前戴尔中国客户中心的车间里理论上是没有工料的,每个零件拉进来的时候实际上已经是有买主的,一旦整台机器组装好,马上就可以发货运走,所以戴尔的产品可以保持零库存。

特别需要注意的是:戴尔每一个半小时把清单发送给中转仓库的同时,还会发给供应商的总部,供应商会根据中转仓库里库存的波动情况确定要不要发货过来,并且根据这些信息安排生产。

戴尔要作出未来一年的生产预测,并随实际变动进行调整。戴尔的供应商每个星期都会收到更新的下三个月的生产预测,对于一些需求变化比较大的零部件甚至一天就要更新一次。这不仅使得戴尔即使在市场情况变化大的情况下也能够得到及时的供货,实现了"敏捷",而且供应商也可以根据实际情况安排生产,减少库存。

戴尔根据市场需求不断调整生产计划并且使得供应商也随之调整生产计划,从而使生产贴近市场需要,完美地实现了戴尔虚拟整合的管理思想。

一、良性循环,与供应商"共赢"

除了中国客户中心,戴尔还有另一个与供应商打交道的重要部门——戴尔全球采购中心。在管理生产资料供应商方面,全球采购中心有三个任务:保证供应商供应的连续性、保证供应商在生产成本方面有一定的领先性和保证供应商产品的品质。

戴尔一开始就从以下几个方面出发来对供应商进行慎重选择。

(1) 环保与员工福利。戴尔希望供应商能够注重环保并且很好地对待自己的员工,这是一个基本前提。

(2) 成本领先。戴尔会将供应商与其他同类型的供应商做比较,看其在成本上是否具有优势。

(3) 技术产业化的速度。供应商的生产技术水平怎样?能否把新的技术迅速形成量产?

(4) 持续供应能力。戴尔会从供应商的财务能力、供货的情况怎样、能够做到几天的库存量等方面来考察供应商是否有很好的持续供应能力。

(5) 服务。供应商能否满足戴尔在服务方面的需求也是很重要的。

(6) 品质。这是最核心的因素。戴尔会对供应商的产品品质在不同的环境进行评测,以保证产品品质。

戴尔管理供应商有一个重要原则,就是"少数及密切配合供应商"。它把整体供应商的数量控制在一定范围内,并且在商品管理、质量和工艺管理等方面为供应商提供培训,帮他们改善内部流程。戴尔还把品质管理等工具分享给供应商,使其自身采购的管理水平也得到提高。每个季度戴尔会对供应商进行考核,优胜劣汰,实现良性循环。

二、持续改善,使供应链"进步"

最能够体现戴尔对供应链持续改进的是 BPI(业务流程改善),戴尔公司专门有一个 BPI 部门,跟六西格玛一样,BPI 也有黑带、绿带、黄带等级别,戴尔也会给供应商提供 BPI 的培训,让他们采用 BPI 的方法来降低成本、提升质量。

中国企业可以从戴尔的供应链中得到什么启发呢?

反应敏捷的供应链,能针对原料供应和市场需求所发生的突变情况迅速采取应对措施。如何培养这种能力呢?"供应链之父"李效良的建议是:加强与供应商的信息沟通。

戴尔是"用信息代替库存",加强和供应商的信息沟通是戴尔供应链中最重要的部分。戴尔和供应商信息共享的工具就是"交易引擎"。戴尔希望建立这样一个公共的交易引擎,使得中小企业也能够在这个平台上和供应商交易,并且相互之间不会受到干扰。

此外,成功的公司总是力图使供应链上其他各方与自己保持利益一致。这非常关键,因为供应链上的每家公司都在努力使自身利益最大化;而在供应链的实际运行中,若有任何一方与其他各方的利益产生分歧,其行为将对整个供应链的效用产生破坏作用。戴尔对供应商的管理哲学很明显地体现了这一点。

(案例来源:《中小企业科技》)

案例分析

本案例分析了戴尔的供应链管理,戴尔的管理模式有以下特点。

1. 通过虚拟整合,达到供应链的敏捷

戴尔将供应商视为戴尔的一个车间,在"交易引擎"这个信息平台上,戴尔和供应商双方的信息可以做到极大程度的共享,以实现对供应商的虚拟整合。统计出客户订单清单后,清单转到中转仓库,再由第三方物流公司完成配货送货,同时,供应商会根据中转仓库里库存的波动情况确定要不要发货过来,并且根据这些信息安排生产,戴尔还要根据市场需求不断调整生产计划并且使得供应商也随之调整生产计划,使生产贴近市场需要,实现了戴尔"虚拟整合"的管理思想。

2. 戴尔公司专门设立BPI部门,对供应链进行持续改善,使供应链进步

戴尔的供应链管理具备了反应敏捷、能让各方利益协调一致、适应性强三大特点,这也正是戴尔供应链管理的精髓所在。此外,加强与供应商的信息沟通也是戴尔拥有强竞争力的敏捷供应链的关键所在。很多公司曾经也拥有竞争力很强的供应链,可是随着市场情况的变化,它们的供应链逐渐不能适应新环境。任何公司若想长久地保持竞争力,除了使供应链适应环境变化之外,别无选择。

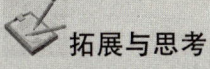 **拓展与思考**
1. 结合案例分析,戴尔的"虚拟整合"体现在哪些地方?
2. 虚拟企业与供应链管理的关系是什么?
3. 戴尔的供应链管理有什么特色?中国企业可以从戴尔的供应链管理中得到什么启发?

第四章 物流技术创新

引 言

企业核心竞争力的建立始终离不开独特的产品设计、先进的技术、良好的管理、优秀的品牌、稀缺的资源、客户忠诚度等因素,它们共同形成一个优异的价值保护系统和较高的竞争壁垒,保护自己的利润流,并使竞争者难以模仿。这就对物流企业提出了更高的要求:企业管理者应具备更强的领导能力,搭建严格科学的组织框架,设置清晰的经营模式,设计丰富且有强大黏性的任务,建立科学的物流技术创新体系,对平台数据库进行深入挖掘,有效拓宽管理渠道,依托庞大的用户群,逐渐建立品牌价值和市场美誉度。

物流技术创新,是指创新技术在物流企业中的应用过程,新技术在物流企业生产中的应用一般通过创新产品和创新的生产工艺两种方式体现出来。

本章从电商物流、快递企业的物流、配送中心、零售商的物流等几个方面的案例,分析了物流技术创新的潮流,从案例中可以看出物流技术创新已成为很多物流企业提高核心竞争力的有力手段。

第一节 电商物流的技术创新潮

过去几年,国内电子商务呈爆发式增长,从阿里巴巴起步的 B2B,到淘宝为代表的 C2C,到天猫、京东、亚马逊等百花齐放的 B2C,再到 B2B2C 逐步呈融合发展趋势的新模式。我们认为,电子商务未来较长时间内仍将保持快速增长,且依然有广阔空间,而支撑电商发展的关键环节是物流,电商大佬们也看到了这一点,所以他们在物流管理方面投入大量的人力、物力和财力,尤其在物流技术方面,他们不惜成本地进行投资和创新,于是形成了一个场面壮观的技术创新潮。

【案例 4-1-1】
京东商城的物流新技术

一、京东快递的物流配送服务模式

京东商城快递的物流配送服务主要分为四种模式:一是 FBP 模式(由京东商城全权负责采购和销售);二是 LBP 模式(商品无需入库,用户下单后,由第三方卖家发货到京东商城分拣中心,京东商城开发票);三是 SOPL(商品无须入库,用户下单后,第三方卖家发货到京东商城分拣中心,但由商家开发票);四是 SOP(商家直接向消费者发货并开发票)。

京东商城还与快客、好邻居、良友等多家知名连锁便利店品牌的上万家便利店达成合作，正式进军O2O领域，用户在网上下单后，将由距离用户最近的便利店负责进行配送，在最短的时间内把用户采购的商品送到其手中。京东商城表示，将联合全国上万家便利店，试点O2O战略，今后用户在网上下单后，最快可在15分钟内送达用户，而在24小时内，消费者可以任意选择商品送达的时间等，这样的物流速度在国内电商行业中堪称"最快物流"。

二、京东物流的技术创新

1. 条形码的应用

京东商城的每个库房都分三个大部分，最前面是收货区，中间是仓储区，后面是出库区。在收货区，厂家送来的货物进行质量抽查后，每个商品都要贴上条形码作为识别这个商品的"身份证"。然后，商品全部在仓储区上架入库，在货架上，每个架位都有编号，在上架时，理货员会扫描货物的商品条形码与货位进行关联，并上传入系统。这样，订单在生成时，取货员只要根据系统记录的货位去相应货架上取货，不用核对商品的名称。

2. 可视的包裹运输——GIS系统的应用

京东商城和一家提供地图服务的公司合作，将后台系统与地图公司的GPS系统进行关联，在包裹出库时，每个包裹都有一个条形码，运货的车辆也有相应的条形码，出库时每个包裹都会被扫描，同一辆车上包裹的条形码与这辆车的条码关联起来。当这辆车在路上运行时，车载GPS与地图就形成了实时的位置信息传递，与车载GPS系统是一个道理。当车辆到了分拨站点分配给配送员时，每个配送员在配送时都有一台手持PDA，而这台手持PDA也是一个GPS，通过扫描每件包裹的条形码，这个包裹又与地图系统关联，而这个适时位置信息与京东商城的后台系统打通之后开放给前台用户，用户就能实时地在线页面上看到自己订单从出库到送货的运行轨迹。"提升用户体验的同时，GIS也提供了物流队伍的实时监控和原始的数据，以提升整体的物流管理水平。"GIS系统使物流管理者在后台可以实时看到物流运行情况，同时，车辆位置信息、车辆的停留时间、包裹的分拨时间、配送员与客户的交接时间等都会形成原始的数据。这些数据经过分析之后，可以给管理者提供更多、更有价值的参考，比如，怎么合理使用人员，怎么划分配送服务人员的服务区域，怎么缩短每个订单的配送时间等。通过大量的数据分析，从而优化整个配送流程。另外，通过对一个区域的发散分析，可以看到客户的区域构成、客户密度、订单的密度等，根据这些数据进行资源上的匹配。

3. 数据库

数据库指的是以一定方式储存在一起、能为多个用户共享、具有尽可能小的冗余度、与应用程序彼此独立的数据集合。在经济管理的日常工作中，常常需要把某些相关的数据放进这样的"仓库"，并根据管理的需要进行相应的处理。例如，企业或事业单位的人事部门常常要把本单位职工的基本情况（职工号、姓名、年龄、性别、籍贯、工资、简历等）存放在表中，这张表就可以看成是一个数据库。有了这个"数据仓库"就可以根据需要随时查询某职工的基本情况，也可以查询工资在某个范围内的职工人数，等等。这些工作如果都能在计算机上自动进行，那么人事管理就可以达到极高的水平。

4. 办公自动化

京东商城依托其网络信息系统已经实现了与消费者的双向信息流动，但在采购环节，京东商城与供应商信息流的双向互动尚未完善,仅与少数数码公司实现了系统的互通,其他多为供应商到京东商城的单向信息流动。在京东商城自有库存的状态下,从下订单到准备发货一共只需要1小时34分钟,并且客户还可以在线查询订单处理状态,显示出订单确认、商品出库、扫描打包以及上车出货的每一个确切时间。如果京东商城没有库存,并且尚未与供应商实现系统互通,上述过程就会数倍于1小时34分钟,还可能出现缺货。如果有基于API数据接口技术的网络互联、数据互通,京东商城就可以与供应商实现实时的无缝数据连接,基本上也能够实现1小时34分钟。

(案例来源:道客巴巴)

案例分析

在技术创新方面,对京东商城来说,5个"亚洲一号"巨型物流仓库为RFID技术的应用提出了客观要求。目前,物流界通常采用国际通用的GS1系统中的EAN/UCC-128码来进行物品标识,进而加以管理,在实际操作中需要不断的人工附加条码和人工扫描,这种编码方式对于单体面积超过10万平方米的一级物流中心来说简直是不可思议的,效率会奇低。因此,必须开发、应用基于RFID技术的物流解决方案,才能提供有效的物流、仓储管理保证。

> 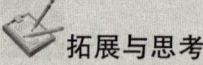 **拓展与思考** 1. 较低的门槛导致配送人员素质参差不齐,企业将如何解决配送人员服务质量难以控制的问题?
> 2. 京东商城在技术创新方面还有哪些方面可以进一步加强?

【案例4-1-2】
亚马逊的物流技术创新与应用

每年的"双十一",都是中国电商生态体系一次大演练。2015年"双十一",中国电商平台全网销售总额达1 229.4亿元,产生包裹数6.8亿单;其中阿里巴巴的交易量912.17亿元,预计包裹4.67亿单。一天时间产生如此巨大的物流运营计划,传统电商仓储物流、快递企业大部分都是靠人海战术进行运营。有人说"双十一"拼的是电商平台的流量、交易量、前台的运营支撑能力,这样的说法是外行的说法。"双十一"真正考验的内涵是后台的全网的供应链体系,特别是全渠道时代,多电商平台、线上线下O2O、移动端、社交圈等全面订单驱动,每一个单品的后台供应链支撑才是关键。

一、亚马逊全球物流的发展历程
1. 亚马逊的全球物流网络

通过20多年的积累,亚马逊已经织建了一个通达全球的网络,通过遍布全球的109个运营中心,可到达185个国家和地区。在中国,亚马逊有13个运营中心,300多条运输线路,可向1 400多个区县的消费者提供当日达、次日达服务。这样的规模,足以让亚马逊跻身世界一流物流企业。

2. 亚马逊是最早玩转物流大数据的电商企业

亚马逊在业内率先使用了大数据、人工智能和云技术进行仓储物流的管理。创新地推出预测性调拨、跨区域配送、跨国境配送等服务，不断给全球电商和物流行业带来惊喜。

二、亚马逊的 10 大物流技术创新

1. 亚马逊的智能机器人 Kiva 技术

亚马逊斥资 7.75 亿美元收购了机器人制造商 Kiva Systems，大大提升了亚马逊的物流系统。据悉，目前亚马逊已经将机器人数量增至 10 000 台，用于北美的各大运转中心。Kiva 系统作业效率要比传统的物流作业提升 2~4 倍，机器人每小时可跑 30 英里，准确率达到 99.99%。

Kiva 的运营模式：Kiva 机器人作业颠覆传统电商物流中心作业"人找货、人找货位"模式，通过作业计划调动机器人，实现"货找人、货位找人"的模式，整个物流中心库区无人化，各个库位在 Kiva 机器人驱动下自动排序到作业岗位。

2. 无人机送货

3 年前，亚马逊就发布 Prime Air 无人快递，顾客在网上下单，如果重量在 5 磅以下，可以选择无人机配送，在 30 分钟内把快递送到家。整个过程无人化，无人机在物流中心流水线末端自动取件，直接飞向顾客。目前，亚马逊正设计第八代送货无人机，将采用无人机为 AmazonFresh 生鲜配送服务。

3. 订单与客户服务中的大数据应用

亚马逊是第一个将大数据推广到电商物流平台运作的企业。电商完整端到端的服务可分为五大类，即浏览、购物、仓配、送货和客户服务。

(1) 用户浏览。亚马逊有一套基于大数据分析的技术来帮助精准分析客户的需求。具体方法是：后台系统会记录客户的浏览历史，并随之把顾客感兴趣的库存放在离他们最近的运营中心，这样方便客户下单。

(2) 购物便捷下单。在这方面可以帮助客户不管在哪个角落，都可以快速下单，也可以很快知道他们的喜欢的商品。

(3) 仓储运营。大数据驱动的仓储订单运营非常高效，在中国亚马逊运营中心最快可以在 30 分钟之内完成整个订单处理，也就是下单之后 30 分钟内可以把订单处理完出库，从订单处理、快速拣选、快速包装、分拣等一切都由大数据驱动，且全程可视化。由于亚马逊后台的系统分析能力非常强大，因此能够实现快速分解和处理订单。

(4) 配送。精准送达对当前电商物流来说，绝对是一个技术活，电商物流的快物流不是本事，真正高技术的电商物流服务，是精准的物流配送，亚马逊的物流体系会根据客户的具体需求时间进行科学配载，调整配送计划，实现用户定义的时间范围的精准送达，美国亚马逊还可以根据大数据的预测，提前发货，实现与线下零售 PK，赢得绝对的竞争力。

(5) CRM 客服。大数据驱动的亚马逊客户服务。据悉亚马逊中国提供的是 24 小时不间断的客户服务，首次创建了技术系统识别和预测客户需求，根据用户的浏览记录、订单信息、来电问题，定制化地向用户推送不同的自助服务工具，大数据保证客户可以随时随地电话联系对应的客户服务团队。

4. 智能入库管理技术

在亚马逊全球的运营中心,可以说把大数据技术应用得淋漓尽致,从入库这一时刻就开始了。

(1) 在入库方面。采用独特的采购入库监控策略,亚马逊基于自己过去的经验和所有历史数据的收集,了解什么样的品类容易坏,坏在哪里,然后将其进行预包装。这都是在收货环节提供的增值服务。

(2) 商品测量。亚马逊的 Cubi Scan 仪器会对新入库的中小体积商品测量长宽高和体积,根据这些商品信息优化入库。例如鞋服类、百货,新的爆款等,都可以直接送过来通过 Cubi Scan 测量直接入库。这给供应商提供了很大方便。客户不需要自己测量新品,这样能够大大提升其新品上升速度;同时有了这个尺寸之后,亚马逊数据库可以存储下这些数据,在全国范围内共享,这样其他库房就可以直接利用这些后台数据,再把这些数据放到合适的货物里就可以收集信息,有利于后续的优化、设计和区域规划。

5. 大数据驱动的智能拣货和智能算法

(1) 智能算法驱动物流作业,保障最优路径。在亚马逊的运营中心,不管是什么时间点,基本上在任何一个区域、任何一个通道里面,你不太会看到很多人围在一起,为什么?因为亚马逊的后台有一套数据算法,它会给每个人随机地优化他的拣货路径。拣货的员工直接朝前走,不需走回头路。系统会给推荐下一个要拣的货在哪儿,永远不走回头路。而且确保全部拣选完了之后,路径最少,通过这种智能的计算和智能的推荐,可以把传统作业模式的拣货行走路径减少至少 60%。

(2) 图书仓复杂的作业方法。图书仓采用的是加强版监控,会限制那些相似品尽量不要放在同一个货位。图书穿插摆放,批量图书的进货量很大,因为它的需求很大。这样一来,亚马逊通过数据的分析发现,这样穿插摆放,就可以保证每个员工出去拣货的任务比较平均。

(3) 畅销品的运营策略。比如奶粉,有些是放在货架上的,有些是放在托拍位上的。像这些离发货区会比较近,亚马逊根据后台的大数据,知道它的需求量也比较高,所以它进来的时候都是整批整批的进,然后就会把它放在离发货区比较近的地方,这样可以减少员工的负重行走路程。

6. 随机存储

(1) 随机存储的运营原则。随机存储是亚马逊运营的重要技术,但要说明的是,亚马逊的随机存储不是随便存储,是有一定的原则性的,特别是畅销商品与非畅销商品,要考虑先进先出的原则。同时,随机存储还与最佳路径有着重要关系。

(2) 随机存储与系统管理。亚马逊的随机存储核心是 Bin 系统,将货品、货位、数量绑定关系发挥极致。收货:把订单看成一个货位,运货车是另一个货位,收货即货位移动;上架:Bin 绑定货位与货品后随意存放;盘点:与 Bin 同步,不影响作业;拣货:Bin 生成批次,指定库位,给出作业路径;出货:订单生成包裹。

(3) 随机存储运营特色。亚马逊运营中心最突出的特色就是随机上架,实现的是见缝插针的最佳存储方式。看似杂乱,实则乱中有序。实际上这个乱不是真正的乱,乱就是说可以打乱品类和品类之间的界线,可以把它放在一起。有序是说,库位的标签就是它的 GPS,然后这个货位里面所有的商品其实在系统里面都是各就其位,非常精准地被记录在它所在的区域。

7. 智能分仓和智能调拨

亚马逊作为全球大云仓平台,智能分仓和智能调拨拥有独特的技术含量。在亚马逊中国,全国10多个平行仓的调拨完全是在精准的供应链计划的驱动下进行的。

(1) 通过亚马逊独特的供应链智能大数据管理体系,亚马逊实现了智能分仓、就近备货和预测式调拨。这不仅仅用在自营电商平台,在开放的"亚马逊物流+"平台中应用的更加有效果。

(2) 智能化调拨库存。全国各个省市包括各大运营中心之间有干线的运输调配,以确保库存已经提前调拨到离客户最近的运营中心。以整个智能化全国调拨运输网络很好地支持了平行仓的概念,全国范围内只要有货就可以下单购买,这是大数据体系支持全国运输调拨网络的充分表现。

8. 精准预测、二维码精准定位技术

(1) 精准的库存信息。亚马逊的智能仓储管理技术能够实现连续动态盘点,库存精准率达到99.99%。

(2) 精准预测库存,分配库存。在业务高峰期,亚马逊通过大数据分析可以做到对库存需求精准预测,从配货规划、运力调配,以及末端配送等方面做好准备,平衡了订单运营能力,大大降低爆仓的风险。

(3) 在亚马逊全球运营中心中,每一个库位都一个独特的编码,二维码是每一个货位的身份证,就是一个GPS,可以在系统里查出商品定位。亚马逊精准的库位管理可以实现全球库存精准定位。

9. 可视化订单作业、包裹追踪

(1) 全球云仓库存共享。在中国就能看到来自大洋彼岸库存,亚马逊实现全球百货,直供中国。这是全球电商供应链可视化中,亚马逊独特的运营能力。亚马逊在中国独一无二地实现了全球可视化的供应链管理。

(2) 国内运作方面。亚马逊平台可以让消费者、合作商和亚马逊的工作人员全程监控货物、包裹位置和订单状态。比如:昆山运营中心品类包罗万象,任何客户的订单执行,从前端的预约到收货;内部存储管理、库存调拨、捡货、包装;以及配送发货,送到客户手中,整个过程环环相扣,每个流程都有数据的支持,并通过系统实现全订单的可视化管理。

10. 亚马逊独特的发货拣货系统——八爪鱼技术

亚马逊的运营中心,大量采用这样的八爪鱼技术。这很形象,作业人员像八爪鱼,像千手观音一样,会根据客户的送货地址,然后设计出来不同的送货路线。不同时间点经过不同的线路,分配到不同的流水线方向。在八爪鱼作业台操作的员工,主要是负责把在前面已经运作完的货品,分配到专门的路由上去。

如图4-1,这种运营模式下,一个员工站在分拣线的末端就可以非常高效地将所有包裹通过

图4-1 八爪鱼拣货技术

八爪鱼工作台分配到各个路由上面,八爪鱼是非常高效的,据说这是亚马逊员工自己设计的。站在中间那个位置,一个人可以眼观六路,这个作业可以通达八方,非常的高效,没有人员的冗余。而且,八爪鱼上全部是滚珠式的琉璃架,没有任何的板台,员工的作业很轻松。

借助于上述技术创新,亚马逊在每年"双十一"中的数据尤为可观。根据来自亚马逊中国的最新消息显示,亚马逊"双十一"当日全国订单100%按计划完成出库和发货,正点送达率超过98.4%,实现了与平时同样的时效和质量承诺。其中在24个城市,顾客当天上午下单,99%已在当日完成上门配送。

(案例来源:搜狐科技)

案例分析

从亚马逊的物流技术创新,我们可以看出,亚马逊的强大不仅仅体现在电商平台的巨大流量、交易量以及强大的前台运营支撑能力,更体现在后台强大的全网供应链体系,特别是全渠道时代,多电商平台、线上线下O2O、移动端、社交圈等全面订单驱动体系,每一个单品的后台都有一套强大的供应链支撑体系。

沃尔玛、亚马逊和ZARA都是披着零售外衣的物流公司;P&G是制造驱动的供应链;沃尔玛是渠道启动的供应链;小米是粉丝驱动的供应链;互联网时代供应链的重组是权利的转移……亚马逊的成功源于卓越的物流供应链技术和创新,亚马逊在"双十一"前夕推出"亚马逊物流+"对中国电商物流变革吹响了新的号角。阿里巴巴、京东、苏宁这样的企业可能会紧随其后。

特别要说的是:物流开放,那是表象;后台的技术和运营数据开放,这才是大生态所需,如果能学学亚马逊的创新思维,或许电商物流的3.0时代即将到来,让我们共同期待吧。

 拓展与思考　1. 亚马逊的物流技术创新给企业带来了哪些竞争优势?
　　　　　　　2. 我国的电商企业应该向亚马逊学习哪些新技术与管理思想?

第二节　快递企业的物流技术创新

在信息化高速发展的今天,快递企业也要不断创新管理理念,适应市场环境的瞬息万变。面对我国中小快递企业众多的现状,可以由竞争转向合作,建立战略联盟,实现资源、技术、管理、人才上的优势互补,加大科技、资本的投入,引进国外先进的管理软件,提高运输车辆的装载率,实现规模经济,聘请优秀的经营管理人才,在企业内部建立一套完善的管理模式。

快递业作为新兴的产业,只有将新技术、新思想、新方法、新手段不断地运用到快递领域中,通过不断地探索才能找到适合我国国情的快递业发展之路。

【案例 4-2-1】
菜鸟网络的技术创新

菜鸟网络其实做的不是快递服务,不会抢传统快递商的生意,菜鸟擅长的是互联网,因此会将技术创新基因更多地植入物流体系中,比如某家企业有大型货物需要运送,就可以依据菜鸟网络提供的数据进行快递商的选择,从而达到最优效果。这是菜鸟网络的立足根本,也就是大家口中常说的第四方物流平台。

一、菜鸟网络的定位

2013年5月28日,阿里巴巴集团、银泰集团联合复星集团、富春集团、顺丰、三通一达(申通、圆通、中通、韵达)共同在深圳宣布成立菜鸟网络科技有限公司,同时正式启动中国智能骨干网项目。据称,这张中国智能骨干网将通过8~10年的努力,建立一张能支撑日均300亿网络零售额、全国范围24小时内送货必达的智能物流骨干网络。

据了解,中国智能骨干网项目,主要通过以下两个方面的投资和整合布局物流业:一方面,中国智能骨干网要在物流的基础上搭建一套开放、共享、社会化的基础设施平台,平台搭建后,通过自建、共建、合作、改造等多种模式,在全中国范围内形成一套开放的社会化仓储设施网络。另一方面,通过大数据、云计算、物联网等新技术,建立开放、透明、共享的数据应用平台,为电子商务企业、物流公司、仓储企业、第三方物流服务商、供应链服务商等各类企业提供服务,实现信息共享。

综上所述,菜鸟网络的市场定位是:将成为电商、网购仓储和快递配送的集成商(平台),在价值链的上游盈利;从资源整合的角度看,菜鸟网络将是中国最大的快递联合体,进入菜鸟网络的快递企业将成为其子公司。由此可以看出,阿里巴巴集团通过菜鸟网络大股东的身份掌控了智能仓储和快递资源,实现了在上下游产业的整合,成为电商、智能仓储、快递和消费者供应链的集成商。

二、菜鸟网络的发展优势

菜鸟网络目前的发展优势主要有以下几点。

(1)相对于其他第四方物流平台,菜鸟网络目前最大的优势就是资源和关注度。加入菜鸟网络的快递运营商已经增加到8家,基本上涵盖了国内知名的快递厂商,这样一来有利于物力资源的快速优化。而此次马云牵头,致力打造中国最大的智能物流网络,菜鸟网络能够切实解决其他第四方平台所无法解决的问题。

菜鸟网络背后的最大投资集团是阿里巴巴集团,掌握着支付宝和新浪微博两个电商利器,从支付和社会营销上保证交易的安全性和流程的透明性,这样就能在很大的程度上降低交易风险。

(2)通过阿里巴巴集团的资源整合和多家快递商的合作,物流成本有望在物流网信息流的基础上得到降低,一旦这个智能物流圈形成规模,那么提升货物运送的时效和速度将不在话下。况且现在京东商城的自建物流体系已经初见成效,其一日三送对以阿里巴巴集团为首的电商阵营来说是一个不小的挑战。业内人士认为面对强劲对手的挑战,阿里巴巴集团只有切实提升物流运送的效率,才能在未来的发展中不落下风。那么,依据这个发展目标,降低物流成本,实现效率和规模的双收,就必然需要更大规模的物流市场作为支持,庆幸的是阿里巴巴集团现在做到了,其菜鸟平台融合了众多优秀厂商,对于成本的控制会有帮助。

(3) 菜鸟网络拥有极其丰厚的资本支持,也可以对一些中小企业实行帮扶。这点是其他平台所无法比拟的,就目前披露的消息看,菜鸟网络的规模投资将在3 000亿元左右,拥有这个巨大的资金支持,菜鸟网络至少在基础设施运作上不会产生问题,除此之外,菜鸟网络和淘宝当年一样,对草根群体进行支持,通过扶持这部分快递运营商的发展,进而完成自我平台的成长,以实现更大规模的市场效应,而这点正是菜鸟网络长远发展的关键。

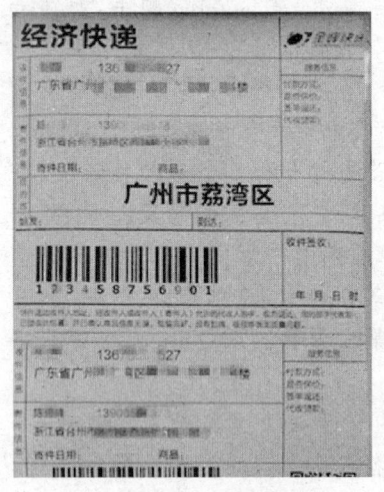

图 4-2　电子面单截图

三、菜鸟网络的技术创新

1. 增加电子面单的使用占比

根据菜鸟网络的数据统计,目前物流行业电子面单使用占比已经超过50%,如图4-2所示。

据悉,区别于传统纸质面单,电子面单是一种高效率、环保的信息化面单。通过数据的流转,菜鸟网络电子面单系统可以串联快递公司、商家与消费者的数据信息。

菜鸟网络已联合三通一达等14家主流快递公司推出电子面单,各大快递公司和商家都可申请免费接入使用。各快递公司的数据显示,使用电子面单后,发货速度能提升30%以上。

具体的实现流程是,由快递公司向菜鸟网络预发物流单号,在快递公司预发的物流单号范围内,快递公司授权菜鸟网络向开通此项服务的卖家下发物流单号,当卖家产生销售订单并产生物流需求时,卖家可在绑定物流面单号后,生成物流面单信息,并通过热敏纸打印输出纸质物流面单。

据了解,除了在电子面单方面的深入合作,菜鸟网络近日也将同中通、圆通等合作伙伴启动大数据路由分单项目的合作,大数据路由分单项目将做到精准分拣,提高快递公司内部的运作效率。

除此之外,菜鸟网络还推出了几个基于全业务链条的大数据产品,如菜鸟网络联合高德的地图以及大数据处理产生的4级地址库可以匹配消费者的配送地址到结构化的乡镇/街道。有了这些架构化的地址讯息,就可以提供更精准的线路规划和配送分派,通过大数据的方式,有效帮助各快递公司提升服务。

2. 创建中国智能骨干网

从阿里巴巴集团的定义来说,可以理解成"地网",也就是在线上交易过后,线下落地的一切运营服务都在这张网上。所谓的"智能",则是实现高效、协同、可视、数据化的物流供应链运营。

下面,我们来看看中国物流骨干有哪些组成。

(1) 空运骨干。空运的骨干由全货机运力(各大航空公司货运航班+顺丰、EMS在内的快递航班)和机腹舱运力组成。整体来看,空运的主体运力在国有企业,民营企业目前仅仅顺丰11架全货机,其他的皆为租用。

(2) 铁路骨干。铁路骨干指的是国有化的中国铁路总公司的铁路运力,含普通铁路货运、班列以及正在推动的高铁运力。

(3) 公路骨干。分析公路骨干之前,我们来看看京东商城为什么要自建干线物流运输车队,京东商城建干线车队的目的是实现城市之间运输的自主性,提高仓与仓之间的运输速度。刘强东曾经说:这是一个无奈决定,5年以来京东换了60多家干线合作伙伴,没有一家能够满足速度、准时、费用和服务品质综合要求,希望此举能解决相关问题。事实就是这样,中国的公路骨干物流运力是由社会个体资源组成,物流界有一个数据显示,中国的公路运输前10强企业的物流运力加起来,占不到所有干线运力的1%,这个数据可以看出中国干线物流运力的散乱。

目前中国陆路干线与零担运力已有一定网络,成体系的公司是:德邦、佳吉、华宇、新邦、安能、传化、卡行天下、中铁等;国内最大的对干线运力整合的可视化平台是一家叫维天运通的公司,其平台上整合了近200多万干线运力资源。

(4) 海运、水运骨干。这个不用细说了,电商基本用不上。

上面四项干线资源中空运和铁路骨干,菜鸟网络基本没有整合的可能;公路骨干方面,菜鸟网络还不可能整合德邦、佳吉、华宇、新邦、安能、卡行天下、中铁等企业,更不可能去整合松散的社会运力资源来为我所用,为我所控。

3. 创建菜鸟网络物流园区

早在2011年,马云就已经启动物流园区战略。2011年12月,阿里巴巴集团在天津武清总投资30亿元,建立了阿里巴巴集团华北电子商务物流中心,主要从事电子商务交易配送、仓储、结算解决方案。2年过去了,武清的仓库是建立起来了,但有多少淘宝和天猫的品牌入驻呢?事实是出人意料的。原因在于:大商家需要的不仅仅是仓库,而是一体化的物流供应链综合服务,阿里巴巴物流体系提供不出一体化的服务。同时,大商家发展到一定程度过后,陆续会选择自建物流体系;而中小型商家目前尚未达到需要进驻物流园区的必要,这就导致了阿里巴巴集团的物流园区目前处于尴尬的格局。

未来的菜鸟网络,一个园区仅仅是一个点,马云织的是一张地网,因此需要全国各地圈物流园区,铺开的过程中首选肯定是核心物流节点城市。未来的菜鸟网络,将以核心物流节点为基础,渗透二三级物流节点,形成一张立体的地网。阿里巴巴集团每产生一个订单,将形成一个物流计划,根据物流计划的密集程度定义出菜鸟网络的物流园区格局。

所以,接下来菜鸟网络的重要工作是:内外部数据分析物流需求?与政府谈判拿地?建仓?号召电商物流服务商入驻?其实,这就是当前普洛斯、安博、嘉民等物流地产商干的事情。当然,从这一角度看,菜鸟网络就是一个物流商业地产商,但这远不是马云的最终战略。

4. 完善菜鸟网络运营系统的建设

这里谈的系统不是物流管理所用的 WMS、TMS、OMS 等系统,这里谈的系统是驱动菜鸟网络整个平台运营的神经。

未来的物流行业一定是将高科技技术应用到现场的每一个环节。曾有人列举未来菜鸟网络平台的一个例子：义乌的商家在网上卖商品，东北顾客有需求，下单后直接从沈阳的仓库发货，24小时配送到位。这个例子表面上看是订单处理、物流运送的过程，实际上需要基于科学的供应链系统支持。

5. 菜鸟网络打通县村物流

物流将变成淘宝在农村的竞争力之一。针对农村消费市场，菜鸟网络逐步打通了4张物流网络，在相互渗透作用下，已帮助淘宝实现全国农村100%无缝覆盖。

相关数据显示，淘宝上由15家民营快递公司组成的民营快递网络，能够将包裹送达超过50%的乡镇，部分农村的网购物流需求也可以满足。比如通过日日顺等合作伙伴，菜鸟网络的大家电配送网络实现全国95%的区县覆盖，共计50万个村子可送货入村，包括拉萨、日喀则这样的藏区。

而菜鸟网络的村淘物流网也将为农产品电商化提前铺路，目前更多地围绕"把包裹送进农村"这一目标点状构建网络，等到这张农村物流基础设施网络搭建好之后，农民可以利用这张网络把农产品运出来，通过电商销往各地。

（案例来源：百度文库）

案例分析

菜鸟网络的创新核心是：它不仅仅是做物流公司，而是在物流网络上采取一部分自建、一部分合作的方式，由其他第三方仓储、快递、配送公司和他们的平台来对接。把原本个体、独立甚至是竞争关系的买家连通起来，形成最大的数据集中，让物流信息流动起来。

菜鸟网络的诞生和发展主要是为了满足阿里巴巴集团电商帝国的发展战略，帮助淘宝、天猫商城的成功转型。

菜鸟物流必将改变当前物流业的运营模式。马云已表示不做快递，他通过构建一个社会化的基础设施平台，把产业链的上下游牢牢掌握在自己手中，物流体系建设完成后，阿里巴巴集团将掌握从客户入口、交易平台、支付平台到物流配送的全产业链，其平台的完整性和专业性将保证其在电子商务领域不可撼动的领先地位。

菜鸟网络的成立，意味着中国电商急需的物流后台有了系统性规划，更意味着电商、物流业的加速洗牌。其将不仅仅是为阿里巴巴集团提供物流也会为其他电商集团提供服务。该平台建成后，将会更有利于电子商务的发展，为电商提供更好的运营服务，帮助他们减少库存，降低物流成本，同时减轻消费者的快递费和解决快递拖延的问题。

菜鸟网络真正的目的在于建设更加健康的电商生态产业链，使各参与方能够获得合理的利益，也使电商这一充满前景的商业模式有更加开阔的发展空间。解决了物流滞后这一瓶颈，电商行业的发展将更为迅猛，将为社会创造更多的价值和财富。

菜鸟网络作为中国物流产业上一个新的创业点，势必会给整个电商界带来革命性的成果，也必将在一定程度上推动中国电商整个行业的快速发展。

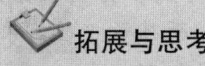

拓展与思考
1. 结合菜鸟网络的创新,试分析"菜鸟网络"对行业将产生的冲击是什么?
2. 菜鸟网络的创新在今后的发展中会遇到哪些问题?
3. 对菜鸟网络提出的目标"这个网络能在 24 小时内将货物运抵国内任何地区,能支撑日均 300 亿元(年度约 10 万亿元)的巨量网络零售额"。你认为菜鸟能达到这个目标吗?为什么?

【案例 4-2-2】
顺丰是如何让快递员卖命的

顺丰的高工资是业界出名的,一般递送人员月薪都在三四千元,但在顺丰五六千元很平常,有经验的八千元、一万元也不算高,月薪 1.5 万元也不算特别。

顺丰的快递员也真是很拼,有人在路上出了车祸,爬起来一看没事,还是要继续送快递。

你可能很好奇,一个跑腿送快递的,怎么一个月可以挣到这么多钱。顺丰的模式,可以简单总结为:给一个高中生发硕士生的工资,干小学生的事。为什么?

这还是要回到顺丰身上。大家都知道顺丰是个民营快递公司,最早发家在珠三角,靠在香港和广东之间帮人夹带包裹、商务信函合同等送快件起家。

那时候,电商还没有这么发达,所以,顺丰的全名叫顺丰速运,记住不是顺丰快递啊,如果你碰到顺丰快递,那一定是假的。

如今,顺丰的快递业务,也早已走出了珠三角,遍布全国主要的一二线城市。2013 年,顺丰引入了 3 家投资机构,按照外面的估值,这家民营快递一哥,现在的估值应该超过 300 亿元了。

这样想想,快递员 1 个月挣 1.5 万元,也不算多吧。

其实,1 个月 1.5 万元是一个含糊的说法,因为顺丰的快递员是绩效提成工资,上不封顶,真正挣得多的,据说四五万元的都有。听了是不是你都想去送快递了?

顺丰的物流帝国,说到底就是这些快递员一个包裹一个包裹送出来的,那么,顺丰究竟有什么法子,让这些快递员如此忘我地工作,而且,服务口碑还不错呢?

有两把刀,也是他们的口号,叫"人性,破坏性",我们用这两把刀解读下顺丰。

其实,在顺丰发展的早期,很多人对顺丰模式是有质疑的,甚至不屑一顾,说不屑一顾都是好听的。十多年前甚至还有一种声音说,顺丰是快递公司吗,这不就是一个老鼠会吗?

为什么顺丰会遭到同行的如此排斥呢?因为它做了一件在当时看来石破天惊的事情。就是把同行的加盟制快递公司变为直营。

在快递业的早期,大家都是采取加盟模式发展,其实顺丰也一样。

什么是加盟模式,快递公司每进入一个陌生的地区,会找到一个当地的公司作为加盟商,由这家公司来跑业务,但是公司的资产是归地方老板个人所有,总部提供的是统一的品牌、物流、管理,然后收取加盟费。

加盟制的好处在于，在快递业开疆拓土的时候，扩张非常迅速。因为人多力量大嘛。用时髦的话说，这也是一种轻资产模式，因为总部其实不需要很多人，主要是承担管理和战略职能。顺丰最早也这么搞，但是它很快发现，这样的快递公司不是其想要的。为什么呢？服务不行。因为在加盟模式下，快递员的直接老板是地方公司老板，说白了就是强诸侯、弱中央的模式，这种情况下，管理很难规范起来。地方做大了以后，难免会觉得，你总部都是我在养着，我凭什么听你的？于是顺丰大刀阔斧搞了一场削藩运动，在2000年年初，就把顺丰彻底改造成了一家直营快递公司，这个模式在当时的中国，除了国家队EMS，是独一份。

改成直营以后，意味着公司不可能向加盟制公司那样广铺网点，大肆扩张。快递员也是由总部公司发工资，运营成本一下重了不少。但是，顺丰在如何提高快递员积极性上下足了工夫，主要用以下两个方法。

第一，承包。就是快递员像当年的包产到户一样，每个快递员在城市里有自己的片区，别人不会来抢你的，但是，如果你的片区业务量增长缓慢，一定时间内没有起色，就换人。

第二，计件工资。快递业有句行话叫收一派二，就是一个快递员收一个快件的同时，应该派两个快件。我们所说的送快递，实际上更多是指派件。真正挣钱的也是在这个部分。在顺丰，你送得越多，挣得越多。而且上不封顶。

换一句话说，这样一来，实际每个快递员在顺丰里都是给自己打工，每个人都是大公司里的个体户，是不是听起来有点像出租车司机的活法？其实还不一样，出租车司机犯懒的时候可以不拉活，但是如果一个快递员的片区来件了快递员不动，只要一打投诉电话，这个快递员就完了。而且在承包制下，每个快递员都会非常积极地去拓展客户，去服务好客户，这个片区越肥，他自己挣得越多。

所以，早年也有人攻击顺丰，说这是搞传销。当然，这也是一阵歪风而已，客户的眼睛是雪亮的。有过一个真实的笑话：有个客户投诉快递员，顺丰客服问怎么了？客户说，我叫了个快递，说今天上午到，结果早上6点就敲门把我吵醒了，困死了。其实这个笑话一点不好笑，对于这位快递哥而言，赶快把这个客户的件收了，我还要去下一家呢？所以大家都觉得顺丰的快递时效有保证，服务好，不是没原因的。

顺丰的潜规则其实就一个关键词：快。

第一，速度快。

这些年，特别是电商发达以后，快递业的价格战也是很厉害的。但是，顺丰又搞了一个破坏性的策略：价格战是吧，你们玩吧，我不玩。

用过顺丰快递都知道：北京到上海，第二天早上到，也就是通常的次日达，是20元。这个价格几乎是同行的一倍。甚至于，当同行都琢磨如何降价的时候，顺丰还涨价。

为什么顺丰敢把价格抬高，因为用户认它。这就是口碑。

为什么认它一个字，快。顺丰是真正地把快递做成了快递。你可能觉得这是个废话，但事实上，中国的很多快递公司都是慢递。这就是直营制的优点。

第二，布局快。

顺丰虽然不爱公开说话，但顺丰的一举一动，同行都睁大眼睛看着，为什么？因为顺丰今天做的事，很可能是你明天要做的事。

比如2009年，经济危机非常严重，很多小快递公司都死了，顺丰也经历了历史上少有的亏损，但是，顺丰却做了一件令人瞠目结舌的事：申请成立航空公司，花钱买飞机。

等其他快递公司从经济危机中恢复过来，再想追赶顺丰时，拥有自有货机的顺丰早就遥遥领先了。其他公司也只能望尘莫及。

第三，创新快。

顺丰的核心资产就是一个一个快递员。顺丰起家时候，快递员的年龄主要是60后、70后，现在90后都出来混了，老快递员年龄越来越大，但是90后愿意当快递员吗？愿意低声下去的去服务好客户吗？这是一个大问题。

虽然顺丰发展很快，但是从来不希望他的老员工掉队，做电商、做嘿客便利店以及顺丰优选，都是顺丰为老员工转型寻找出路的举动。很多人一看嘿客，这什么呀，四不像。但是，论创新精神，顺丰和他的团队又走在了前面。

无论是自己还是团队，无论是宏观还是微观，总能先人一步，这就是顺丰最厉害的赚钱规则。

靠这种快，顺丰建立了一道道的防火墙，让菜鸟网络也只能望洋兴叹。

（案例来源：道客巴巴）

案例分析

一方面，顺丰是真正地把快递做成了快递，一个"快"字，道出了顺丰成功的真谛。速度快、布局快、创新快可以说是顺丰最强的核心竞争力，北京到上海的快递，第二天早上就能送到，这是以前想都想不到的速度。这为顺丰赢得了良好的口碑。

另一方面，顺丰在提高员工积极性方面也下足了工夫，实行承包制、计件制，对员工的服务态度进行不同等级的评比，并根据等级采取形式多样的奖惩措施，这样使得每个快递员都会非常积极地去拓展客户，去服务好客户。这是值得我们很多企业去学习的地方。

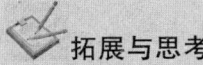**拓展与思考**　　1. 顺丰为什么能在竞争激烈的快递市场上独占鳌头？
　　　　　　　　2. 顺丰在今后的发展过程中会面临哪些问题？

第三节　配送中心物流技术创新

【案例4-3-1】
可口可乐配送中心拣货作业的创新

一、逆向分货系统

位于澳大利亚的可口可乐子公司阿马提尔公司的新配送中心（简称配送中心）安装了

世界领先的订单履行系统。该配送中心采用了全新的"逆向分货"(negative-put)系统,平均每小时可完成拣选作业超过1 400次,创历史新高,极大地提升了配送中心的订单处理效率,为公司打造快速反应的供应链提供了技术保障。

作为世界领先的物流系统集成商,德马泰克基于大量实践经验发现,在配送中心每天完成的成千上万个订单中有很多可以同时处理的订单,由此产生了"逆向分货"理念。"逆向分货"实现了高效拣选。

"逆向分货"系统由功能强大的软件支持,通过一系列复杂的运算将订单重新排序,寻找出最多的被动拣选机会。该系统还集成了特殊设计的货到人拣选功能模块,即把货品送到拣选员面前,让货品跟着订单走,而不是让订单循着货品走,同时按高效原则优化了各批次订单的处理顺序。最终,这套全新设计的"逆向分货"系统消除了拣选员不必要的走动,以及等待托盘来回传递所耽搁的时间,不仅大大提高了拣选作业效率,而且减轻了拣选员的工作负担。

"逆向分货"系统软件与配送中心仓库管理系统(WMS)相连,货物跟着订单移动直至订单处理完毕,再跟着下一个订单走或者被送回存货区。载货托盘和空托盘由叉车送到输送线上。

一旦订单被启动,输送机将两个载货托盘(donor pallets)和两个分货托盘(put pallets)一起送到拣选员所在的工位。"逆向分货"系统发出指令后,拣选员根据屏幕上显示的操作指示,从第一个载货托盘上拣选出一定数量的货品放在第一个分货托盘上;也可以按订单需要,进一步从第一个载货托盘上拣选一定数量的货品放到第二个分货托盘上;还有可能继续在系统指导下,从第二个载货托盘上取出货物放在第一个以及第二个分货托盘上。

在上述过程中,"逆向分货"系统以最小的货品移动次数同时执行了4个订单处理。两个载货托盘里所剩的货品数量满足两个订单对此种货品的数量要求,而分货托盘里的货物也为另外两个订单的进一步拣选打好基础——该分货托盘所代表的两个订单中剩余的货品将由常规拣选方式完成。在称重复核时,检查拣选员是否拿取了正确数量的货物,如果准确无误,托盘由输送机送至发货站。

在"逆向分货"系统成功上线运行的前8周,新配送中心就已经持续达到每小时完成1 400多次拣选。数据显示,混放托盘中约有20%的货品无需搬动就已符合订单要求了。这大幅度提高了拣选效率和周转量,也使兼顾人机工程学和高效运作的货到人拣选方案大展拳脚。该配送中心约70%的订单需要由"逆向分货"系统处理,其中约35%的订单经过一次逆向拣选后就已经完成。根据东克里克(Eastern Creek)配送中心的订单结构及订单特性,德马泰克选配了语音拣选系统作为"逆向分货"系统强有力的补充,来完成其他拣选作业。配送中心的25名拣选员配备了最新的支持无线和蓝牙功能的Vocollect语音识别终端和耳机。

二、先进的自动收发货系统

除了采用"逆向分货"系统,Eastern Creek配送中心值得称道的技术亮点还有自动收货系统和自动发货系统。

Eastern Creek配送中心95%以上的货品来自公司位于北梅尔迪(Northmead)的制

造工厂,每天接收60辆卡车的货品,在销售高峰期接收货品的车次将激增两倍多。为了提高物流效率,德马泰克为 Eastern Creek 配送中心特别设计了一套全自动的收货系统。该系统由3条"滑板式"自动卡车卸货通道组成,"滑板式"装置如坦克链条一样自动接收货品。每条通道在15分钟内卸载22个托盘,同时托盘被自动扫描、自动称重,然后传送到货物接收系统的托盘输送机上,最后直接到达预留的暂存位置。协助"滑板式"自动收货系统完成收货任务的是移动灵活的叉车。

采用托盘输送机大大优化了叉车卸货的效率,使叉车无需像以往一样上下移动货叉、来来回回地将托盘放到暂存区。只需将托盘放到输送机上即可,随后输送机将托盘送到靠近其暂存位置的工位,再由叉车取下来放好,这个过程进一步减少了不必要的叉车操作。

而自动发货系统(automatic delivery system 简称为ADS)则为新配送中心提供了预拣选、预拣订单组合、暂存发运功能。该系统配备了德马泰克的卫星式托盘移动小车,暂存区规划了多达144条托盘通道,每条通道可以存储12个托盘。之所以设计12个托盘位,是要与一般卸货卡车的托盘存量匹配,在高峰期可以一次性暂存16个小时的发货量;自动发货系统的工作流程十分简单,叉车或托盘移动小车只需将托盘货品放在自动发货系统入口,之后所有的输送处理都实现了自动化。载货托盘经过高度、宽度、重量自动检测后,被输送至包装处,再由两台托盘移载车将其放在 ADS 通道上等待发货。装车时,叉车驾驶员先扫描托盘上的条码,确认托盘已在正确的位置,然后从第一个托盘开始逐一装车。

ADS 配备了8台托盘移载车,当叉车将第一个载货托盘放到卡车上、再返回 ADS 后,拿取一辆托盘移动小车放置在 ADS 刚才的通道上,并发出指令清空该通道。小车将第二个托盘移送到第一个托盘位以便于叉车拿取;当叉车将托盘载上卡车再回到 ADS 时,小车又将第三个托盘放到了第一个托盘位。这个过程不断重复,直到通道上所有的托盘装上卡车。暂存区把预拣订单组合环节分离出去,确保了暂存通道托盘装车高效可靠,使卡车尽快装车完毕驶离发货区。

配送中心在库房规划设计方面提出了一系列创新,如设置了更宽的货架巷道,加大了货架底横梁和地面之间的距离,使托盘之间有更大的间隔区。这些额外留出的空间虽然减少了配送中心的总存储量,却为拣选员提供了更好的工作环境。考虑到当地劳保局最新的订单拣选指导纲要,公司认为这样的设计是安全、合理、可靠的,从实际运作情况来看,不但对订单拣选作业没有丝毫影响,反而大大提高了拣选效率。因为更宽的巷道确保了叉车的安全操作以及托盘车的运行,更大的拣选面可以使拣选员更快速方便地拿到托盘货品——无论它们被放置在托盘的前端还是后端。这些改进措施还极大地避免了拣选员的走动,拣选员也不会在拣货过程中站立不稳。巷道内更大的空间还减少了叉车在叉取托盘时与货架发生碰撞。此外,为了保证人员安全,叉车行驶区和人行通道也划分了不同区域。

总之,"逆向分货"系统与托盘升降系统以及传送系统配合使用,确保符合人机工程学。配送中心还每半个小时就让拣选员轮流休息,从而最大程度减轻其疲劳感。

(案例来源:百度学术网)

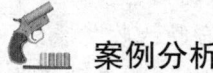 **案例分析**

物流技术创新为可口可乐公司带来了显著的经济效益与社会效益：改进了订单履行效率并降低了配送成本，消除了在库货品在不同位置间的无效移动，降低了搬运成本，同时从根本上减少了温室气体的排放。

据估计，Eastern Creek 配送中心采用的自动收货和自动发货系统省去了以前卡车装卸货时繁复的叉车作业，每年可节省用于叉车来回移动所需的超过 20 万升柴油以及上千吨液化石油气，相当于每年减少二氧化碳排放量约 1 000 吨（相当于高速路上每年减少了 200 辆车的二氧化碳排放量）。

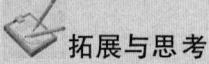 **拓展与思考**

1. "逆向分货"与传统的拣货分货方式有哪些区别？其优势在哪里？
2. 在拣货流程中，我们还可以做哪些技术创新？

【案例 4-3-2】

澳大利亚 DSE 语音拣货技术创新

正当许多公司面临陈旧的无线射频系统维护成本日益上升的窘境时，勇于创新的迪科史密斯电子公司（Dick Smith Electronics）率先实施了语音拣选系统，取代了已应用了多年的无线射频拣选系统。其实，语音拣选技术并不是新发明，但是澳大利亚零售企业物流领域，用语音拣选直接替代无线射频拣选却还是个首例。通过 6 个月的运作，语音拣选系统的实际效果远远超出了 DSE 的预期目标。原本预计拣选效率提高了 6%～7%，结果却超过了 22%。该项目为 DSE 赢得了"澳大利亚供应链和物流奖"，为行业其他内企业树立了成功的典范。

语音拣选技术具有以下优势：语音拣选系统是一个集多样技术的工具，包含系统应用、语音技术、可便携的硬件及管理运行，提供给仓库或配送中心使用，实施后能大大提高物流管理在配送方面的自动化水平，有效提升作业效率。

除导入 Voice Picking 所需的仓储作业软件以外，硬件设备主要包括个人系腰带式无线终端机与耳机麦克风，但需配置 RF 网络与沟通服务器。

一、语音拣选系统的流程

语音拣选操作流程可以分为三个步骤：首先，操作人员通过耳麦接收系统发出的语音指令，指令提供操作人员所需拣选货品的位置，系统同时要求操作人员说出货位验证号码；然后，操作人员对麦克风说出货位验证号码，当系统确认后会告诉其所需选取的货品和数量；最后，操作人员从货位上取出相应货品，完成拣选任务。

在复杂的仓库和配送中心环境中，准确率和生产效率至关重要。因此语音技术正在促使人们重新评估仓库流程，实现业绩的量化。语音解决方案凭借"释放双手和双眼"的能力为仓库各个领域带来真正的价值。通过对流程的优化，语音技术减少了拣选员工移动的范围，提高了拣选效率。语音拣选相比手持终端、电子标签和纸张拣选，准确率可以有效提升15%~25%。而且，语音技术实现的生产力远远高于其他拣货方法，所需的投资也降低了。

适合采用语音拣选的行业很多，如零售、服装、B2C电子商务、药品流通、冷链、3PL等。其中，零售连锁、电子商务和药品流通行业涉及品项众多、拆零拣选率较高、出货量较大、货品尺寸特征给订单准确性和处理控制带来了挑战；而服装的季节性需求和激烈的市场竞争对企业的供应链造成了巨大压力。企业在满足敏捷性需求的同时，要管理好人工成本并非易事，需要将风险最小化。

在现场，6名拣配人员，头戴耳机、腰上佩戴语音终端设备，为现场的嘉宾和媒体朋友进行演示。仓库管理人员把后台系统的"人机对话"记录投影到幕布上。系统开启后，人机对话开始：

电脑系统语音"欢迎使用太古语音拣货 说确认"；

拣配人员回答"确认"；

电脑系统语音"开始拣货 说确认"；

拣配人员回答"确认"；

电脑系统语音"拿取500 ml可口可乐46件，完成后说明是否完成"；

拣配人员回答"是"；

电脑系统语音"找到新任务，接受请说确认"；

拣配人员回答"确认"。

二、采用语音拣货的效果

1. 生产效率大幅提高

在语音拣选系统运行的最初两周，拣选作业效率提高了10%，最终超过了22%。

2. 准确率不断提高

由于采用无线射频拣选的准确率高达99.7%。因此DSE认为语音拣选在这方面的改善空间已经很少了，但实践证明，使用语音拣选后准确率仍能够提高，DSE不仅节约了因每天校准错误而产生的成本，也改善了客户服务水平。

3. 更健康和安全

采用语音拣选系统后，拣选人员只要佩戴耳机，并把语音电脑舒适地佩戴在腰部即可，完全不会受到伤害。拣选语音系统提供清晰的语音指令，拣选人员只需要回答一些简单的词，如"检查""好""准备好了"等，无需手拿终端机读取或输入数据，从而消除了按键、扫描等重复性动作，双手得以解放出来，同时也不需要浪费时间去看手持终端上的数据或读取拣选单，改善了健康和安全状况并大幅提高了生产率。而利用双手拣选，也可以大大减少举重物时因紧张而造成的事故。对DSE来说，不仅有了一个对员工体力要求不那么高也更为安全的工作环境，而且额外收获了员工对工作满意度的提高。

4. 运行成本更低

改用语音拣选大幅降低了使用无线射频终端和扫描器相关的维护费用。拣选是一项移动性极强的工作，无线射频设备有损坏也是不可避免的。在使用语音拣选之前，DSE

无线射频手持终端的维护费用每年高达 1 万澳元（AUD）。自从使用语音拣选后，维护费用，包括与语音拣选相关的费用降低了约 80%。

与此同时，DSE 的总体劳动力成本也降低了，语音拣选系统的一个主要优点是学习简便迅速，几乎不需要培训。操作人员只要戴上耳机，佩戴语音电脑，花 15 分钟时间让电脑熟悉其语音，创建约 30 来字的个人语音模板，几乎就能开始工作了，这一点对配送行业是极具吸引力的，因为在高峰期经常需要大量的临时人员。

DSE 当初预计，若拣选生产率提高 7%，投资回收期约为 3 年，实际生产率的提高保持在 22%，加上无线射频设备相关的维护费用减少了，投资回收期要比预期短得多。

（案例来源：中国论文网）

案例分析

当今的仓储物流已经变得比以往任何时候都更加复杂，在供应链物流系统中承担了更为关键的角色，仓储对后续的高效配送和客户服务影响也越来越大。特别是在快速消费品行业，物流配送已成为企业差异化竞争优势的来源。仓库也不再是个静态的保管场所和"蓄水池"，更强调动态性、灵活性和高效性。与此同时，仓储管理也面临着以下难题：处理订单的时间更少了，允许犯错的空间更小了，技术熟练的员工不易获得。自动化、智能化技术在仓储物流中的使用是应运而生。

"仓储拣配语音系统"的引入，打破了过去依靠仓管员经验的拣配操作流程和管理模式。拣配人员只需佩戴语音耳机，进行"人机对话"，听取任务指令，反馈工作进度，就可以减少人为出错的几率。

目前，语音拣选系统在国内还处于推广阶段，主要是在国内的零售行业应用。而在国外应用已经比较成熟，例如冷链、医药、化妆品、服装、制造业、食品饮料以及第三方物流，广泛应用于单品多的行业和企业。

随着物流、库存和仓储成本的上涨，以及对原材料高效管理需求的增加，中国企业在供应链管理方面将对订单准确率越来越重视，这一指标将成为实现"完美订单"的主要推动力。

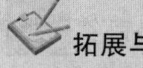
拓展与思考　1. 语音拣货系统是否适合所有商品类型的拣货？
　　　　　　　　2. 我们在引入语音拣货系统时应注意哪些事项？

第四节　基于 RFID 技术的智慧物流

智慧物流是以物联网、互联网等通信网络及信息技术为基础，通过感知化、互联化、智能化的方式，使物流中的订单、运输、仓储、配送等各环节信息共享及协调运作，以精准、高效、经济、绿色等为主要特征的物流发展新模式。智慧物流将以更智能、更优化的服务方式,在现代经济社会发展中进一步发挥动脉和桥梁的作用。智慧物流为供方提供最大化利润,为需方提供最佳服务,同时消耗最少的自然资源和社会资源,实现最大范围的信息共享及资源整合,从而加快构建现代物流服务体系,推动物流业与相关产业的联动发展。

在世界经济格局逐步扁平化的今天,信息获取越来越丰富,市场竞争变得日益激烈,企业间协作也变得更加频繁,更迅捷、精准、高效、低耗的物流成为企业核心竞争力之一,企业需要更加智慧的战略决策和运作管理手段。对为各个产业建设提供基础的物流行业而言,同样需要更加智慧的解决方案,提供更为安全、精准、即时、可靠、迅捷的物流服务。

【案例 4-4-1】
可的冷链物流周转箱 RFID 智能管理方案

在可的的冷链物流中,从集货完成到装车,中间还需完成一个周转箱复核的业务流程。周转箱复核的主要功能是检查门店集货位上的周转箱数量是否正确,是否有属于该门店的周转箱不在该门店的集货位上,而不属于该门店的周转箱却在该门店的集货位上。该流程需要复核人员把所有的周转箱都扫描一次,如果哪个门店的周转箱数量较多的话,所需的时间是相当可观的,有可能导致集货完成后,不能及时地装车出货。那么,如何才能提高周转箱复核的效率及准确性,并保证集货完成后及时装车呢?

一、**RFID** 简述

周转箱复核效率提高的瓶颈主要是由于条码技术原因造成的。众所周知,识别条码时,必须将扫描器对准条码,且一次只能读一组条码。而无线射频识别技术(radio frequency identification,简称 RFID)却能克服条码应用中的上述缺陷。

RFID 主要通过无线射频读取或写入 RFID 标签信息,因此,不仅读取距离可近可远,而且可同时识读大量的 RFID 标签。更为重要的是,RFID 可以穿透物体,识别置于物体内部的 RFID 标签。所以,相比条码而言,RFID 具有非常大的技术优势。

二、**RFID** 应用方案

基本的 RFID 系统由 RFID 标签(tag)、RFID 阅读器(reader)以及应用支撑软件三部分构成。

1. RFID 标签的选择

RFID 标签(tag)由芯片与天线(antenna)组成,每个标签具有唯一的电子编码。标签附着在物体上以标识目标对象。

RFID 标签依据发送射频信号的方式不同,分为主动式(active)和被动式(passive)两种。主动式标签主动向读写器发送射频信号,通常由内置电池供电,又称为有源标签;被动式标签不带电池,又称为无源标签,其发射电波及内部处理器运行所需能量均来自阅读器产生的电磁波。被动式标签在接收到阅读器发出的电磁波信号后,将部分电磁能量转化为供自己工作的能量。

其中,主动式标签通常具有更远的通信距离,价格相对较高,主要应用于贵重物品远距离检测等应用领域;被动式标签具有价格相对较低的优势,但其工作距离、存储容量等受到能量来源的限制。

在可的冷链物流应用中,工作距离在 2 米以内,存储容量的需求也不是太大,因而采用无源的 RFID 标签即可。

2. 频段的选择

工作频率的选择是 RFID 技术应用中的一个关键问题,它既影响标签的性能和尺寸大小,还影响标签与读写器的价格。

RFID 工作频率存在多个频段,不同的频段具有各自的优缺点。目前,应用在物流周转箱上的 RFlD 工作频率主要有高频 13.56Mhz 和超高频 UHF 两种频段。

高频 RFID 的识读距离相对比较近,一般在 1.5 米左右,但穿透物体识读标签的能力相对较强而超高频 RFID 的识读距离相对较远,一般在 3~9 米,但穿透识读能力相对较差。

对于可的冷链物流而言,由于其仓库门的中间距离在 2 米左右,且不需要穿透周转箱及各种商品,所以采用识读距离为 3~9 米的超高频门形天线。

3. RFID 和周转箱

可将经过不干胶封装方式处理的 RFID 标签贴在周转箱表面不易被撞击到的地方,以便使用 RFID 阅读器对其进行快速而准确的识别。考虑到周转箱在搬运过程中,可能会撞击到贴放在表面的 RFID 标签,进而造成标签损毁,我们可以将 RFID 标签内嵌于周转箱内,因为 RFID 采用无线电波识读技术,可以透过周转箱读取内嵌的 RFID 标签数据。

另外,为了保证在 RFID 标签损坏的情况下正常读取周转箱信息,可采用如下两种办法:

(1) 周转箱表面粘贴普通的条码,通过条码也可识别此周转箱。

(2) RFID 不是粘贴在周转箱上,而是以可拆卸的方式捆绑在周转箱上。

4. 信息识别

可的冷链物流需要在短时间内,将大量安放有 RFID 标签的周转箱快速、准确地识读。因此,实际应用时,采用阵列天线组(超高频)的方式以保证快速而准确的识读。

当工作人员拉着一拖车周转箱通过时,系统自动将通过的 RFID 标签识读,并通过 RS485 网络实时传送到后台服务器处理。后台服务器接收到 RFID 信息后,把这些 RFID 所代表的周转箱信息及时地显示到电子看板上。工作人员只需看一下电子看板,确定一下扫描数量即可。如果发现扫描数量不对,工作人员需要把拖车重新通过一下,以便 RFID 再次被扫描到。如果有移动扫描的需求,比如校验周转箱的信息时,可通过手持式 RFID 数据终端识读。

通过 RFID 进行周转箱识别的最大优势就是可以一次性地把一笼车的周转箱信息读出,与一个一个地扫描条码相比,大大地节约了时间和人力成本。

(案例来源:百度文案)

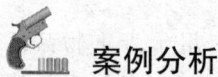 **案例分析**

可的冷链物流周转箱复核时使用 RFID 后,在业务流程不需要做太大调整的情况下,

将使周转箱复核所花的时间至少减少一半,从而令集货完成到装车结束间隔时间极大缩短,物流把货品运输到门店的时间也将提前,从而使冷链配送的门店数增加,为企业带来了更大的利润。

在此基础上,RFID 技术还可以推广到可的常温物流的周转箱使用,进而用 RFID 技术进一步取代条码技术。

拓展与思考
1. RFID 技术是否可以推广到每个托盘的管理流程中?
2. 在推广 RFID 技术时我们应注意哪些事项?

【案例 4-4-2】
华仁药业的立体仓库智慧物流

在青岛市高科技工业园西北侧,青岛华仁药业股份有限公司(简称华仁药业)层高15米的立体仓库里,成品药箱、机械手臂、堆垛机、输送机正在有条不紊地自动运转。堆垛机有的正灵活穿梭在出库区的10个巷道中,有的停在最后一个动作的位置上,正等待着下一个指令。整个区域只有操作室里坐着的3个工人,从电脑上实时监控着仓库的情况。

这样高科技的场景对于华仁药业来说并不稀奇。事实上,从二期工程开工开始,华仁药业便已搭建了这个全自动的现代化立体仓库,引进了国内同行业最先进的自动化生产线,实现了过亿的产能。

一、自动化一步到位

在发展智能制造上,华仁药业走的是一条与一般中国制造企业不太相同的道路,自成立伊始便使用了先进的机器人和自动化设备,走在了智能制造硬件层面的最前端。

在一期工程里,华仁药业引入了世界最先进的意大利六效重蒸馏注射用水制造系统和制剂自动配置系统,德国一体化制袋、灌装、封口制造系统和水浴式灭菌系统,以及意大利 STERIL 公司设计、安装、调试并实施"交钥匙工程"的生产线。

虽然生产线实现了高度的自动化,但华仁药业发现,其生产的大输液产品库存占地面积太大,吞吐量还满足不了生产线的需求。而且人工上下架搬运的方式,也过分依赖仓管人员,容易出现批次发错的人为操作风险。于是在二期建设的时候,华仁药业便投建了自动化的立体仓库。

二、立体化仓储物流

在华仁药业的立体化仓库里,生产出的药品成品,会通过传送带直接从自动化包装线上输送到立体库区,并根据不同药品品规的码盘规则,由机械手自动码到托盘上。码满的托盘通过条码技术发送信号到 WMS 系统(仓库管理系统)里,由系统自动分配一个空货位地址后,输送到入库口,再由接收到指令的堆垛机送到指定位置,迅速地完成入库。

华仁药业利用高度的智能化设备实现了物与物的对话。在此基础上建立的立体仓库,不仅可以节约用地、节约人力资源成本、减轻人力劳动强度、提高作业人员综合素质、提高仓储自动化管理水平,还能提高仓储效率。这个技术已经成熟了,也将是整个物流行业未来发展的方向。

这个由北京起重运输机械设计研究院设计的立体化仓库,整合了自动化码垛机器人接口软件技术、无线 RF 调度自动仓储技术、计算机自动仓储管理控制系统技术、现场总线技术、激光传感技术等,实现了从物料传输,到识别、分拣、码盘、仓储、检索和发售等各个环节的全程自动化作业。

目前,华仁药业的立体仓库实现了 3 倍的库容提升,节省了约 150% 的仓库资金,吞吐量提高了 4~6 倍,人工节省了 30 人左右,作业效率提升了 100%,货物的破损率比以往降低了 46%。

通过计算机进行仓储管理,不仅做到了先进先出,方便控制和管理货位,而且节省了照明设施、油料等能源消耗。

三、信息化实现融合

在设备智能化后,华仁药业将进一步提升的目标瞄向了与信息化的融合。华仁药业引进了 SAP 的 ERP 管理系统和罗克韦尔的 MES 生产制造过程管理系统,并将其与公司原有的电子监管码系统和立体库系统集成起来,实现了信息流和物流的无缝链接。MES 系统与入库作业相连,成品发货由 ERP 系统发出销售出库指令,整个出入库的过程贯穿着条码技术与电子监管码系统,作为药品成品追溯的依据。

借助罗克韦尔的 MES 制造执行系统,华仁药业实现了生产制造体系的资源优化配置、在线监控和数据采集,实现了对水以及原料配料的实时监控管理,能够自动检测产品是否达到美国 FDA 标准的要求。除此之外,在国内的同行业中,实现对产品每个批次生产过程的电子化的记录,华仁药业还是第一家。

(案例来源:中国电子商务研究中心网)

 案例分析

本案例介绍了青岛华仁药业股份有限公司的立体化仓库智慧物流的发展。从公司成立初期华仁就重视对设施设备的投入,而其发展史充分展示了智慧物流在公司的应用。华仁药业通过自动化立体仓库实现了从药品生产为成品到入库的全程自动化流程,利用高度的智能化设备实现了物与物的对话。

同时,自动化仓储能节约用地、节约人力资源成本、减轻人力劳动强度、提高作业人员综合素质、提高仓储自动化管理水平,还能提高仓储效率,使华仁药业能从各方面收益。而其进一步的信息化的融合实现了生产制造体系的资源优化配置、在线监控和数据采集,实现了对水以及原料配料的实时监控管理,能够自动检测产品是否达到美国 FDA 标准的要求。这些成果都是华仁公司充分利用智慧物流取得的成果,值得其他企业借鉴。

 **拓展与思考**　1. 华仁药业的竞争优势体现在哪些地方?
　　　　　　　　2. 谈谈你对"智慧物流"的理解。

【案例4-4-3】
中联网仓的智慧物流

一如电商对于传统销售渠道的颠覆,电子商务单体体量爆炸式增长,不仅使慢车道上行进的传统物流有些措手不及,更使其饱受诟病。传统的仓储管理早已经不能满足现代仓储高效、高产、低错误率的要求。

而B2C的仓储模式如何向高度信息化、适度自动化转型?传统仓储的出路何在?如何打造出智慧型物流以搭上快速发展的时代快车?对此,江苏中联网仓科技有限公司(简称中联网仓)向我们展示了作为第三方电商仓配服务提供商的创新。

一、智慧型仓储

电子商务的特点是品类多,订单数量大,客户分布的地域比较广泛,但是深度比较小。与之相匹配的物流系统必须具备信息化、自动化、网络化和柔性化的特点。因为电子商务的信息量太大了,一个活动就能有上百万订单量。如果要快速、准确发货,必须具备精准化的信息整合和仓储调配的能力。

有这样一个例子,在传统的仓库里曾有工作人员在工作的8个小时走了40千米的实例,这种劳动强度是可想而知的,说明与之相关的整个物流设计逻辑是紊乱的,人工化的工作非常多。

智能仓储与传统的仓库相比,信息化、智能化、数字化这些必不可少,RFID技术、电子标签、物联网、仓内定位技术相结合才能实现快速分拨和拣选的效果。智慧物流更多地表现在降低人的劳动强度,效率更高,出错率少,劳动被相应的技术所取代。中联网仓所打造形成的高自动化仓储便结合了这些特点,来完成收货、质检、上架、拣货包装、发货等各个环节。与此同时,流程化管理的一个最大优势,在于错误率大大降低,从而降低了物流成本。

中联网仓正在打造的是为中国电子商务量身定做的全数字化、高度自动化的电子商务供应链管理系统。通过数字化、高度自动化等物联手段,精准控制电子商务的采购、仓储、发货、送达各个环节,为卖家和买家提供库存同步。

智能化流程如何降低工作人员的劳动强度?在智慧型仓储里面,人的操作很简单,系统操作很智能。由自动取货系统模块进行操作,通过输送线送到操作人员面前,工作人员只是按照电脑进行扫描操作就可以了,如果操作出错,这个指令便不能完成。系统里包括料箱内的哪一格商品用于取货,都有相应的灯光进行提示。

与传统的仓库相比,值得关注的一个细节是,智慧型仓库的存储区和操作区只是靠输送线来连接,对于有冷链需求的存储区可能温度在零下40摄氏度,但是在操作区有更适合的温度。这是实现食品安全的一个良好举措。

二、供应链一体化

企业如何适应外部的变化,找出新的价值增长点?中联网仓不仅具有了先进的智慧型仓储,同时将与中国邮政和顺丰形成战略同盟,实现双方系统平台的对接,打造成为电商后端的供应链一体化,形成仓储、运输配送和一系列增值服务的供应链企业。大的电商企业仍在走自建物流之路,比如京东商城已经拥有了强大的物流体系,但与此同时,中国电子商务业绝大部分是中小企业,没有如此大的实力来自建物流。自建物流不仅需要动辄几千万元的物流设备,同时还要有先进的物流信息化系统以及高端的人才需求,这往往要占用巨额资金,而且需要几年的时间,这都是传统品牌满足线上发展所不能承受的。

一些服装、电子产品等传统领域,销售额做得很大,它们正是高端仓储C2B模式未来广泛的发展空间。这正是中联网仓所看准的市场机会。

中联网仓所主张的是电子商务对于物流仓储需求的满足。不同于大的电商用5~6年的时间来完善自身的仓储体系,对于刚上线,急需在线上拓展自己销量的传统品牌而言,在大量资金、资源的投入下,希望在短期内有一个爆发,而每天成千上万单的货物也让其遭遇"物流的纠结"。与第三方物流公司合作,无疑成为它们最佳的选择。

电商和具有传统品牌的线下运作需要中联网仓打造的智能库来满足其高效的运作,而另一类传统企业,日常的运营选择自建仓储,而当遭遇物流的"春运"时,就会选择与第三方物流公司合作,将活动全部外包。例如森马集团有自己的仓储系统,但是将活动时的物流全部外包给第三方,这样的做法能够达到经济和速度上的最佳,也不需要部门全员都熬夜当"发货员"。

这些都是智慧型仓储的市场,同时也是我国传统仓储向现代仓储转型的绝佳样本。

专业第三方物流配送服务的优势在哪里?第三方供应链服务主要涵盖仓储、物流、配送以及相关的增值服务。例如,更先进的、国际领先的分拣设备、输送设备、电子标签,拥有更贴合于中国电子商务企业适用的仓储软件系统,具备强有力的整合功能等。如何满足日益强大的电子商务的发展,对于第三方来讲,不仅要具备东方人的智慧,同样需要西方好技术设备和流程管理,要将中西方的先进东西融合在一起。

对此,更为通俗的解释是,中国人最了解中国的市场以及行业需求,而国外拥有先进理念和管理流程,尤其是国外在相关领域具体的细节方面更值得我们学习,中联网仓要做的是把这些整合在一起。

(案例来源:道客巴巴)

案例分析

随着电子商务的迅速发展,对物流业的需求越来越多、要求越来越高,为了解决我国物流业效率低、成本高等特点,中联网仓致力于对智慧型仓库的建设与应用。

智能仓储与传统的仓库相比,更加信息化、智能化、数字化,运用RFID技术、电子标签、物联网、仓内定位技术以实现快速分拨和拣选的效果,对于冷链物流更是能达到保障食品质量安全的效果,加速了现代物流,同时降低人力成本。

不仅如此,中联网仓还将为中国电子商务量身定做全数字化、高度自动化的电子商务供应链管理系统,通过数字化、高度自动化等物联手段,精准控制电子商务的采购、仓储、发货、送达各个环节,为卖家和买家提供库存同步。这是中联网仓的创新之一。

此外,中联网仓打造了电商后端的一体化供应链,形成仓储、运输配送和一系列增值服务的供应链企业。借助智能库,中联网仓能为中小型企业以及"春运"高峰期企业提供便利解决难题,这也是未来物流企业的发展空间所在。

中联网仓一方面了解了中国的市场以及行业需求,另一方面学习国外先进的理念和管理流程,如此一来充分发挥了专业第三方物流配送服务的优势。在仓储、物流、配送以及相关的增值服务方面做到了行业领先的水平。

在当今的时代背景下,应该增强电商企业对物流的信心,而这需要更多专业的物流企业在提高效率和降低成本上有更好的举措,从而提高客户的信任度。

如果把马云打造的菜鸟网络比喻成一个浩瀚的星空,中联网仓所打造的便是众多繁星中的一部分。打开更多电子商务企业对于物流的心结,需要专业的物流企业在提高效率和降低成本上有更好的举措,从而提高客户的信任度。这条路很长,还有很多新的先进的理念要尝试,但这条路的方向没有错。

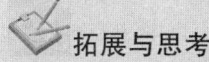
拓展与思考
1. 怎样理解"智慧物流搭上电商快车"?
2. 中联网仓的创新之举有哪些?
3. "智慧物流"给企业物流带来了哪些新的变化?企业如何应用"智慧物流"提高竞争力?

【案例 4-4-4】
上海打造智能道路货运公共信息平台

没有一个司机、没有一辆卡车,也没有一个仓库,但上海陆上货运交易中心单月交易额已突破 1 000 万元。作为上海市普陀西北物流园区的核心项目之一,上海陆上货运交易中心通过集成"平台经济"、物联网、通信技术以及金融服务等诸多"流行要素",打造物流业"淘宝"——道路货运公共信息平台,这个上海唯一的保税陆港努力提升"智商",帮助长三角乃至全国的制造业、物流企业降低道路运输成本。

一、空载率高达 50% 的"弱智"陆运

最近几年,上海港集装箱的吞吐量每年都超过了 2 000 多万 TEU(国际标准箱单位)。这些货物,有的由内地运来从上海出海,有的在登陆上海之后被送往各地,或来或去的陆路行程,大多要靠滚滚车轮。根据国家发改委的统计数据显示,在全国运输总费用中,道路运输费用占到六成以上。然而,由于从事道路运输的企业信息化、标准化、智能化水平较低,陆运行业整体处于"弱智"状态。

"最可怕的是空载率",一家仅有七八辆货车的小物流企业的老板诉苦说,"拉不到货的时候愁没活干,有活的时候又愁回程的活找不到。我们如果回程拉不到活,成本就没法摊薄,很容易赔钱。"据了解,由于市场供需信息不对接等原因,中国公路货运的空载率高达 50%。

由于行业整体信息化程度较低,货运供需信息的真实性不足,也成为陆运"弱智"的一大表现:虚假信息、虚报运价时有发生,有时甚至会出现货物、接货人"失踪"的情况。正是在这种行业状态下,中国道路运输成本居高不下:数据显示,近年来中国社会物流总费用与 GDP 的比率始终徘徊在 18% 上下,这意味着,每实现 100 元人民币的 GDP 产值,中国就需付出 18 元左右的物流成本,而发达国家的平均成本仅为 10 元。

二、为大量物流"散户"搭建智能平台

我们不缺运输公司,也不缺仓库,缺的是具有物流组织管理能力的现代物流企业。

针对大量的物流"散户",上海陆上交易中心设计了一个类似"淘宝网"的信息平台,不过,主动发起订单交易的是作为需方的制造业和流通企业,作为供方的物流公司通过竞标获得订单。为满足双方对信用的要求,不但物流公司需要成为上海陆上交易中心的会员,而且供需双方都只与上海陆上交易中心建立交易关系,货款支付也全都通过上海陆上交易系统开发的第三方支付平台。

和淘宝网上众多的个人卖家一样,物流公司只需注册成为上海陆上交易中心的会员,就可以便捷地得到其平台服务——包括互联网和短信平台,即时获取订单。物流"淘宝"可解决空载率过高的问题。会员企业的每一辆车、每一位司机的状态都在平台上保持实时更新,因此平台在接到订单后就能即刻找到可以"拼货"的运输车,比如平台接到单子,有一批成箱包装的茶叶要从宝山运往杭州,借助系统可以即刻搜索到即将走同样线路、车辆载货未达 80% 且车上货物适宜与茶叶共同运输的车辆,然后平台负责联系有关车辆接单。

为运输车辆寻找返程运货的订单,也很容易。北芳物流公司是首批从物流"淘宝"受益的企业:它每天有超过 100 吨的危险品要从张家港提回上海,以前常常是空车前往;在上海陆上货物交易中心撮合下,北芳物流公司获得了巴斯夫每天发往张家港的 5 个集装箱货物的单子,车辆实载率由此提高了 45% 以上。据初步统计,在上海陆上交易中心试运行期间,每天都有 40 万家企业参与网上的货与车的"配对"交易。"网路"畅通,大幅降低了物流对道路资源的无效占用和能源浪费。

三、上海陆港欲当物流业的"大脑"

和"淘宝网"相比,物流"淘宝"有一个独特的难题要解决:所有的交易都处于动态之中,需要即时刷新显示车辆出发、中途拼货、抵达等交易过程的每一个步骤,这必须依靠司机。

物流业小企业居多的现状令提高物流信息化程度成为一项艰巨的任务,针对现状,上海陆上货物交易中心不但自主研发了 8 套物流管理系统,而且与交通银行等机构联合开启了包括移动 POS 机、手机银行等在内的多种金融服务,上海陆上货运交易中心的目标就是把位于桃浦的上海陆港建设成为物流企业的"大脑。"

"大脑"正在发育之中:货主企业最怕货物丢失、受损,上海陆上货物交易中心就研发了以"物联网"技术为基础的 GPS 远程可视配货交易系统,并且以 3.5 元/天的低价把终端租赁给物流企业;大型集卡把货物送抵上海之后,还需要各种类型的货车把货物短驳到城市各个角落,上海陆上货物交易中心就开发了上海货运巴士系统。以往每一张订单都要专车专线,现在通过联合市内物流企业开设市内货运"公交车",把全市每一个仓库都变成了"公交站点","车随订单走"变成"订单搭车走",大幅提高了市内物流的效率。

有数据显示,近两年来物流业的信息及相关服务费用增长速度都在30%以上,这充分显示了物流"头脑型"企业的发展潜力。上海市普陀区西北综合物流园区表示,根据区委区政府制定的"三年推进计划",陆上货运交易中心将在近两年具备相对集中调度社会物流资源、对运输配送方式进行社会化改造以及提供权威运价行情和运价指数的"高智能"。

(案例来源:道客巴巴)

案例分析

上海打造的智能道路货运公共信息平台,是利用互联网技术对物流资源的一个大的整合,是一个具有里程碑意义的创新。

据报道,目前各路资本和技术云集物流,推动虚实结合的物流平台成为行业整合的突破口。物流企业的竞争也将进入模式战,充分利用互联网、物联网打造全新的模式是企业在"群雄逐鹿"中脱颖而出的重要对策。谁真正理解并掌握与信息化的融合,谁就有可能成为最后的胜者,甚至成为千亿级的企业。就像10年前淘宝用信息化整合了零售业,最终成为今天的行业翘楚。

据测算,我国货车平均每天有效行驶里程300公里,而美国可以达到1 000公里。2 000多万辆货车,空载率高达40%以上。大量时间浪费在等货、配货上。

空驶率高跟信息化水平相对较低有关。与发达国家相比,我国物流运输的信息管理较为分散,至今仍未建立起统一的物流信息管理平台。这样一来,车辆调度和运输配载都无法发挥出集中、高效的最大化运作优势,从而也就迟缓了业务交接和物流信息的快速传递,并极大影响了运输计划和控制水平,致使运输车辆的空驶率普遍偏高。

要想实现物流运输的零空载,需要用信息化手段去提升物流运输效率。特别是在互联网时代下,没有信息服务是万万不能的。一则,搭建统一的信息平台,可以将各个物流企业有效地聚集起来,并对现有的物流信息进行整合与优化,使车辆调度和运输配载达到合理配置,从而有助于提高物流运输的整体效率;二则,通过利用信息技术的数据汇总、整合优化、分析预测等诸多处理功能,可以提高物流运输的精准度与匹配度,从而使物流运输实现效益最大化。

如果物流业能真正完成网络布局与有效整合,全国数千万家的企业物流成本将被平均降低20%以上;每年因为车货匹配的效率提升,货车空载率降低,将减少19.2万吨二氧化碳排放,相当于1 000万棵树1年的吸收量。

从这个角度看,上海打造的智能道路货运公共信息平台,在物流资源整合方面,开了个好头,进行了有益的探索。

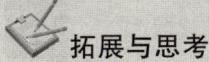 **拓展与思考**   1. 上海打造的智能道路货运公共信息平台,其创新意义何在?
                    2. 在降低空载率方面,我们还可以做哪些创新?

【案例 4-4-5】
耐克的绝密仓库

雄心万丈的本土体育用品品牌李宁、安踏等一直梦想着在中国市场超越耐克,但是,耐克为这项挑战赛增加了一个新难度。2011年年初,耐克中国物流中心(CLC)在江苏太仓启用,这也是其全球第七个、第二大物流中心。当耐克在大中国区的年销售额达到18.64亿美元,什么是它现在最优先和最重要的应该做的事?不是品牌,不是营销,而是一个能够高效管理库存和快速补货的强大物流支持系统。

以下数字,足以让李宁、安踏等艳羡。这个巨型方盒(即 CLC)的建筑面积达20万平方米,拥有超过10万个货品托盘,年吞吐能力超过2.4亿个件次,同时可满足79个集装箱货车装卸货。更重要的是,耐克将借此缩短15%的交货时间:一件货品从门店下单到发货只需要数小时。这里就像是一个巨型的中央处理器,所有商品分拣和管理的基础都依赖于强大的数字化采集和处理能力。所有货品都嵌入了电子标签,并逐一扫描,工人们根据电子显示屏上的信息来分拣配送货品,其信息通过专门数据端口与耐克全球连接,每天都会有完整的共享数据反馈给相关部门。海量信息如此之多,以至于计算机所需要的编码数量几乎与全球最大的购物网站亚马逊一样多。这里是物流专家们把对数字和技术的热爱转化为成果的乐园。

总长达9公里的传送带、顺序拣货机、无线射频扫描仪、自动化仓库管理系统等在内的诸多物流技术与装备,让这座仓库在分配效率、吞吐力、弹性力三项指标上均达到了全球最高水准。这座耐克在中国的第一家大型物流中心有两幢建筑,分别储存鞋类和服装类货品,两者之间通过传送带装置接驳。仓储区被分为整箱区和托盘区两大单元,散装托盘区分布其间。如果有大订单到来,整箱区即可直接配送;小订单补货则可以直接从托盘区内散装货品中抽取。根据配送分拣需求,服装配送楼层被分割为三层:顶层是拥有4.5万个设置了独立编码的货架区,二层则是两套自动分拣系统,一层为打包和装车配送区。

出人意料的是,拥有4.5万个独立编码的顶层货架区的编码其实并无规律可言,这主要是为了避免操作员因频繁操作会熟记下编码,从而产生误操作。取货操作员运用机器语音系统与计算机对话,核对存货信息——取货前自动控制系统会告知操作员取货区域,操作员到达后,通过麦克风和耳机先向电脑系统报告货架区编码以及对取货数量进行确认。这套语音识别系统由耐克独立研发完成,它可以识别各国语言,甚至包括方言,系统会事先采集记录每一个操作员的音频信息。为以防万一,耐克另配备了一套应急装置,一旦语音识别系统发生故障,取货员可以用手持扫描设备救急,这也是货架编码的另一用途。

同时,这些货架安放的角度按照人体工程学设计,最大限度地避免员工腰肌劳损。耐克规定,在货架充裕的情况下货品必须先存在中间层,方便员工取货。在货架最下端,底层货架与地板的间隙可以容纳临时扩充的货架,便于其在发货高峰期存放物料。

CLC3楼顶层的仓储区高达10多米,为了最大限度提高空间使用率、增加货品容纳量,耐克采用了窄巷道系统,货架之间的巷道宽度也被压缩到最低,与叉车的宽度相差无几。耐克在地板下方安装了用于叉车牵引的特殊磁力导线系统。这套智能引导系统可以令驾驶员在磁力线的自动引导下,以最精确的行车姿态进入取货巷道,完全避免任何碰撞。在自动引导取货时,叉车只能沿着磁导线的分布前后直来直往,而不会左右摇摆;取货小车装运完毕,关掉磁导线开关,货车方可左右拐弯。

CLC配送货品的一般流程是:接到订单,区分订单大小,仓储区取货。仓储区整箱订单货品通过传送带运至2楼分拣区,操作员和传送带会进行两次核对分拣;订单货品的余额件数由3楼操作员人工补货,自动分拣机验货、装箱后,再运至1楼,进行扫描核对、装车及发运。

作业过程中,最关键的要素是精确。以服装分拣为例,当3楼仓储区的整箱货品通过传送装置送到2楼时,操作员会通过手持扫描设备进行标签扫描。所有货品标签的贴放位置和高度都有严格规定,以提高核对效率。核对无误后,在传送带送至1楼的过程中,沿途每隔数米均有扫描设备对包装箱条码进行扫描,记录下位置信息。这些信息又与分布于物流中心各功能区的自动化分拣设备相连,使产品可以快速被传送至不同的操作区。一旦分拣有误,传送带会自动将错误货品甩出,进入特殊通道交由专人处理。

当货品经过层层校验,从分拣来到打包环节时,CLC系统会自动打印一张货品标签单,清楚地标明货品编号和件数。电脑还能估算出货物体积,并提示操作员大概选用何种型号的包装箱最为合适。

装箱操作员除了核对货品件数和编码外,另一重要工作就是要把货品发货标签贴到规定位置,便于下一个环节的机器或人工再次抽查核对。在装车发货之前,仓储管理系统再次进行信息甄别,根据订单的时间配送要求,采用不同的交通工具和多级物流网络,确保产品高效、准确、及时以及最低成本送达。

(案例来源:RFID世界网)

案例分析

很长时间以来,耐克一直面临着困扰其商业发展与物流局限的瓶颈,比如随着销售额在增加,电子商务的订单在增加,其物流系统面临重大考验等问题。实际上,伴随着高速度的增长,耐克还一直面临着与经销商的供货跟不上的困扰,不少订单只能放弃,产品变成现金的速度也被拖慢,不仅使运动用品企业业绩受到影响,也会导致运动用品企业与经销商之间的关系紧张。如何提升物流效率?增加订单的准确率?同时最大化地降低成本?耐克在全球建的第二大物流中心——江苏太仓智能仓库,可以说很好地解决了这一问题。

耐克在太仓的智能仓库,主要特点是系统、智能、精准、高效、安全。在该物流中心里,除了收货、仓储、分拣、发货四个环节外,该中心其实还有三个动作必不可少:一个是收货前与客户系统对接,确定交货数量、时间和相应仓储位置的安排计划;第二个是接到订单后的配送方案设计;第三个是发货配送完毕后将相应仓储、发货数据等存入系统,并将相关数据告知客户。而且,由于来自同一客户的不同需求很可能在前后较短时间内抵达,包括未来的电子商务需求,如果 WMS 不能区分轻、重、缓、急,就很难做到既节省配送、物流成本,又保证客户满意。

耐克根据订单的时间配送要求,采用不同的交通工具和多级物流网络,确保产品高效、准确、及时以及最低成本送达,这是一个能够高效管理库存和快速补货的强大的物流支持系统。

从案例中我们可以体会到,如今品牌营销已不仅仅是耐克参与中国市场竞争的拿手好戏,建设一个能够高效管理库存和快速补货的强大物流中心,一个国际领先的、高效的货物配送系统正成为其确保竞争优势的利器。

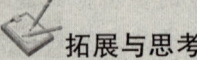 **拓展与思考**
1. 什么是智能物流?智能物流有哪些特点?
2. 智能仓库的建设反映了企业什么需求?
3. 怎样实现物流智能化?
4. 结合现代物流技术分析建设智能物流的主要技术要素是什么?
5. 思考物流企业建设智能化物流是否具有可行性?

第五章 物流服务创新

引 言

传统物流是作业层面的功能性服务,通常只需要单纯地按照客户指令完成服务功能。而一体化物流服务由于要参与客户的物流管理,运作与客户共同制定的物流解决方案,因而物流企业需要自始至终与客户建立有效的沟通渠道,按照项目管理模式协同完成物流运作。

Georgia Tech(佐治亚理工学院)的调查显示,客户不满意第三方物流的主要原因是服务商不能兑现服务与技术承诺,不能实现成本降低目标和缺少战略改进,人们一般把这些不足归结于合作伙伴的选择过程,但实际上,更多情况下问题出在没有管理好项目的实施。因此,在签订合同后,双方在互信的基础上,协同完成项目的实施至关重要。双方要各自设立项目经理,并在相关功能上配备相应人员;物流企业要详细了解客户的销售、财务、IT、人力资源、制造和采购等各个部门的需求,与客户共同制定详细的实施方案;双方实施小组要共同拟定绩效衡量指标以及奖惩办法,商谈项目运作细节,物流是对例外情况的处理。在项目正式运行前,还应进行试运行,以发现和解决存在的问题。

为保障项目的顺利运行,物流企业应当建立与客户双方物流人员联合办公制度,或成立由双方物流人员联合组成的运作团队,以及时处理日常运作的问题。为了保证物流服务的质量,双方应共同商定绩效监测与评估制度,使合作关系透明化,通常应保持运作层每天的交流、管理层每月的绩效评估以及不定期的检查与年度评估。

传统物流企业一般是基于自己的仓储设施、运输设备等资产向客户提供功能性服务,而第三方物流提供商主要是基于自己的专业技能、信息技术等为客户提供管理服务,因而常常会根据客户的需求和双方的战略意图,探讨在物流资产、资金技术方面与客户进行合作,以取得双赢的效果。

1. 系统接管客户物流资产

如果客户在某地区已经有车辆、设施、员工等物流资产,而物流企业在该地区又需要建立物流系统,则可以全盘买进客户的物流资产,接管并拥有客户的物流系统甚至接受客户的员工。接管后,物流系统可以在为该客户服务的同时为其他客户服务,通过资源共享以改进利用率并分担管理成本。如东方海外物流公司系统接管旺旺集团在杭州的仓库,将其改造为东方海外华东区域物流中心。

2. 与客户签订物流管理合同

与希望自己拥有物流设施(资产)的客户签订物流管理合同,在为客户服务的同时,利用其物流系统为其他客户服务,以提高利用率并分担管理成本。这种方式在商业企业的物流服务中比较常见,如和黄天百物流为北京物美商城提供的物流管理服务。

3. 与客户合资成立物流公司

第三方物流提供商对具有战略意义的目标行业,常常会根据客户的需求,与客户建立合资物流公司。既使客户保留物流设施的部分产权,并在物流作业中保持参与,以加强对物流过程的有效控制,又注入了第三方物流的资本和专业技能,使第三方物流提供商在目标行业的物流服务市场竞争中处于有利地位。这种方式在汽车、电子等高附加值行业较为普遍,如TNT物流与上海汽车工业公司合资成立上海安吉天地物流公司。

总之,物流企业要在激烈的市场竞争中脱颖而出,必须通过不断的服务创新来引导和满足客户需求,在目标市场中提供区别于竞争对手的差异性服务。而要做到这一点,必须完整理解一体化物流服务的内涵,采用现代物流技术和信息技术增强服务能力,建立具有丰富物流服务经验的管理团队,努力与客户结成战略合作伙伴关系。

第一节 线下物流服务的完善

物流网已经逐渐成为了当前电商发展的重心,物流作为电子商务的终端,往往直接影响用户对整个电商购物的体验,如何做好物流成为现在各大电商当务之急。各大知名电商加紧渗透物流业,或自建物流或牵手快递公司,未来物流将成为电商之争的终极战场。很多电商已经开始逐渐步入到O2O模式发展当中,利用线上引流,线下体验的发展观念已经得到了市场极大的肯定,线下物流服务是否完善直接决定电商发展的高度。

【案例5-1-1】
京东帮服务店的线下物流创新

近日,京东商城全国首家大家电"京东帮服务店"在河北省赵县正式开业,当地农村的消费者将率先体验京东商城大家电的"最后一公里"服务。未来3年,"京东帮服务店"将在全国区县铺开,达到千余家,力争消除城乡家电价格歧视、做到全国同价、让村里人享受与城里人同等的消费服务。"京东帮服务店"模式,是实践国家"电子商务进农村"和京东渠道下沉两大战略的重要举措,借此,京东大家电可在三四线城市和村镇进行物流提速,令更多消费者享受到京东"快速送货、安装维修"的全流程优质购物体验。

一、渠道下沉加速

目前,电商渠道已经成为购买家电的主力渠道。但许多农村消费者对网购不熟悉,对商品和售后服务政策不了解,对家电网购仍有疑虑。依托厂家授权的安装网络及社会化维修站资源的本地化优势,"京东帮服务店"通过口碑传播、品牌宣传、会员发展、乡村推广、代客下单等形式,为消费者提供配送、安装、维修、保养、置换等全套家电一站式服务解决方案,打通农村电子商务的"最后一公里"服务,让农民与电商实现"亲密接触"。

随着京东多个移动购物平台的启用以及营销活动的向下渗透和物流覆盖的迅速扩

展,三四线城市和村镇用户数量有了逐步增长。为更近地接触用户,提高供应链响应速度,京东商城在仓储服务上进行渠道下沉。2015年,京东商城将FDC仓(离消费者最近的二线城市仓库)全面覆盖主要省会城市,并围绕三四线城市,开始了网络布局加密,通过缩短物流半径来提升物流时效。目前,京东商城拥有北京、上海、成都、西安、广州、武汉、沈阳7大物流中心,济南、南京、青岛、重庆、郑州、厦门等二级物流中心,及30多个大家电物流中心。

京东商城仓储相关负责人表示,"京东帮服务店"的开设,将结合商品、主干道物流、宣传、移动入口下沉,系统化解决家电下乡的"最后一公里"难题。京东将在3年内实现开店超过1 000家,实现服务7亿农民的梦想,这不仅是京东商城"渠道下沉"战略的最广泛落地,也是家电运营O2O创新的实践。"未来,京东帮服务店将会陆续增加移动仓库、O2O体验中心、自提点等功能,通过一县一店的京东帮服务体系建设,快速完成全国农村市场的网络覆盖"。

二、消除城乡差距

将大家电服务店开进区县,让电子商务进农村正是践行"带动工业品下乡、促进农产品进城"的国家战略。据统计显示,农村大家电价格比电商平台普遍高10%~20%。不仅如此,由于农村消费者居住地远离城市中心,很多物流公司都无法触及。农村消费者很难享受到城市消费者同样便捷的送货上门和售后服务。国务院总理李克强在听取京东集团创始人、首席执行官刘强东发言时,对农村电子商务的发展和京东电商下乡表示出了高度关注并寄予厚望,他表示,"村里人也应该与城里人享受同样的消费服务"。

京东商城仓储相关负责人表示,"河北省是国家电子商务下乡的首批试点省份,赵县作为石家庄市的下辖县级市,互联网基础好,民众网购热情较高。京东希望以此为起点,将'京东帮服务店'模式拓展至全国。"农村市场前景广大,京东商城希望通过消除大家电的区域沟壑,让中国的7亿农村人,享受到城里人一样的购物体验。移动互联网、电子商务时代的到来打破了以往的时空局限,商品更丰富,价格更透明,无疑会促进公平消费。

电商下乡正在成为电商行业的热点,但想要在这个蓝海市场抢夺一席之地还需苦练内功。"京东帮服务店"模式,是京东商城近年来由自身苦练内功的自经营状态,逐步走向开放式的社会化经营的表现。在这个过程中,京东商城始终以提升消费者体验为起点和终点,通过连接京东商城与社会各界力量,实现消费者、供应商、经销商、服务商和京东商城的多方共赢。京东商城仓储相关负责人表示,"京东帮"的宗旨是围绕交付不便利的大件商品,搭建消费者、供应商、服务商之间的线上信息交互平台,打造京东帮授权认证的线下服务交付网络。

业内人士表示,在中国这个发展极不平衡、人口众多的"深袋市场",电子商务下乡需要发动群众力量。"京东帮服务店"模式通过杠杆社会资源,有效解决了农村地广人稀、战线过长,"最后一公里"的服务难题。作为电商行业首例四位一体服务,京东商城此举将进一步提升自身县级及农村市场的市场份额,加速渠道下沉,有望建立电商行业拓展农村市场的新模式。

(案例来源:赢商网)

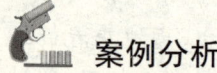 **案例分析**

农村是一个巨大的市场,也是商家必争之地,但相对一二线发达城市,农村地区地广人稀,基础设施相对落后,物流的"最后一公里"一直是困扰商家的问题。京东商城线下"京东帮服务店"模式的开展,是京东商城完善线下物流服务的创新举措,对欠发达地区的广大消费者来说,可以享受与发达地区同等的价格,同等快捷的服务。

"京东帮服务店"的开设,其创新重点是将结合商品、主干道物流、宣传、移动入口下沉,系统化解决家电下乡的"最后一公里"难题。但是,要想让农民享受到和城里人一样的服务,还有很长的一段路要走,还需要加大投入力度。例如,结合社会各界力量,供应商、经销商、服务商多方努力,提高农民的网络消费观念,帮助他们掌握一定的电脑技能,完善信息服务网络等。

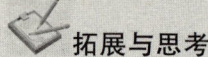 **拓展与思考**
1. 首家"京东帮服务店"是在什么大背景下建立的?
2. "京东帮服务店"如何实现农村电子商务的"最后一公里"服务?
3. 请你谈谈你对"京东帮服务店"模式的看法。

【案例 5-1-2】

云鸟配送的服务创新

云鸟配送成立于 2014 年 11 月,主要为 B2B、O2O、连锁商业、分销商、品牌商、制造商、B2C、快递快运等企业客户提供附近区域及同城配送业务。通过在互联网平台上竞价招标的方式,帮助货主企业匹配社会运力车辆。

企业发布用车需求后,平台上的司机提出报价,而最终的报价则依据双方协商而定。由于云鸟配送属于企业服务,通常一位司机竞标成功后会持续为相应货主服务 1~2 个月,涉及服务环节较多。

目前云鸟配送已在北京、上海、广州、深圳、南京等 16 个城市开展业务,服务各类企业客户已超过 2 000 家,每车运费平均 200 余元,自营运费收入逾 400 万元/日。目前,云鸟配送累计整合的司机已超过 10 万名,但是每日接单工作的司机只占小部分。

其实企业客户对物流服务最大的痛点不在找车,而是个性化服务需求无法被很好地满足。这也意味着,服务大中型企业的业务特性使得其骨子里更像是一家拥有信息化手段的 3PL(第三方物流公司),如何提供信息之外的服务才是其第一难题。

就此而言,云鸟配送除了对入驻平台的司机进行培训之外,还以同样的形式招募"现场控制管理员",专门到客户现场进行停车、装卸车、代收货款等服务。目前,云鸟配送在北京已有 100 余名现场管控人员。

此外云鸟配送也开始提供一些增值服务,比如先赔钱再调查的 10 分钟闪赔(丢失、损坏);设立增值服务部门,为司机制定 KPI、培训标准,并帮企业监督管理司机;同时该公司也开发了"鸟眼系统",用户可以在产品中跟踪车辆、货物情况。

云鸟配送还和城际货运平台运满满达成战略合作,衔接城际干线与城配业务。运送满满的跨城货物运至目的城市后,可以由云鸟配送提供落地配运力,使得双方可以为客户提供贯通整个链条的服务。双方在产品上也将打通API,让自己的客户可以使用对方的服务。

运输这一散乱差的行业遍布着规模小、信息化能力弱、资金实力弱的物流公司,直观地说,公司自有车辆超过100辆便能排在北京排前十。而随着制造业下滑,已明显地出现了车多货少和买方市场的局面。车货信息匹配已不是用户最大痛点,对于2B模式而言,围绕客户需求提供尽量标准而又不失灵活的服务才是关键。

不过2B服务也存在着普遍问题,那就是扩张速度不会太快,需要慢慢落地耕耘。云鸟配送的模式短期内不会有太大变化,毕竟客户没被满足的细节处痛点还有很多,通过产品化、标准化来提升服务效率还任重而道远。

从整个货运角度来看,市场需要更脚踏实地地做事。依据经济形势出现的运力过剩问题,通过整合资源和加强服务效率可以创造出企业价值。

建立社会运力筛选机制,择优而取,驱逐劣币;实际上每个黄牛都是"无车承运人",只不过能调动的资源和服务水平不够,如果打破不了原有的组织关系,不如帮助其提升效率并加以利用;增加线下管控能力,并提供担保、垫资、保理等增值服务;消费升级与新经济增长都离不开物流发展,同时以新的手段提升传统模式效率也势在必行。

(案例来源:新浪网)

案例分析

中国供给侧改革是适应和引领经济发展新常态的重大战略,而供应链管理和实践则是推动制造业、消费服务业等整体转型提升的核心。云鸟配送希望提升交付与履约能力,与合作伙伴一起对标世界先进水平,帮助客户构建物流供应链战略优势。

云鸟配送是一个互联网平台,在这个平台的一端整合的是所有在同城当中有配送需求,有物流需求的"企业"。而在另一端,整合的是所有社会上可以用来作为同城配送的运输力量,他们的创新之处在于互联网的整合,把社会上可以被调动的,所有的资源整合起来为所有有需求的人使用,打破客户和司机之间的信息不对称,搭建一个直面客户的同城配送运力平台,同时建立一套互联网评价体系,优化对货车司机的管理。

云鸟配送赢在效率,胜在品质,云鸟不仅拼速度更拼客户体验。云鸟配送采用众包的模式,司机带车加入,将配送任务众包给平台上的配送人员。通过整合海量优质货运车源、打造专业司机团队、提供配送整体解决方案、在途管理、信息系统、精准匹配等优势,云鸟以服务为引擎,解决了客户货品配送过程中订单散、时效慢、信息缺失、接收体验差等行业痛点。在帮助客户解决难题的同时,云鸟配送为城市配送领域建立了服务标准,打出品质服务牌。云鸟在服务的硬软实力上进行了优化:信息技术精准匹配、司机全面培训提升、现控管理体系、服务保障体系等的提出,为业内树立了城市配送服务标准化、规模化的榜样。云鸟司机不再是单一的送货员角色，而是兼具了司机、搬运工、客服、安装、销售等复合型服务技能，不仅让客户感受到愉悦交付体验，还为客户创造真金白银的价值。

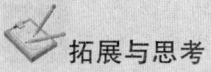 **拓展与思考**　1. 云鸟配送将如何完善物流线下服务？
　　　　　　　　2. 云鸟配送还将面临哪些问题？如何解决这些问题？

第二节　物流服务模式创新

中国物流面向平台化整合是必然趋势，过去合同物流鼎盛时期，中国的物流多半是以单一的项目驱动为主，很难平台化。伴随着电子商务的发展，新的互联网经济将传统的TOB业务变革成TOC业务，靠传统价格差价盈利的物流企业越来越少，物流企业靠增值服务盈利成为必然趋势。特别是区域供应链领域的信息服务、数据服务、供应链金融服务等，这将是新的生存模式。未来的物流企业本质上都是提供综合的供应链服务。

【案例5-2-1】
小菜鸟卡行天下物流服务模式的整合与创新

近日，菜鸟网络科技有限公司（简称菜鸟网络）正式入股上海卡行天下供应链管理公司（简称卡行天下），成为卡行天下的第二大股东。巧合的是，在业界，卡行天下有着"小菜鸟"之称，其所建立的公路物流整合平台与菜鸟网络所希望建立的"物流智能骨干网络"有着诸多的相似之处，这一物流整合平台的兴起，对于小型物流企业又将是一次机遇和挑战。

一、卡行天下沉默应对入股

按照以往的惯例，凡是被菜鸟网络"点金指"点过的地方，总是能享受一段在聚光灯下的日子，而卡行天下对这次的入股却保持了高度的沉默。

不仅入股的具体金额不详，就连入股后双方合作的方向也只是给出了一些样板书一样的官方语言。卡行天下品牌部对此的回应是：公司近期不接受任何采访，也不会对菜鸟网络入股一事透露更多信息。

虽然卡行天下这件事情上保持了高度的沉默，然而业界却对卡行天下接受入股的动机作了一些猜测。

卡行天下在资金流量上很充足，接受菜鸟网络的入股除了对物流整合平台的一些长远考虑外，最直接的动机就是看好了阿里巴巴商城的巨大货流量。

对于卡行天下物流平台上的众多会员而言，入会的最大动力就在于能获得更多的发货量。而依据卡行天下的收费模式，会员新增发货量与卡行天下的盈利直接挂钩，接受菜鸟网络的入股无疑让卡行天下离阿里巴巴商城的巨大货流量又更进了一步，也创造了更多的盈利机会。

卡行天下接下来动作也似乎印证了业界对于这次入股动机的一些猜测。

仅在接受入股后 2 天，卡行天下就高调参加了阿里巴巴商城物流节的活动，并带领其平台内物流公司给出了 5.6 折、最低一票收费不超过 35 元的高额优惠。

二、赢利点深度挖掘可期待

卡行天下的身份难以界定。作为与货主直接对接的企业，卡行天下似乎应该被界定为第三方物流企业，而从盈利方式来看，卡行天下更接近第四方物流企业。

目前，卡行天下的收入主要来源于两个方面：管理费用——卡行天下向会员入会后新增的业务收取 1% 的管理费；增值服务——卡行天下与银行合作向企业提供金融服务以及园区集约化的分拨操作等费用。

从盈利角度看，卡行天下并没有向第三方物流企业一样在运输过程中直接获得收益，而是通过中介服务和增值服务获得收益。

与卡行天下同样受到关注的还有其所倡导的"物流整合平台"理念。

在小型企业数量占绝大多数的国内物流市场，实现物流资源的整合似乎是一条必行之路。从早期小型物流企业自发式联盟到如今已经颇具规模又各有特色的传化、林安、普洛斯等，物流人寻求整合之路从未停歇。

广州汉威信息科技有限公司的相关负责人陈豪也是其中的一员。在陈豪看来，这种"物流整合"的理念在经历了诸多尝试后，已经开始趋于成熟。而这种成熟的机制对于小型物流企业来说不仅意味着机遇，更是隐含了淘汰机制。

而同样的，在卡行天下的会员纳入中，也有类似的筛选机制。

卡行天下的新入会员会经过一个试运营期，在持续几个月的试运营期内，只有 KPI 考核要达到 90% 以上，才能够被允许成为正式成员。

（案例来源：新浪财经）

案例分析

在货运行业整合成为大势所趋的今天，谁都明白，平台是出路之一。不管是"大菜鸟"还是"小菜鸟"，他们都剑指"物流平台"。平台必须兼具辐射的广度和下沉的深度，其模式才可能有生命力。做物流平台，有健全的网络是基础，必须先建"局域网"，再连接全国。

纵观行业发展大势，无论是翟国良所在的"小菜鸟"货运行业，还是马云所在的"大菜鸟"互联网行业，贴近高端客户争做高附加值产品正在成为趋势。互联网和云计算的兴起，正大幅降低企业内部的协同成本，并能够在组织外部实现价值创造。建货运平台之难，在于资金投入，亦难在技术，物流服务要做好达到理想状态，能落地可行，必须是线上线下一体化的整合方式，但线下和线上如何才能把两张网变成一张网，关键就是信息系统。

卡行天下的盈利模式不是像第三方物流企业一样在运输过程中直接获得收益，而是通过中介服务和增值服务获得收益。未来，考虑到马云在互联网金融领域的诸多布局，卡行天下围绕货运业务将会介入更多金融信贷服务。

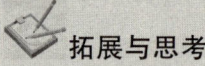 **拓展与思考**
1. 马云的"菜鸟网"为什么入股翟国良的卡行天下"小菜鸟",而不是什么其他的什么"鸟"?
2. "大菜鸟"牵手"小菜鸟"后,会对双方带来怎样的影响?
3. 如果想自己创业,从本案例中你得到什么启发?

【案例5-2-2】

"俺来也"校园物流APP服务模式

现在在一些大学宿舍里,大学生只要用手机登录"俺来也"微信公众账号或者APP在线下单,在半个小时之内,自己所需的商品便被送到宿舍门口,免去了出门的烦恼。

"俺来也"——校园"轻"生活掌门,是覆盖全国大学校园的移动互联网O2O服务平台。学生可通过"俺来也"微信服务号或APP便捷下单购买千余种日常急需商品,所下订单通过学生筋斗云(自由兼职快递员)抢单的方式,由抢得订单的筋斗云采办配送,平台承诺商品在29分钟内送到手免运费。

"俺来也"向平台用户推出:"超市商品啥都有""29分钟送到手免运费""全校最低价"三项服务准则,致力于为高校大学生提供丰富而实惠的商品选择、便捷的购物方式和全新的服务体验,打造更好的大学生生态圈。"筋斗云"是"俺来也"平台中存在的最大亮点。让学生自己担当类似于快递员的角色,由学生来服务其他同学,即所谓的"众包"服务。记者通过更深入的了解得知,"娱乐化"及"参与感"才是"筋斗云"区别于其他校园O2O平台长期存在并扩大的根本原因。学生在充当筋斗云的过程中,可以充分实现自我,在校园生活的空余时间内中即可实现"自己赚钱不靠妈、服务童鞋笑哈哈、顺便结识那个TA、创业起步你我他"。

"俺来也"是从孙悟空标志性语言"俺老孙来也"得来,旨在体现此服务迅速、全面、周到、无所不能的特性。通过"首届中国校园购物节"我们看到,基于O2O、LBS、P2P、SNS的全方位服务的"俺来也"平台,在"俺来也,俺来买"阶段已经爆出强大的潜力与市场控制力。

(案例来源:慧聪IT网)

 案例分析

"俺来也"是一个类似于滴滴打车的学生商品服务"众包"平台。随着一代传奇人人网的谢幕,校园社交开始迈入一个死胡同。在人人网谢幕之前的真空期,也曾出现超级课程表和课程格子类似的校园互联网APP,但大数据显示终究是难扛移动互联网在校园的大旗,与之相对应的便是校园O2O的崛起。放大一点说,当前号称万亿的O2O市场的破局之处,或许是在校园O2O市场。高密度的年轻人群,对互联网产品高度的关注和认可,超高的智能手机渗透率,相当的消费能力,这一切都是消费类O2O市场渴求的用户群体。在这样的市场大环境下,校园"轻"生活掌门"俺来也"应运而生。

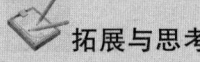

拓展与思考
1. 你认为"俺来也"是否可以应用于整个上海乃至全国的高校?其主要存在的问题是什么?
2. "俺来也"同一般的第三方物流服务商的区别有哪些?它的优劣势在哪里?

【案例5-2-3】
兰亭集势的跨境物流服务模式创新

近日,兰亭集势宣布正式推出"兰亭智通"全球跨境物流开放平台,将以开放平台模式为跨境电商卖家整合全球各地物流配送服务商,从而降低跨境物流成本。

过去,兰亭集势推出跨境电商开放平台,主要通过流量、内容、支付、物流、客服5个方面的支持来帮助商家把商品销往国外。不会讲外语,没有仓库,没有客服,这些都没有关系,只要有商品,商家就可以入住兰亭集势开放平台把商品卖到海外去。

如今,"物流"被单拿出来上线跨境物流开放平台,兰亭集势的目的也很明确,那就是以降低门槛的方式,吸引出口跨境电商的中国企业入住兰亭集势开放平台。

可以说,到今天为止,在跨境电商里面最大的一个挑战点就是物流。

中国已经从一个世界电商的后起之秀成为了一个全球电商最领先的国家,国内的物流商也随着电商成长起来,但从全世界范围来看并不是这样。

跨境物流跟国内物流是有很大区别的。

第一,全球物流是碎片化的,没有任何一家物流公司在世界每一个地方都做到最好,这跟国内不一样。

第二,全球各地的物流环境非常不一样,海关的情况也非常不一样,有的国家可能很发达,有的国家可能很落后,在这些实际运营的过程中,很多时候要靠长期以来积累的很多实际的数据来理解在什么样的国家应该用什么样的方式。

第三,全球物流商在成长的过程中,实际上不是因为电商而成长起来的,这些公司10年以前可能就存在了,也就是说它们的系统、它们的流程可能也不是第一天就为电商所量身定做。

正是基于上述因素,单个商家想要做好物流没有成套的体系支撑是很难的。

兰亭集势最早是做自营的跨境B2C业务,在苏州、深圳都有自己的仓库,在国外也建立了海外仓库。过去8年里,兰亭集势与全球各物流商合作,积累了丰富的跨境物流经验。

兰亭集势智通全球跨境物流开放平台就是将兰亭集势8年来的积累的物流经验、系统、数据整合在一起,以开放平台的方式给所有跨境电商企业使用,同时也开放给更多的物流企业与代理商,让它们能够参与到跨境电商的大潮中来,从而达到最优化的市场资源配置。

从钛媒体获悉,"兰亭智通"开放平台将提供开放比价竞价、全球智能路径优化、多物流商协同配送、自动打单跟单、大数据智能分析等一系列功能,第一期比价引擎试用版也已上线。

无论怎么说,兰亭集势的核心依旧是一家跨境电商零售平台公司,做物流是为了让更多的商家参与到开放平台中,满足别人的时候也试图壮大自己。

(案例来源:钛媒体)

案例分析

跨境物流一直是制约整个跨境电商行业发展的关键性因素,尽管问题不断在解决、服务水平不断在提高,似乎境况仍不够理想。面对市场上各式各样的物流方案,兰亭集势推出"兰亭智通"全球跨境物流开放平台,其创新点是以开放平台模式为跨境电商卖家整合全球各地物流配送服务商,提供开放比价竞价、全球智能路径优化、多物流商协同配送、自动打单跟单、大数据智能分析等一系列功能,提供最优化的市场资源配置,从而降低跨境物流成本。在"互联网+"时代,通过有效协同跨国物流链路上的不同类型合作伙伴,为商家提供简单高效的跨国电商物流及供应链解决方案,"一站式"服务有利于解决部分企业对跨境链条不熟悉、资质和能力有限等实际问题。跨境电商很容易搭建起开放平台和数据系统,跨公司、跨模式协作有利于流量和资源整合,但如何与跨境物流平台对接成为摆在面前的难题,同时如何保障充足的资金也是一个不小的挑战。

 **拓展与思考**　　1. 兰亭集势推跨境物流平台的目的是什么?方法有哪些?
　　2. 跨境物流与国内物流有什么差别?
　　3. 你对兰亭集势推跨境物流平台有何见解?

【案例 5-2-4】
唯品会布局海外仓服务模式

唯品会是一家专注特卖的网站,从"干线+落地配"到发力自建物流网络,线下物流服务愈加完善,自建海外仓更是体现了唯品会将提升消费者体验作为终极目标,彰显了大举进入跨境市场的野心和魄力。

随着我国跨境贸易的迅速发展,海外代购和全球购的现象越来越普遍,为许多电商企业带来了快速发展的机会,但跨境贸易的高速发展也让跨境电商的供应链备受考验,日渐暴露出了当前我国跨境贸易的物流瓶颈。跨境贸易的交易主体分属不同区域,通过互联网平台达成交易,通过跨境物流来实现货物的运输。由于跨境物流涉及国内物流、国内海关、国际运输、国外物流和国外海关等多个物流环节,使得跨境物流的周期更是远远长于国内贸易物流,如果再遇到国外销售的旺季,如圣诞节,物流时间将会更久。海外运费昂贵,甚至超出了产品本身价值,运输和配送周期长,这些都是困扰众多电商企业的重要问题,退换货流程序复杂、难以实现也是跨境物流中一项亟待解决的问题。如何完善跨境物流成为跨境电商面临的首要问题。

唯品会定位于专门做特卖的网站,订单大部分来自二三四线城市,在其订单占比中,一线城市为12%,二线城市占比56%,三四线城市占比32%,其中三四线城市的订单增长最快,增幅超过了200%,2015年第三季度新增活跃用户540万个,总活跃用户数同比增长48%至1 460万个,总订单数同比增长58%,达4 480万单。单是2015年"双十一",唯品会的销售额就是2014年同期销售额的3倍,订单量超过400万单,其中,母婴、美妆、家纺家电及食品品类销量实现数倍甚至十几倍以上增长,并带来大量新增用户。

采用"特卖"所独有的"精选商品+深度折扣+限时抢购"的业态模式决定了其物流仓储运作模式与众不同,是一种与"特卖模式"相匹配的"寄售模式"。这在仓储运营中的主要特征是多品类、大货量的商品快进快出,大进大出。仓储中心的存货商品周转率相当高,当前唯品会仓储每8天左右商品全部周转一次,这要求仓储中心各职能岗位要拥有较高的业务水平与现场管理能力来适应这种高效率的运作需求,确保整个供应链各环节高效、协调、有序。现在唯品会物流已经实现货物的仓储处理时间不超过4小时。一线城市配送实现顾客下单后次日送达,二三线城市配送时间不超过72小时,唯品会在二三线城市配送水平处于全行业领先水平。

随着业务的高速增长,一直奉行"干线+落地配"模式的唯品会正在悄然发力自建物流配送体系。唯品会已经在国内大规模建设物流仓储,唯品会在建和已有的仓储用地超过6万亩。随着自建物流配送体系的全面建成,唯品会的配送网络将有望实现全国无盲点,企业竞争力将得到进一步提升。在未来,这些仓储仅60%留给唯品会自用,其余仓储将预留一部分给品牌商,另一部分给快递公司和物流公司。目前,唯品会有7 000多个品牌供应商,这样做的好处一方面可以带来额外的收益,另一方面也有助于平台与品牌的后台系统打通后,实现不同地区商品的无缝调动,平台上抢购一空的商品,也能通过该系统从品牌仓库迅速补货。

唯品会目前正在全国展开大规模的快递业务并购,快速完善自建配送体系。唯品会收购快递公司的标准有三个:首先这个公司的团队要认可唯品会的价值观;其次,公司管理规范,净资产不低于总资产的30%;第三,该公司是当地最大的落地配公司。

除了订单量支持外,还有仓储和物流环节的管理把控,以仓储为例,唯品会以八折的优惠将仓库租借给供应商,并且在末端提供一条龙的服务,包括门店和仓库之间的送货等。唯品会收购控股各地的快递公司,再通过组织架构的改造将其纳入唯品会的体系,唯品会对包括公司收购、车辆设备购置、信息系统配备在内的整个落地配自建体系的投入将达到5亿元,唯品会对包括仓储和物流在内的整个物流配送系统建设的总投资将高达60亿元人民币。

未来,跨境业务将成电商行业角逐的重要战场,唯品会凭借敏锐的嗅觉提前布局,大举发展跨境业务,为消费者提供无异于国内网购的"正品承诺、全球选品、全球包邮、一价全包"的全球特卖体验,已抢占行业先机。目前,唯品会来自跨境进口的销售额已占到

8%左右,跨境海外精选将是唯品会未来一大战略方向。消费者足不出户就可享受唯品会的海外特卖,并且在3～5天内消费者就可收到热门的海外商品,保证正品且可享受最低的价格。

跨境物流成为跨境电商发展跨境贸易的一个瓶颈,传统跨境电商物流配送都是从国内出发,经过邮政国家小包、商业快件等形式,大多需要十天半个月。然而利用海外仓,卖家接到订单后只需将订单上传到后台系统,就可以当天从海外仓点货、包装、出库,24小时内就可以完成订单的发货操作,并且三五天就能到达。海外仓中的各种产品可以集中配送至国内,大批量采购和运输实现了规模效应,有效地降低了物流营运成本。

随着"韩流"在国内盛行,韩国商品成为人们的购买热点。目前,唯品会推出"全球特卖"海淘业务平台,高调宣布开拓韩国市场,唯品会不希望物流配送成为其发展壮大的瓶颈,境外布局仓储战略应运而生。唯品会位于韩国仁川的首个境外大仓正式投入运营。唯品会集中大量热门韩国商品并储存于海外仓内,然后通过海运的方式,以大宗货物的形式发往国内仓库储存,然后再通过接受并处理消费者的订单,将商品配送到消费者手中。在整个物流流动过程中,实时更新物流信息,让进口电商和顾客能随时看到最新的物流动态。

受益于唯品会优异的全球供应链整合能力以及持续提升的物流服务和购物体验,唯品会的海外精选业务翻倍增长,"全球购、极速达"也许不再只是个梦想。

(案例来源:新快网)

 案例分析

跨境电商将是电商行业未来发展极为重要的一部分,随着京东商城、阿里巴巴等电商巨头积极布局海外市场,竞争将变得日益激烈。物流配送难以保证一直是跨境电商发展的第一痛点,跨境电商不得不投入大量资金布局物流环节,纷纷从轻资产转向重资产,提前布局海外仓储。建立海外仓可以提升物流时效,有效地缩短订单响应时间,提升物流配送效率,控制运营成本,疏通各个物流环节,为用户提供更为优质的服务。

如同国内电商市场一样,用户体验也同样是决定跨境电商生死存亡的利器。唯品会的自建海外仓降低了物流配送和服务成本,减少了中间环节,缩短了海淘时间,提高了消费者的满意度。

电商未来的核心竞争力应该是对整个供应链的把控,配送体系直接关乎用户体验和订单数量,这是唯品会不惜重金自建配送体系的重要原因。发展之初,唯品会并未贸然选择风险巨大的自建物流,但随着业务扩张,唯品会开始发力解决物流瓶颈,自建物流体系可以为企业未来的竞争增加筹码。唯品会紧跟国家"一带一路"等宏观政策的脚步,积极布局海外市场,提前取得跨境贸易的仓储物流优势,属于长期的战略性投资行为,可以看出唯品会在物流战略规划上的远大志向。

从"干线+落地配"的模式转到大举投资自营物流体系,规模越来越大的物流配送给唯品会的运营管理将带来很大挑战,资金链的管理和自营物流业务的把控将是决定唯品会未来发展的关键因素。

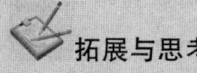 **拓展与思考**
1. 从长期和短期来看,我国跨境电商未来发展面临的主要问题有哪些?
2. 唯品会的物流发展经历了哪些阶段?是基于何种战略思考?

【案例 5-2-5】
固业港金属交易城整合码头资源打造物流服务平台

伴随着扬州市政府对京杭运河的深入整治,沿岸码头越来越成为稀缺资源。而对钢材等大宗商品来说,水运的便宜与便利又是显而易见的。因此,如何抓住稀缺资源,对码头资源进行合理开发,发挥码头资源的最大作用,成为扬州钢铁物流企业一个值得思考的问题。

一、固业港金属交易城如何使码头资源发挥最大化效应

以扬州城港金属城为核心,固业港金属交易城精心打造了运河港物流服务平台。该项目集港口物流、物资交易、商务配套服务于一体,硬件系统主要包括 800 米长京杭运河岸线;10 个 1 000 吨级兼顾 2 000 吨级货运码头泊位;15 座大型起重机组;28 000 平方米周转仓库;12 000 平方米货物堆场;50 000 平方米配套商务楼及综合服务设施。现在固业港的港口规模已完全凸现,服务功能日趋完善。

港口软件系统主要包括物流服务系统、市场交易系统、集中结算系统、融资担保系统和配套综合服务系统。项目建设的宗旨是依托水陆联运的交通优势和商贸物流园产业集聚优势,运用创新的理念和创新的机制,按照开放、共享、公益、共赢的原则,建设高效优质的集聚区服务平台,在促进集聚区发展的同时实现自身的壮大,为发展现代商贸物流作出贡献。

运河港物流服务平台的理念已经使得园区成为一种综合服务体,包括港口物流服务平台、市场交易平台、融资服务平台、综合服务平台。

港口物流服务平台提供装卸作业服务、仓储配送服务、金属材料开平加工服务、进出货计量检测服务、结算对账服务、停车服务等。码头设计吞吐能力 487 万吨/年,物流平台是本项目的核心平台,工作目标是为商贸物流集聚区企业提供优质高效的物流服务,工作要求是装卸迅速、质量完好、计算精确、核算准确、储存规范、送货及时、降低成本、提高效率。通过优质服务开拓市场,逐步实现年货物吞吐量 480 万吨的设计能力,形成江苏省内河港口中规模最大、功能最全、物流地位最优、辐射能力最广的货物运输集散枢纽。

市场交易平台提供集中统一的交易场所,集中统一的广告宣传,集中统一的配货送货,集中统一的资金结算,集中统一的信息发布。交易平台的主要任务是借助先进的物流设施和全方位的服务优势,吸引金属材料等大宗物资经营商入驻,形成产业集聚效应,发展电子商务,逐步实现年交易额 150 亿元的目标。

融资服务平台着重解决商户融资难问题,港口筹资 5 000 万元成立了担保公司并与相关银行合作为入场商户及周边企业提供融资担保服务。服务产品包括三个方面:一是

企业融资担保业务,包括流动资金贷款担保、企业票据贴现担保、进出口贸易质押贷款担保、设备融资租赁担保、应收账款贴现担保、信用证担保等;二是经济合同履约担保业务,包括工程合同履约担保、贸易合同履约担保、产品质量担保、诉讼保全担保等;三是担保配套服务,即围绕担保项目提供一系列中介服务,具体包括企业理财与资本运作顾问、企业管理顾问等。工作目标是以注册资本5 000万元为基数,逐年放大比例进行融资,持续为集聚区企业提供优质全面的服务,致力打造客户信赖的服务品牌。

综合服务平台包括生活配套服务及商务服务。为入场商户及物流客户工作人员提供食、宿条件,为其商务活动提供商务会所及相关服务。围绕为集聚区提供全方位服务的目标,对入驻商户和物流客户实行全程跟踪服务,提供代办工商登记、办公楼物业管理、打字复印、住宿服务、提供运动休闲场馆,提供商务洽谈和会议服务等服务项目,为客户营造宾至如归、方便实用的工作、休息环境。

京杭运河苏北段是京杭运河中等级最高的航道,也是南北水运大动脉,扬州市区段运河长13千米,两岸厂企林立,大量临河布置的企业已逐步形成了沿运河产业带。

运河港物流服务平台以沿河产业带发展需求为依托,大大提高了港口装卸机械化水平和码头吞吐能力,有效促进了周边地区的货物交流,有利于促进沿河产业带的发展,成为区域经济发展新的增长点。

扬州广陵产业园是运河港物流服务平台重点服务对象之一。广陵产业园总规划面积20.58平方千米,建园以来,经过8年的产业集聚,形成了精密机械、电子信息、汽车零部件三大主导产业,正在进一步打造液压产业基地。广陵产业园入驻企业的大量原辅材料和产成品需要水陆联运的物流服务,本项目与该园区仅一河之隔,是其水路物流的唯一平台和水陆联运的重要平台。

二、固业港金属交易城如何实现对物流资源的整合

首先整合交通资源,实现水陆联运,发展现代物流。固业港金属交易城位于扬州市区段京杭运河西岸,距江六高速公路立交口仅800米,具有独特的交通优势。在规划之初,即按照高起点、标准化、规模化、规范化的要求,建设12个千吨级泊位货运码头和港口物流储运配送系统,适应船舶大型化发展的需要,降低航运成本,并且利用高速公路立交口的区位优势与公路运输相配合,发展水陆联运,提升区域物流资源的利用率。

其次对市场资源也实现了合理整合,加强配套服务,按大商贸、大流通的发展要求,构筑市场开拓、设施共享的交易平台。本项目水运年吞吐量可达480万吨,由于物流成本相对较低,对于钢铁、能源等大宗物资的运输极为有利。扬州市区原有的金属材料交易市场普遍不够景气,物流成本高是一个重要原因。根据这一特点,依托运河码头的水运条件和物流服务系统,打造港口金属城,为本地商户及外地商户提供市场交易、储运配送、信息发布、设备共享的服务平台,促进了钢铁建材等大宗物资的商贸流通。

运河港物流服务平台未建之前,扬州市水上货运由零散的小码头承担,大部分货运量通过陆路进出。运河港物流服务平台建成后码头运营效果显著提高,能吸引大量货物从水路进出,大批量吞吐的物资如钢铁、矿建材料、农资、粮食、煤炭等将大量从公路转向水上运输。据测算,运输费用可节约25元/吨,大大降低了社会物流成本。

(案例来源:欧浦钢网)

案例分析

多年来,扬州市区段运河沿线码头众多,布局分散零乱、功能单一、设备陈旧、岸线利用率低。现在,伴随着政府的治理,扬州市政府精心打造了运河港物流服务平台,服务功能日趋完善。固业港码头的顺利建设,使得港口规模已完全凸现,运河港物流服务也上升了一个新台阶。该项目的创新点在于集港口物流、物资交易、商务配套服务于一体,打造出一套综合服务平台,包括港口物流服务平台、市场交易平台、融资服务平台。

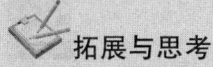 **拓展与思考**
1. 固业港金属交易城如何实现对物流资源的整合?
2. 固业港码头是如何整合市场和金融资源的?
3. 在"互联网+"的时代,你对固业港今后的建设有何建议?

第三节 "最后一公里"服务创新

伴随电子商务一路走来,快递行业提供的是"门到门"服务,"最后一公里"环节的配送、收货是影响用户购物体验的重要因素。如今,电商平台、创业公司和快递企业,都开始从中寻觅商机,"最后一公里"市场的创新和裂变正在孕育之中。

目前,不少城市的写字楼、校园门口摆摊派送快件现象普遍。传统快递"路边摊"现象,不仅影响城市交通、市容,也给消费者取件带来不便,由此产生丢失、错拿包裹的情况,遇上恶劣天气,有些包裹还会受损。

在这种形势下,智能快件箱应运而生、日益普及。智能快件箱主要投放在人员集中的写字楼、政府机关、居民区、大中院校等区域。消费者凭短信密码取包裹,避免快递送达时间不确定等情况,也能保护用户的隐私。

【案例5-3-1】
电商赔钱广撒自提柜却吃力不讨好

快递自提柜又称自助提货柜、智能提货柜等。有网购经历的人,很多都使用过。据业内人士介绍,一个自提柜成本在8万元左右。这种由电商在西安小区布局的"铁皮柜",是为了解决快递"最后一公里"的困境。对于快递自提柜悄然兴起的原因,业内人士称,是因为总有一部分网购用户有这个需求,因为不在家等原因,不能及时取快递。

目前使用自提柜的多是80后的年轻人。家住西安东郊的85后市民田先生说:"我吃的穿的用的,基本全部都是网购。因此收到的快递特别多,但因为平时上班不在家,根本没法接收上门快递。"为此,田先生想了很多办法,现在他基本上都是让楼下商店代收,代收费每件一元,"但有个问题是,因为快递太多,我都不知道哪些收取了,哪些没收取,即使丢失也不清楚,这很容易发生纠纷"。

与田先生一样情况的有很多,而且大多是年轻人。这部分人的收货模式,大多为小区物业代收、其他临时代收点等。家住南郊的80后李先生也表示,"我的全部快递,都是小区附近的商店代收"。

而关于自提柜设置的初衷,相关方均称,是为了满足了部分网购用户的需求。京东商城相关负责人说:"这是配送'最后一公里'的服务延伸,让顾客应对在外出差或开会不方便取货的情况。"

西安市内的多家小区,都有了快递自提柜,包括京东商城、苏宁易购,甚至"四通一达",都有布局。京东商城在自提柜的设置之初,就利用系统大数据分析,根据单量、客户群购物习惯、商品需求品类等综合选点。截至目前,其在西安市、咸阳市共投放127台自提柜,分布在社区、校园、写字楼、交通枢纽、厂矿企业等处。

苏宁易购相关负责人也表示,自提柜设置方面,陕西地区的发展重点计划在西安市区和西咸新区的成熟小区,总计投入近100台。

据了解,目前快递自提柜主要有两种模式,一种是电商自建,诸如苏宁易购、京东商城等,还有的第三方物流公司也加入竞争,诸如"丰巢"。早在2015年6月,顺丰、申通等联合发布公告,共同投资运营"丰巢"智能快递柜。这也意味着,"最后一公里"物流,社区O2O战场硝烟再起。

物流一直是电商需要解决的一大难题,而设立自提柜也是为了提升服务,达到抢占市场的目的。京东商城相关负责人表示,"自提柜只是配送服务的延伸,并非以营利为目的。"但苏宁易购相关负责人非常直白地说:"解决配送服务只是一方面,物流方面的战略布局才是重中之重。"其表示,具体到自提柜,盈利的业务方向有很多,比如快递市场、广告市场,"我们的自提柜是对外开放的,比如可以租赁给'四通一达',赚取租金。此外,自提柜上嵌有的屏幕广告,也会是一块很大的收益。甚至包括,社区住户送的牛奶、报纸等,也可以放在自提柜里面,因此这也是一块盈利空间。"

因此业内人士认为,各大电商布局自提柜,就是为了争夺物流及社区O2O市场。易观分析师王小星分析说:"包括快递市场、广告市场、社区金融、社区生活O2O,都是能产生收益的模式,也有广阔的市场前景。"数据显示,2014年中国本地生活服务O2O增长42.8%,快餐、外卖、送货上门服务等层出不穷。

"但目前来说,都是处于培育客户阶段,大家谁都没盈利,全都是在烧钱。"王小星说。

"您在**商城购买的订单已经投递到**自提柜,请您在3日内提取,提货时请输入提货码**,或扫描二维码验证。"家住西安东郊的郭女士给查看了她刚刚收到的货物自提短信,"还是挺方便的"。

在大学附近的自提柜,往往使用率较高。西北工业大学家属院的杜女士说:"从来没用过自提柜,因为每次都是满的,大概因为所在区域学生多吧,所以使用率比较高。"上述苏宁易购西安市场负责人也表示,在学校、写字楼设置的自提柜使用率还是挺高的。

但总的来说,大多网购用户更习惯送货上门。在随机采访的10位市民中,只有一位愿意用自提柜。其中部分中老年人,则完全拒绝使用自提柜,称"还要扫描二维码,需要智能手机,操作麻烦,不会使用"。易观调研的数据也显示,只是"部分网购用户"喜欢用自提柜,但对于大部分买家来说,还是习惯送货上门。

"根据我们的调研，很多人还是觉得看到东西才放心，而且已经习惯了送货上门的体验，因此不大能接受跑个一公里去自提货物。"王小星说。从全国来看，自2012年以来，自提柜就已经陆续出现在一些大学、地铁、小区和便利店，但总体发展缓慢，而用户的接受度较低是其中最重要的一个原因。

苏宁易购西安市场相关负责人坦言，"在一线城市还可以，而诸如西安这样的，市民也需要一个接受的过程。"

为了聚拢消费者，目前西安市场上的大多自提柜，使用均为免费。"新鲜事物的市场规模有待培养，这需要很长的一段时间"，有业内分析，自提柜是一个很好的事物，前景可待。

王小星说："主要是社会环境不同。因为在国内，用户一般对私密性要求不是太高，送件到家，方便至上。所以就市场本身而言，虽然没有具体的统计数据，但是根据对客户的调研看得出来，目前网购自提占比很低。从这个意义上说，市场规模和用户习惯还有待培养，而这需要很长的时间。"

苏宁易购相关负责人说："用技术替代人工，这大大降低了成本。比如可以避免因为用户不在家，因此快递员得二次上门服务。而自提柜则恰恰可以解决这一点，特别随着用户越来越注重安全性、私密性，自提柜会逐步被接受。"

从国外经验来看，自提柜建设已有10多年历史，从其成熟市场经验来看，自提柜进社区是未来发展趋势，目前全球已有近20个国家开始应用。王小星援引说，比如日本，每栋楼宇都有一个标准的配置用来收发快递，主要是政府投资安装，操作十分简单，现有的都是公益属性。

"未来自提柜市场，是否能运作得好，比如能解决成本问题，开发出成熟的盈利模式，这都有待市场考验。若运作不好，就仅仅是一个'铁皮柜'。"王小星认为。

（案例来源：华商报）

 案例分析

自提柜有其市场存在与发展的必然性，且前景较为广阔；但其落地发展的生态适应、技术完善和创新、自我定位与商业模式等，都需要创业者的孜孜以求与深入探索。一个柜子成功运作，可能成为"民生银行"，失败运作就是一个铁皮柜。快递自提柜确实能帮助解决'最后一公里'的问题，但就目前的情况看，自提柜模式大规模推广的条件还不成熟。不论是政府层面还是快递企业都开始试点快递自提柜，但现实中仍有很多问题没有解决。例如快递自提柜的标准问题，什么样的尺寸，什么样的运作方式，采取何种安全措施，什么样的企业可以运营，自提柜可否进行其他有偿服务……这些问题都牵扯众多的利益关系，必须一一厘清。在这种情况下，如果企业盲目扩大自提柜适用范围，可能会让投资打水漂。

除此以外，目前在多数电商的退换货服务中，都有收件时"开箱验视"的条款，而自动的快递自提柜模式忽略了这一环节。如果消费者、商家、快递公司三者间产生纠纷，责任如何界定,消费者又如何维权就成了麻烦事儿。

更为重要的是,目前快递人力成本尚能承受,一些企业更是推出"当日送达"等上门快递服务。在这一背景下,为更早拿到网购产品而设置的自提柜显得有些"鸡肋"。不过,未来随着快递人力成本的上升,自提柜有可能迎来春天。

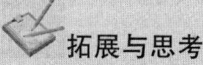拓展与思考　1. 商家为什么赔钱也要配置自提柜?
　　　　　　　　2. 目前自提柜不被广大消费者认可的原因有哪些?

【案例 5-3-2】
速递易开始收费"扒皮"快递　顺丰申通等联手反击

从 2015 年 5 月开始,速递易陆续面向快递公司收费,每票快件按寄存箱子的规格不同,向快递员收取 0.4~0.6 元的使用费。此举遭到了部分快递企业的抵制。其实不难理解,据中国电子商务研究中心检测数据显示,2014 年快递业每票快件的利润在 1 元以下,2015 年可能不到 0.5 元,甚至亏钱。速递易此时收费,无疑是火上浇油、再度"扒层皮"。

事实上,为解决快递业"最后一公里"配送难题,菜鸟网络正在尝试与便利店合作打造菜鸟驿站;而京东商城则采取自建自提点和自提柜模式。2015 年 6 月,顺丰联手申通、中通、韵达等多家企业豪掷 5 亿元打造"丰巢"智能快递柜,以便撇开速递易。至此,速递易、菜鸟网络、丰巢及京东商城已然形成四方竞争势力。这四股势力手中各自拥有什么样的筹码,它们是否能就此解决"最后一公里"难题?

一、四大巨头圈占投递终端

虽然"丰巢"智能快递柜问世的消息才刚公布,但南都记者在东风东路的力迅商务中心一楼已看到了实物。其快递柜分大中小组合,目前对消费者免费提供收件业务,自助寄件、社区服务等功能还在建设中。据透露,"丰巢"将与万科物业、中航地产、中海物业等地产物业合作,2015 年内将完成中国 33 个重点城市过万网点布局。

广州地区目前快递柜规模最大的是速递易,其对所有快递公司开放,快件可免费存放 24 小时,每超过一天收件人要另付 1 元费用。"目前,我们在全国 72 个城市有接近 3 万个网点规模,几乎所有电商、快递企业都在使用。预计今年年底网点规模将达到 5 万个。"速递易相关人士昨日回复南都记者时透露。

京东商城在广州仅有 3 处自提点,近 40 处自提柜。与前两者不同,其只为京东商城用户提供免运费,消费者不需要支付寄存费,但邮件寄存 3 天未取者默认为拒收货。

与同行相比,菜鸟网络在快递"最后一公里"的布局上采取的是另一种模式:多方合作建自提点。南都记者发现,在广州,不少社区学校周边的便利店、洗衣店、药店、彩票店等被吸纳成为其代收包裹的自助取件点,其中最主要的合作伙伴还是美宜佳便利店。数据显示,截至目前菜鸟网络在全国运营着 2 万多个菜鸟驿站。

"之所以愿意加入这个平台,是因对小店来说,可以借此吸引消费人群,很多人取件时,可能顺带购物,为自己带来更多商业收益。"一家便利店的员工介绍。

二、四种经营模式解析

"截至昨天,经速递易处理的快件量已超 1.57 亿件,现在每天处理量大概 60 万个,占每天全国快递投递量的 1‰～2‰。"速递易相关人士向南都透露,收费与否均是市场化的选择,但这从另一方面也说明,智能快递箱体现了快件交互细分领域的市场价值和社区 O2O 入口价值。眼下,这么多资本重金进入,说明快递柜这种模式得到了大家的一致认可,可以帮他们提升末端派送效率。

目前速递易依靠三方面盈利:投递收费、超时收费、广告。投递收费主要是网点规模达到一定数量后,向使用速递易的快递员或快递公司收取一定的投递使用费。超时收费针对收件人,目的是提高速递易箱格的周转率。不过,由于速递易在小区安放设备,以市场原则和物业公司合作,一般会向物业公司支付一定的场地管理费。"由于社区里适合安装的场地有限,推进过程中会遇到一些阻力,但目前公司已和全国超 1 万家物业公司有合作关系。"据速递易 2015 一季报显示,期内收入达到 3 297 万元。

不过作为第三方快递柜老大,速递易收费之举显然动了同行的奶酪。中国电子商务研究中心检测数据显示,2014 年快递业每票利润在 1 元以下,2015 年可能不到 0.5 元,甚至亏钱。如果额外支付 0.4～0.6 元/票成本,实难消化。南都记者采访中恰遇投件投递员,据他介绍,其派送一件包裹最多 1～2 元的收入,速递易的收费已引发广大投递员不满。

顺丰是"丰巢"快递柜建设的主力参与者,它显然不能回避这一问题。该公司向南方都市报记者介绍,未来它的快递柜有可能出现在顺丰商业的社区店、各类物流服务的驿站、电商 O2O 的展示门店,以及物业管理企业的中央服务体系中。它的远景目标是:早市买的菜、血拼后的商品、旅游时给朋友买的手信,直接就可用"丰巢"送达。

"丰巢"问世前后,菜鸟驿站的建设也明显加速。继 2015 年 5 月协同快递企业加快在高校布局服务网点,在全国设立了 500 个校园菜鸟驿站后,6 月百世汇通和圆通加入菜鸟驿站,向社会开放其末端代办点为公共自提点,三方合作站点年底目标为 10 000 家。此前 4 月,中国邮政也曾向社会开放 5 000 个自提网点,作为菜鸟驿站为网购用户提供代收服务。

"我们跟其他家不是竞争对手。"阿里巴巴旗下菜鸟网络相关负责人告诉南都记者,他们与以上公司的合作姿态更开放———合作共同搭建菜鸟驿站。广州一家成为菜鸟驿站包裹代收点的便利店介绍,只要满足一定条件,即可申请成为菜鸟驿站合作平台。申请入驻菜鸟驿站平台、投递员派件、收件人收货均免费。

相比较来说,京东商城自提柜还只是现有电商业务的补充。其相关负责人透露,目前华南有近 200 台自提柜。凡使用自提柜的客户都是免费的,不过为保证货物安全,购买的物品金额只能以中小件为主,且价格在 1 万元以下,但不包括生鲜品类。

三、快递电商和第三方的终极 PK

对自家盈利模式,各公司不愿意详细说明。但中投顾问高级研究员申正远向南都记者表示,其实盈利模式不外乎三种:一是向快递企业收费;二是售卖投递柜上的荧屏广告;三是开发其他例如充值缴费、还信用卡等便民金融服务功能。还有逾期费,例如收件人在 24 小时内没有及时取件,会收取 1 天的超额储存费。

中国物流学会特约研究员杨达卿则认为,投递柜和自提柜甚至是自提点,都不会单独盈利。"只是快递服务价值链的配套设施,却利于提升揽件和派件服务能力,利于延伸服务价值链。"他表示,目前快递柜服务能力有局限性,主要承接标准化的小件快递,但价值可以预见:"一是快递商的全天候机器手,在揽件和派件,提供便捷服务;二是快递商价值链上的隐形抓手,利于挖掘社区消费数据,发掘潜在商机。"他认为,虽然快递柜能节省部分登门揽件和派件的人力等成本,但因为主要承接"标准小件",不会带来物流大面积地降低成本,也决定它在短期内不能广泛代替人工。

但不可否认的是,未来快递"最后一公里"的竞争会愈演愈烈。特别是随着"丰巢"的问世,像速递易这种没有快递企业做支撑的第三方,又该何去何从?申正远预计,未来的竞争格局会是大型公司自建投递柜,而中小快递可能会倾向于联合建立投递柜。"行业之间的竞争将主要在快递公司、电商企业和第三方运营公司三者中展开。快递公司的投递柜会对单纯寄存柜公司产生影响,未来快递公司投递柜选择的商业模式在一定程度上决定着第三方运营公司生死,但是在商业模式不清楚的情况下,单纯寄存柜公司生存空间大小还很难判断"。

而杨达卿的看法是,通达系电商快递企业像寄生类企业,寄生在阿里巴巴等电商巨头土壤上,未来要么和寄生平台深度捆绑,结成利益共生体;要么建立自由资源,保持相对独立性,形成自营生态圈。当圆通引资阿里巴巴,自然意味"通达系"走向分化。捆绑者的前路,相对更容易走。而速递易属于第三方设备供应商,顺丰等自建快递柜网络,必然影响它的布局。专注设备的研发创新,才应该是速递易发力的重点。

(案例来源:《南方都市报》)

案例分析

目前的快递自提柜大都由第三方公司设计生产,这些公司原本并不经营快递业务,而是想从物流业分一杯羹,提柜现在要收费了,快递公司每向自提柜放置一个包裹,就需要向自提柜运营方缴纳一定的费用。很多快递公司不愿意支付这笔费用,所以快递公司不愿与其合作,重新恢复打电话通知收件人的方式。

自助提货柜节省了部分成本毋庸置疑,但是也需要有其他成本支出。首先,自助提货柜的配送模式比传统方式需要多承担自助提货柜的购买成本、维护成本、货柜的安置成本、订单机会成本等;其次,还要承受放置差错、失窃、提货时效、签收错误等风险。

虽然快递业中的自提柜在目前发展中还存在着许多障碍,潜在巨大的电商发展空间将是推动自提柜发展的最大动力。这种介于公益属性边缘的新事物将会得到政府、社会的关注和支持,其中最主要的力量还是快递企业自身。

对于自提柜如何快速发展起来,快递企业、自提柜的生产商、小区物业、商场等多方组织应共同努力,创造共赢。例如,可将电商的智能配送终端分离出来,交由快递以外的第四方企业全权管理自提柜,由第四方企业对自提柜及其布置所在的小区物业或商场、自提柜中的暂存物、广告宣传进行全面管理。许多问题和设想还需实践检验，但快递自提柜的发展前景还是非常广阔的。

 **拓展与思考**
1. 你认为速递易自提柜应该收费吗？请说明理由。
2. 速递易自提柜开始收费即遭到多家快递公司的联手反对，原因是什么？
3. 谈谈你对自提柜发展前景的看法。

第六章 物流组织创新

引 言

物流企业组织形式不是一成不变的,必须根据企业发展与市场竞争的需要进行调整和创新。管理创新过程中必须重视增加组织的柔性,创建更高效、更灵活的组织结构方式。

从20世纪80年代起,CLM(美国物流管理协会)就一直在组织对企业物流绩效衡量和第三方物流价值的研究。根据抽样调查,在过去两年里,第三方物流企业的客户物流成本平均下降11.8%,物流资产下降24.6%,订货周期从7.1天下降到3.9天,库存总量下降8.2%,这说明第三方物流服务能从多方面提升客户价值。

物流外包可以使企业资源专注于核心竞争力,做更多自己擅长的,而将不擅长的交给第三方物流去做,使企业的物流总监可以不必拥有资源而能够控制物流动作的结果,并得到"一站式"物流服务。

本章主要从物流管理的不同组织形式,如第三方物流和第四方物流、精益供应链、虚拟组织和供应链管理等方面,集中分析一汽和苹果等世界知名公司的物流与供应链管理组织创新实践。

第一节 第三方物流的组织创新

一般情况下,供方将物资提供给需方即完成了物流服务,而第三方物流是指以供方、需方之外的第三方去完成物流服务为特征的物流运作方式。以航运或航空运输,铁路或公路运输为依托的企业,所发展的就是这种第三方物流。

第三方物流为客户提供的不仅仅是一次性的运输或配送服务,而是一种具有长期契约性质的综合物流服务,其最终职能是保证服务对象物流体系的高效运作和不断优化供应链管理。

第三方物流资源整合有利于企业之间实现合理分工、优势互补、发挥专长;有利于减少生产制造企业物流固定资产投资,加速资本周转;有利于生产制造企业将资源配置在核心事业上,专心致志地从事自己所熟悉的业务。任何企业的资源都是有限的,面面俱到难以维系。为此,企业应把自己的主要资源集中于自己擅长的核心主业上,而把物流等辅助功能留给第三方物流公司。

【案例6-1-1】
某烟草集团的第三方物流实践

第三方物流资源整合有利于社会资源的充分利用,能够促进第三方物流企业运作的社会化分工,避免重复建设,提高物流资源的运作效率。

某烟草集团物流业务在集团主要表现在三大方面:一为成品物流,从成品收货到发货至商业分公司,主要是支撑和满足市场营销的需要,重点是速达。产销周期以旬、周为计的产供形势趋向和处于全国市场物流末端是集团面临的挑战。二为生产链物流,生产高度自动化的集团现代工厂,已经形成了原辅料、成品的进出存与生产设备之间无缝对接。一方面物流及装备的通达性与生产装备产能之间也因此形成了"双刃剑"的关系,另一方面辅料、备件的库存水平和对供应链管理决定着集团资金占压,决定着产品多样化柔性制造的管理水平,这两方面实质就是生产链物流的能力水平,是对生产、采购两主体的具体配合、支撑、服务体系。三为原料物流。原料是工业生产的重要基础,是品牌生产配方的主体表达,这决定了集团做大做强需要做厚原料,而做厚原料需要统购统存、高效仓储、基地醇化。同时,集团做大需要战略联盟,而多点生产就成了大集团发展的必然,其中战略物资的供送也就成了集团对做强保障的手段,而原料就是集团不可替代的战略物资。

交通运输是物流的关键环节。某烟草集团地处云南,云南地处边疆,东有云贵高原,北有蜀道之难,公路受高山、河流、峡谷的制约,往往直线距离近,行驶里程长。一直以来,交通运输是云南发展的瓶颈。

该集团初步实现了按订单组织生产的管理经营模式,从"市场订单生产组织原材辅料组织工厂制造生产物流配送成品物流发货到到货确认"的业务流、资金流体系,初步实现了集团化的统一和控制;对原材辅料、备件实现了统一采购,有序控制卷烟辅材购入成本;省内四家烟厂和省外直属工厂实现了成品统一调度发货和在途信息监控。

一、建立物流车辆管理系统规划

该系统是集团运输车辆全生命周期管理的统一信息平台。其主要功能有车辆归口部门维护、驾驶员基本档案、违章记录、年审记录、车辆基本档案、年检记录、保险记录、维修记录、保养记录、加油记录、规费记录、出车记录等全面管理,并提供到期年检提醒、保险到期提醒、保养提醒、驾照年审提醒、规费到期提醒等智能预警功能,是车辆管理员高效的管理工具。该系统对车辆维修记录和运行记录等数据进行综合分析,可对车辆进行预防性的维护,降低物流运营成本,提高物流效率和效益。

二、建立物流运输监控系统

物流运输监控系统集全球卫星定位系统,主要包含三部分内容:车载终端、无线数据链路和控制中心系统;用于确定车辆所处的位置及速度等相关的信息,通过网络将车载终端采集的信息传送回物流数据中心,物流数据中心的运输监控软件将在电子地图上显示所查询的车辆及货物的相关信息。利用此系统,可对物流中心所有运输车辆的运行状态、位置、运行路线以及装载货物进行实时监控调度,具有全天候、全路线车辆实时动态监控的功能,具有车辆跟踪、调度、监督、历史记录查询、安全报警管理等多种用途。当车辆运输过程出现异常或局部地区交通状况发生变化时,物流中心可与车辆进行及时交互,采取相应措施,确保物流运输任务的顺利完成。

三、加快现有物流公司的转型

该集团现有的运输企业处于从传统运输企业向第三方物流企业转型的阶段,表现在运输能力过剩,物流服务还不能满足客户的紧迫需求。现有的运输、仓储系统和配送体系分散、手段落后,这不仅导致产品成本增加、信息传递滞缓、效率低下,而且不能发挥整体规模效应,导致资源的浪费;同时落后的物流系统需要大量的工作人员,也增加了劳动成本和管理的难度。

该集团集中精力搞好卷烟生产和制造主业,把原来属于自己处理的物流活动,以合同方式委托给新成立的第三方专业物流服务企业,同时通过物流信息管理系统与物流企业保持密切联系,以达到对物流全程的管理和控制。采用第三方物流能为企业降低成本、提高顾客服务水平和提高市场竞争力。

随着卷烟市场规范及净化到一定程度,并且自建的物流中心不能再满足社会分工专业化精细化的要求后,可以考虑将其从主业中剥离出来,组建由集团控股,以资产为纽带,以卷烟物流为依托的、统一的、独立运作的、专业紧密型的第三方物流企业,面向社会,实施更大程度,更大范围的配送,走市场化之路。

新组建的物流企业要制订可行的物流战略规划,构建合理的物流组织结构,编制有效的物流运营计划,建立完善的物流控制体系,培育有执行力的员工来保障对集团的物流服务。

四、建立物流信息共享机制

第三方物流公司需要引进适合自身发展并与集团营销系统能有机、实时、无缝集成的物流管理系统,系统通过营销系统接口获取卷烟配送需求数据,即商业订单。通过建立与卷烟在途跟踪系统的接口,系统支持对从订单到装货、拼车、运输、到货整个卷烟配送过程的全程跟踪。

五、改进供求双方合作方式

帮助企业客户降低物流总成本和实现客户价值最大化是第三方物流企业追求的终极目标,同时在服务过程中实现自身的价值和获得合理的回报。韩国和日本的第三方物流企业更是在全球范围内紧跟核心制造企业(如汽车和家电制造业)提供全方位的物流服务,物流服务合同都保持长期战略合作关系。

第三方物流企业必须围绕集团的发展战略,建立长期合作的战略联盟关系。第三方物流企业对客户关系的基本定位将决定其客户资源整合的基本思路和途径。作为重要资产,第三方物流企业必须善待客户,必须创建并维护良好的客户关系,延长客户的"使用寿命",必须通过自己所提供的物流服务增强客户的市场竞争力,提高客户的经营绩效。所以,第三方物流企业的客户价值是指客户所要求的物流服务对它自身的价值,这种价值往往可以用物流服务对客户市场竞争战略的重要度来衡量。从长远的观点来看,第三方物流企业的使命就是不仅要使集团的当前价值最大化,而且要使集团的寿命周期价值最大化。所以,第三方物流企业实施客户关系管理,培养客户忠诚度是一个长期的投资行为,必须要有企业长期发展战略做指导。

由于第三方物流的服务范围不仅仅局限于运输和仓储业务,它更加注重集团物流体系的整体运作效率和效益,供应链的不断优化是其核心的服务内容,其业务更深深触及集团的销售计划、库存管理、订货计划、生产计划等整个生产经营过程,远远超越了与客户的一般意义上的买卖关系,而是紧密地结合成一体,形成了战略合作伙伴关系。

对于选择第三方物流服务的集团来说,应该建立共同发展的战略,向物流公司灌输集团的管理文化和服务理念,合同和协议只能在短时期内将两个企业连在一起,对企业文化的尊重和认同才能使双方保持长久的战略合作伙伴关系。

第三方物流作为国外发展比较成熟的一种物流模式,同国外的发展水平相适应。我国与国外相比,还存在一定的差距,若要发展第三方物流还有很长的路要走。针对原料物流和卷烟成品物流中存在的问题,该集团运用资源整合、第三方物流理论和方法,结合集团自身特点和实际情况,在分析物流资源整合和发展第三方物流必要性的基础上,提出了改进集团物流资源整合的思路、构建方案和实施策略。

(案例来源:新浪财经)

案例分析

集团的重组对提升物流服务保障能力提出了更高的要求,比如对现有物流公司的股权进行清理,加快物流公司的转型,建立物流信息共享机制,建立车辆管理系统规划和运输监控、成本管理系统,改善双方合作方式的物流资源整合的构建方案。

围绕实施集团第三方物流公司的目标,烟草集团可以通过对集团现有的物流资产和物流业务进行整合,组建第三方专业化烟草物流公司,将公司打造成为烟草行业专业的第三方物流公司和行业领先、国内外知名的物流服务品牌。然后,集团专注于发展自身的卷烟制造的核心能力,将资源配置在集团卷烟制造的核心事业上,进而不断增强集团的核心竞争力,假以时日,集团将成为中国卷烟制造企业的"排头兵"和领头羊。

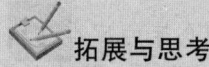 拓展与思考　1. 结合案例谈谈第三方物流的开展有哪些利弊。
　　　　　　　　2. 烟草行业的第三方物流开展有哪些困难需要克服?

【案例 6-1-2】
第三方物流:科龙的战略性选择

中国正在成为世界家电制造中心,物流被称为制造企业最后也是最有希望降低成本、提高效益的环节。广东科龙电器股份有限公司(简称科龙)近几年来通过行业整合,形成了世界领先的家电产能规模。分布在全国的生产基地和全球化的市场网络,使科龙与现代物流的对接相得益彰。

一、物流战略选择
科龙主要生产空调、冰箱、冷柜、小家电等四大类家电系列产品,同时实行多品牌战略。在国内外的高速扩张,使科龙呈现出四大特点:生产基地多、营销区域广、产品类别多、营销渠道多,在物流管理的广度和深度上有很高的专业要求。原来的自有物流体系已远远跟不上发展的战略需要。

同时,科龙转制后,通过整体优化价值链,锻造综合成本优势是重新进入健康良性发展轨道的关键,供应链一体化改造首当其冲,引入新的第三方物流已经成为新的战略性选择。

二、打造物流平台

广州安泰达物流公司(简称安泰达公司)是科龙与广东中远、小天鹅公司共同出资成立的。科龙集团控制本企业的物流价格资源,管理业务统一外包给安泰达公司,同时与小天鹅形成互补型战略合作关系,充分利用三家企业的物流业务规模、物流网络优势,共同经营,共同发展。第三方物流的引入,以及与相关企业的业务互补性使科龙的物流实现了三个整合优化和两个延伸。

三个整合具体包括以下内容。

1. 物流组织整合和流程优化

改革过去冰箱、空调、冷柜、小家电四大类产品子公司物流的独立运作体系,将原来各专业公司的物流部门合并成一个,人员由原来的90多人降低到现在的60人。同时,简化运作流程,引入5156物流业务运作信息系统,建立全流程数据库,通过运输计划和仓储计划统一管理整个物流运作,实现了对在途库存的有效跟踪,有效降低了物流运作的管理成本。

2. 物流运输整合和系统优化

把公司原来的自有车队转制后独立推向市场。通过联合招标,将科龙旗下冰箱、空调、冷柜及小家电四类产品的干线运输进行整合。同时,将战略合作方的反向物流进行捆绑招标,使采购物流、生产物流、分销物流统筹,直发物流和回程物流兼顾,迅速提高了物流整体效率和效益。

3. 物流仓储整合和资源优化

根据生产计划及时调整原来作业半径达30公里的40多个大中型仓库的库存结构,通过调仓、换仓、撤小取大、舍远求近,将四大类产品集中存放,形成了四大产品的仓储发运片区,进行集中管理。同时,与战略合作方联手进行行业仓储的整合招标,吸引众多有实力的仓储公司成为新的合作伙伴,仓储资源进一步优化。

两个延伸具体包括以下内容。

1. 物流向二次配送延伸

配合科龙营销系统重心全面下移,高中低端全面覆盖的营销战略,安泰达公司在一些重点城市尝试开拓二次配送业务,成立仓储中心办事处,与销售分公司、各生产基地进行产销衔接,实现以销售指导配送,以配送促进销售的良性循环。

2. 向外部物流业务延伸

安泰达公司以科龙、小天鹅物流业务为平台,相继开拓了万和、伊莱克斯、惠尔浦等物流业务。科龙在优化自身物流业务的同时,使参股的第三方物流公司获得了更大发展,并从中获得投资收益。

三、打造国际主流家电制造商

现在我国的家电产业规模越来越大,家电的净出口连续几年高速增长,已经占有世界市场的绝对领先份额,在全球经济一体化的进程中,中国成为世界家电制造中心的格局已经形成,并且正在不断加强。科龙在向国际主流家电制造商迈进的过程中,国际第三方物流的作用举足轻重:一方面,科龙需要借助国际第三方物流遍布全球的物流网络和完善的服务经验;另一方面,科龙近年来国际业务的高速发展也吸引了国际著名第三方物流企业的注意。

目前,世界级船东正成为科龙国际物流的主要合作伙伴。随着海外销售的高速增长,科龙的国际物流业务,吸引了国际物流巨头的眼球,在世界航运业排名第一的马士基海陆(MAERSKSEALAND),委托专业的咨询公司对各个行业的未来最有潜力的企业进行跟踪调查,以期寻求未来国际物流方面的合作伙伴,经过1年的调研,在家电行业里,咨询公司最终选中的最有发展前途的合作伙伴就是异军突起的科龙。

随着跨国公司的采购中心向中国转移,其物流合作伙伴也已经逐渐进入中国,提供本地化的服务,国际级的专业物流公司凭借其全球化的网络,与船东广泛深厚的合作基础和先进的信息管理技术,为跨国公司提供了完整的物流解决方案。而科龙与国际著名家电企业在设计和制造领域的战略性合作基础上,其合作也相应地向物流方面延伸。

以美泰克与科龙的合作为例,美泰克在科龙采购冰箱销售到北美的连锁店家居货栈,EI是美泰克的全球物流合作伙伴,MAERSK LOGISTIC是家居货栈的物流合作伙伴,远东至北美的门到门服务均是由第三方物流EI和第四方物流MAERSK LOGISTIC完成。

整条供应链的运转均由2家专业的物流公司全程操作,在美泰克从科龙采购而后卖给家居货栈的过程中,EI和ML按照各自客人的要求,完成接货、清关、中转、仓储、配送等一系列的物流服务。在这种模式下,第三方物流公司依靠其遍布全球的强大的物流网络(清关的实力和内陆多式联运)和全球联网的信息工作平台(供应商、船东、客户均可在线同时工作,而最终客人只要上网就可以发布指令,查询货物的动态)为科龙和合作伙伴提供了专业高效的全球化物流解决方案。

随着国际货运代理行业的进一步开放,国际物流巨头也将纷纷在华开展业务,届时相信在物流领域将越来越多地出现这些巨头的身影。目前科龙已经和马士基物流、KLINE LOGISTIC和GEODIS进行接触,以期在更广泛的领域开展全球的物流合作,使国际第三方物流成为科龙国际化战略的重要力量。

(案例来源:中国知网)

案例分析

MERCER管理咨询公司副总裁DAVID BOVET指出,货主只有以更多的进取心和冒险精神看待物流外包,才能发现其真正的价值;货主预期从第三方物流得到的关键增值利益来自供应链创新,通过创新提高企业的竞争力和盈利性;而要做到这一点,货主与第三方物流提供商必须建立共同目标、共享利益与共担风险的战略合作伙伴关系。科龙与安泰达物流的合作可以说真正体现了这种战略合作伙伴的关系。

第三方物流是由物品供方和需方以外的物流企业提供物流服务的业务模式,是在物流渠道中,由专业物流企业以合同的形式在一定期限内提供用户所需的全部或部分物流服务。第三方物流企业的利润不是来自运费、仓储费等直接费用收入,而是来源于现代物流管理科学的推广所产生的新价值。这是中国第三方物流发展的根本原因。

以科龙为代表的中国家电企业正在规模与技术上逐渐走向世界前列。全面引入世界先进的物流管理经验,必将为中国家电企业形成新的核心竞争力增添新的砝码。

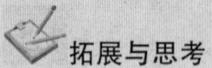

拓展与思考　　1. 科龙公司的第三方物流有什么特色?
2. 科龙公司的第三方物流开展后为企业带来了哪些益处?
3. 第三方物流业务有什么需要改善的地方吗?

第二节　第四方物流组织创新

第四方物流(fourth party logistics,即4PL,FPL)负责第三方物流安排之外的功能整合,第四方物流不仅控制和管理特定的物流服务,而且对整个物流过程提出整合方案,并通过电子商务将这个过程集成起来。因此,第四方成功的关键在于为顾客提供最佳的增值服务,即迅速、高效、低成本和人性化服务等。发展第四方物流需平衡第三方物流的能力、技术以及贸易流畅管理等,为客户提供功能性一体化服务并扩大营运自主性。

第四方物流的特点之一是其提供了一个综合性供应链解决方案,以有效地适应需方多样化和复杂的需求,集中所有的资源为客户完善地解决问题。其特点之二是通过影响整个供应链来获得价值,即其能够为整条供应链的客户带来利益。

【案例 6-2-1】
宜家集团基于第四方物流的管理模式

宜家集团进入中国是1998年,作为一家著名跨国企业,目前在中国国内已经建店十几家,自建仓储处,在中国内地的年销售额达到亿元人民币。在上海已经建店区域包括上海徐家汇、浦东、宝山。宜家(中国)公司面对这种机遇与挑战并存的背景,需要抓住物流环节与物流规制的创新与重新调整、设计,来加强企业的核心竞争力,优化自己的供应链内涵,走集约式的市场道路。其中,物流环节是供应链的"血液",物流的规制与体系化、系统化是"血管"。开店容易守店难,稳健的经营策略不是靠守成吃老本,而是通过预警预测,通过信息化驱动和具有技术含量的经营、运营、管理创新、改进,适应变化的企业宏观环境、微观环境。

一、宜家集团的经营特色

多年来,宜家集团在全球的发展体现出稳健、持续的特点,这与其坚持家族所有权的独立性、自主运营的全面全球拓展的多项顶层设计有关。集团创立者英格瓦坎普拉德先生目前退居幕后,任监理会资深顾问。应该说,这种独立财产权结构设计与建立,具有生命力和较大建设性,即通过法律、制度、规则的保证,防止家族企业因缺乏监督机制而腐败,导致经营失败,直至破产。这里,可以看到宜家家族商业帝国家族发展理念的奥秘,具有一定的克服资本主义危机的预防风险机制。

宜家集团独立资产权的另外一个重大体现是买地自建商场与仓库,这也是其资产完全独立思想理念体系的一部分,不在于追求商业规模无限扩大的帕累托最优,而是在激烈市场竞争下的风险较小或风险最小,以减少租赁、物流成本不断趋大等方面的弊端和风险。

宜家集团通过购地自建商业中心、仓库等,也是其保持资产独立性的一个重要特色。近几年宜家集团这种经营理念也被其他大型跨国零售企业认同与仿效。以在中国的投资为例,除一家(广州宜家)是租赁,其余均为购地。近期宜家在重庆、武汉、杭州已各买一块地,在外资零售业巨头中占据购地力度的前列。自持物业、资产独立、运营高层统筹,都是宜家家族企业长期坚持顶层设计的基本做法与追求最小化风险的理念、原则的体现。

二、宜家集团的特别经验

在满足消费者各种需求的同时,也引导消费者,宣传"宜家理念":一种人文、温馨、文明、简约、可持续的生活方式,倡导"为全球大多数人提供产品"来凝聚市场人气。宜家集团在统一设计理念生产过程中纳入工业生产品中零部件生产、组装概念,将工业生产品中间品、半制成品、零部件、装配件等理念移植到家居产品体系中并由此发展出平板包装、集约化运输等供应链创新;民主设计、生产管理、统一培训商务及谈判人才,自建仓储为主的仓库运营管理模式以及购地自建商场,保护了资产独立性,尽可能防止与抵抗风险。以上经验初步实现了独立性与国际化的所有权方式、经营权方式的合一。

三、宜家集团物流管理面临的基本问题

1. 订单需求预测与管理的基本问题

宜家集团在中国市场运营涉及许多管理部门,大体可分为产品供应商、产品采购部、物流管理部、零售商场和终端客户,它的业务,从供应商生产环节开始,一直到运送至顾客手上,各个环节都有可能影响最终的配送效率与配送质量。宜家集团连锁零售的全线产品有近万个款式,其中近两年根据订单需要不断新开发出来新产品。由于产品线加长,并且开始考虑客户的个性化、异质性需求,订单的内容丰富了,复杂了,在产品越来越多情况下对供应链库存、运输等提出挑战,即多少库存与运输量是合适的呢?在这种情况下,从需求方面考虑,对订单进行预测,从而使订单管理更加科学、确切,就成了一个重要而且有意思的课题。

一家门店在技术上做好产品订单预测不十分困难,只要通过相对静态的市场调研就可以完成,但对宜家集团进行全面订单预测或对中国(大陆)市场作出预测就很难。宜家集团为此设计、建置了一个业务领航部门(要求供应链各部门都要建立这个部门,职能就是对销售、运输、生产进行预测),在每个大的供应链部门环节中分别对自身领域,面对市场的阶段性变化进行归纳、小结,对未来作出预测。这种细分预测合起来看,就会大大减少预测的盲目性,改变低效率状况,对订单预测的准确比较以前就靠得住些。但是,这种预测的局限性仍然是明显的,那就是从宏观经济环境看,现在市场的需求变化非常大,经

济趋势、金融风波、汇率变化、行业竞争都会损害需求预测的准确性;从内部看,各部门信息分散性强,难以联动,偏差较大,还有反应机制存在的缺陷,等等。

2. 库存管理的基本问题

库存管理是指企业对存储的、以备将来使用的物料和商品,即所掌握的物质资源进行的管理。库存管理也可以看成是库存控制(是一种动态的监控、调整过程,是对制造业或服务业生产、经营全过程各种物品、产成品以及其他资源进行控制,使其储备保持在合理水平上)。纵观宜家集团的库存管理,也具有稳健的风格,这就是内部化、集约式管理,追求风险最小化。一般来说,宜家集团各大商场都有自己的仓库,这与宜家集团通过购地自建商场、不取租赁为经营模式的一贯理念也是有关系的;所以宜家集团不需要极端地追求"零库存"。这样各个实体都保留一定的安全库存,因此宜家集团各个商场不会因为某些特殊情况造成销售中断,从而遭受销售额损失。但宜家这种库存方法也有明显缺点,各大商场、各个供应链部门都有自己的库存后,就会形成重复库存,累积到整个供应链看,产品有阶段性积压,从而占有流动资金,整个集团内部产品库存升高,零售端作为最后环节,其利润率也会下降。例如为市场库存出清而开展的某种让利促销与打折销售。所以,宜家集团需要改进库存管理。作为供应链系统非常重要的部分,宜家集团库存管理可以对其流程与结构进行扬弃,实行库存管理创新,不断提高经济效益。

3. 运输管理方面的问题

宜家集团的运输管理以及如何从高效、性价比和优质角度加以考虑与控制,运输成本作为重要对象是必然的。在以往常规运输管理中,宜家集团仅仅将运输任务分包给下级物流供应商,并以自己大货量优势争取使物流价格较低。现在运输成本的挑战性加强了,运输价格竞争也非常激烈,宜家集团的业务随进入中国市场年也有了进一步发展的需求,运输管理集约、高效、优质与性价比等要素进入高层视线。宜家集团认为需要改变仅靠压低运输价格这种传统、单一的路径,改革与发展迫使纳入运输管理的主要内容。

四、宜家集团基于第四方物流的物流供应商管理与选择

对照埃森哲公司对第四方物流给出的定义,提供商(宜家集团)必须是一个供应链集成商,对公司内部和具有互补性的服务商所拥有的不同资源、能力和技术等能进行整合和管理,提供一整套供应链解决方案,监控、指导方案的有效运行。为了达到这个目的,宜家集团需要有效地选择各环节的合作伙伴。

在物流供应商与供应链多种伙伴选择上,宜家集团遵循以下原则。

(1)以第四方物流领导者身份理解供应商的角色作用,从订单预测和网络优化以及运输订单管理上进行设计与运营统筹。

(2)用原理分配、调节宜家集团现有资源,挖掘其潜力。

(3)结合与各个环节的优化管理方式,通过并指导最大化整合物流资源。

(4)逐步建立区域性供应商的稳定合作关系,成熟一个、发展一个,并将其提高到战略关系的高度。

(5)由于宜家集团进入中国市场还只有十几年,实践的时间则更短,布局于全国十几个城市供应链协同水平高低有别,物流管理各自面对着非常不同的市场环境。中国地域广大,宜家集团北方区(北京、天津、大连、沈阳)、中部区(华东、上海市、正在开拓的武汉中

心城市区等)、南方区(西南重庆、华南深圳、广州等)的区域文化、消费水平都有不少差别,使谈判、采购、市场分析、厂商合作的许多业务差异较大。

宜家(中国)公司具有在中国市场逐步开展、加强的条件,供应商资源与运营机制也有一定优势,进入中国市场年使它为自己的进一步发展作好了积累。

宜家集团作为大型跨国零售企业,在实践管理中有一套较为完善的管理办法。物流规划中,订单需求预测及管理、库存管理、运输管理,这三个方面是最基本的物流。经营块面,几乎每一个环节都与效率、成本有重要关系,当然最后归结到商业利润。建立信息化协同机制改进订单管理,需要对客户利益、客户需求等传统观念进行新的解读。宜家集团主动地研究客户需求变化,研究市场动态、消费能力与结构变化,掌握订单变动情况,以实现需求的可视性,满足来自这方面的"拉动"。

宜家集团降低"牛鞭效应"采取的手段是改进信息系统,实现供应链尽可能全方位的信息共享,通过信息透明、公开,达到提高供应链多方效率的目的,并以此为突破,建立供应链协同机制。信息流、资金流、物流是企业系统三个基本方面,三个流的效率是互补、相通的,信息流畅通改善物流效率,同时在信息流不断地扩大中形成更大的、有弹性的网络,使物流效率有质的提高。

宜家集团建立了协同运行模式,并以信息化战略为抓手,极大降低了"牛鞭效应"。协同机制目的是通过供应链上下游多环节的信息、资源共享,使预测趋同,差异及误导减少,这是信息共享的目的,也是协同机制的基本内容。需要有多赢、双赢观点,有规模经济、信息经济导致的成本趋降、规模报酬递增,供需双方提高可视性,产业链与行业业态处于开放的竞争合作之中。需要和能够被共享的信息有两种:一是被供应链上下游均能共享的垂直信息共享,另一是供应链横向的信息共享,又称水平信息共享。这包括有关商情、宏观、中观等市场信息与政策信息,等等。两个信息流综合起来,从垄断、封闭到共赢、开放,其顺利通畅的传输与低成本、无成本获取,将使"牛鞭效应"大大地减少。信息共享机制是协同机制的基本内容与保证条件,促进虚拟平台与网络化实现高效。在不同的订货条件下,第三方物流参与后降低了整个供应链系统的物流成本,但是库存和物流成本随着订货成本的增加而上升;供应商和零售商的利润得到提高,但是随着订货成本的增加,两者的利润也是逐渐下降的;从利润角度分析,主要考察采购量和销售量的变化,第三方物流长期参加既提高零售商又提高了供应商的利润。第三方物流参与是解决供应商短期成本增加的有效途径,是对库存管理模式的优化。同时,第三方物流也是企业之间建立的一种战略合作伙伴关系,供应链成员之间收益分配是维持其发展的根本。

(案例来源:长讯网)

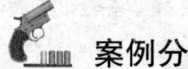

案例分析

第四方物流是一种新型物流模式,其集成化、系统性整合等都需要高科技含量,还需要有一流的供应链资源,以及较为先进的组织结构等运行基础,是从第三方物流发展出来的先进业种、业态。虽正在发展,但颇难解决整个区域物流、行业格局的若干制约,可能遭遇诸多物流瓶颈。由于供应链与物流管理日益复杂化,高度竞争下迫切需要产生这样一种能在全面、总体层面上充分掌握、能调度物流资源的运筹管理者,去监控、调整制造企业、分销企业,创造最大的供应链弹性与信息容量,通过联系供应链全部环节的各个方面,建立起一个更加高效、更加集约的战略枢纽。

如果宜家集团通过未来几年的充分努力,能达到以下水平,那么将是大有希望的。

(1) 集约化、信息化、高科技含量。物流作业更快、更省、更有效率,能持续保持的竞争力、生命力。

(2) 综合性与异质性结合。给出的方案是综合性的,但又能适应多样化、异质性需求,即能通过掌握、调度强大的物流资源达到既定要求目标并保有很强的柔性和弹性。

(3) 标准化、规范化、国际化。标准化是业态成熟的标志和稳定发展的基础,是必要条件;规范化是保有竞争力的引擎,也是企业管理目标得以实现的可靠保证,而国际化则是跨国企业当然的目标。

宜家集团可以集成发展的四个努力方向如下所示。

(1) 渐进的、结构性的、有所为与有所不为的策略。宜家集团的发展历来注重稳健,进入中国市场后,业务发展较快,但中国市场经济的发展尚未成熟,政策的不稳定性对企业经营环境也有一些不利影响,宜家集团在中国短期、中期目标第一位的是做扎实、发展合作关系、稳定供应链资源,以后才谈得上做大、做强。宜家集团全国十几处商场经营处境、营销生命周期、发育程度不同,所以不仅应该是渐进的,而且应该结构性地发展合作伙伴,逐步地整合供应商及其他物流资源。结合起来考虑,就是有所为,有所不为:科学地利用外包,发展有选择、经选择的、细分的、统一而又有差别的合作关系,并且始终保有自主权与领导权。

(2) 科学、有效地设计供应链与信息平台。这一平台应有以下的建设思路,首先,必须使可以有、应该有的信息内容得到全覆盖,重点突出。这种重点应当是符合宜家集团阶段经营运行、整合特别需要的专业与市场信息内容。其次,将不涉及商业机密的内容尽量全面地放上这个平台,进行分析与特别诊断,不断修订供应链运营的低效、失效,作为一般经验教训,获得共享。再次,还要有法律、政府、行业协会、市场行情等信息,形成分享的机制与局面。最后,还有日常的维护、更新与管理。

(3) 建立智库(专业专家、行业行家、政府政策部门、技术管理信息工程专家、法律专家咨询顾问等),制定宜家集团进入中国大陆市场未来五年发展规划,体现顶层设计理念与市场规律、中国国情、世界产业结构、服务贸易发展大势的结合。建立宜家集团乃至整个宜家管理专业团队,牢固掌握不断开拓市场资源,通过本地化战略,培养复合型人才,组成创新人才体系。

(4) 展开国际化研究:第一方面是中国大陆宜家与宜家集团全球的比较研究;第二方面是中国大陆宜家、宜家国际集团与世界著名或先进国际跨国零售企业实践、经验、发展模式的比较研究。

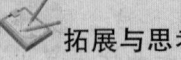 **拓展与思考** 1. 第三方物流和第四方物流的区别是什么?
2. 从物流的角度看,宜家集团的供应链管理有什么特色?

【案例 6-2-2】
天地汇的第四方物流平台

上海天地汇供应链管理有限公司(简称天地汇)是由多位物流行业领袖和业界精英共同创立的一家专业从事全国物流园区网络化经营管理的、业界领先的物流产业互联网公司,致力于打造供应链十大数据驱动的物流生态圈平台。通过两年多的发展,天地汇取得了不俗的成绩,到 2016 年 1 月,天地汇全国的签约园区约 53 个,合作伙伴 38 个,整合园区的总面积近 20 000 亩,整合资产投资额 200 亿元。

一、天地汇的"物流淘宝"模式

"物流淘宝"模式本质上对准的还是交易环节,借鉴淘宝买卖双方对接的形式,天地汇连接货主和车主。从天地汇整个商业模式来看,关注的重点是园区之间怎么联动,这是天地汇的重要立足点,也是竞争力所在。

物流园区在今天以及未来都会占据很重要的位置,随着政府对园区规划的加强,对市容市貌环境整治的完善,物流集约化、产业园区化的特征会越来越明显。

当货源越来越集约化以后,分拨的概念会越来越强,它的功能、定位也会发生变化。为了加速货物的快速流转,避免单一网点、单一客户的货源不足,就需要有不同网点,或者说不同货主或者货源的集中,统一进行暂存与分拨,这些还是要在园区完成。园区就是一个线下的专业化过程,所以它永远不会消亡,而且是不可或缺、不可替代、不可逾越的。

二、天地汇选择做物流园区平台的原因

整个物流产业链环节众多,而天地汇却选择做物流园区平台,这其中有着怎样的机缘和市场考察?

天地汇成立之初,物流行业仍是以"小、散、乱"的物流企业为主,生存环境恶劣,物流园区作为联系产业链上下游的纽带,已成为各项物流活动开展的重要载体,通过产业的空间集聚,资源的有效整合,业务的流程优化,在促进区域经济发展,提升物流服务水平,提高土地集约化使用,加强物流市场管理,增加就业机会等方面发挥着重要作用。国内物流园区由于缺乏统一规划,功能定位不准确,缺少合作机制和网络性,缺少现代化服务体系的支撑,加上园区空置率高,土地成本压力大,园区作为物流发展的重要载体,发展也很艰难,所以,天地汇的创始人想通过天地汇的模式,以物流园区为突破口,打造生态型物流园区网络,实现园区间的联网,并且通过增值服务平台提升物流园区的盈利空间,助力中心物流企业发展,增强园区招商能力,从而实现物流行业的整体发展。从整体上说,现在物流公司都偏重从销售到客服,到运输……天地汇的想法是通过集约化、信息化和标准化能使物流公司都变轻,共性的工作由天地汇平台来完成,即"加入天地汇,物流不再累!"

物流包含了运力、货代、第三方物流、专线、落地配等不同方面。其中,货主是一个很超然的角色,处在绝对主宰的地位。作为整合方来讲,必须要选择出这个链条中最具控制力的环节,否则就会非常被动,天地汇本身的定位是一个产业互联网公司。

理论上来讲,货主正常情况下是不愿跟"小、散、乱"的物流企业或是物流要素接触的,

而且有很多服务细节也很少有人做到。所以,货主在这个链条里面并没有非常具体的介入,真正介入的都是货代、第三方以及专线公司,这些群体主要在哪里呢?在集散性的物流园区。

园区就相当于飞机跑道,不管你线上互联网怎么"+",线下必须要有"跑道"。就像携程的网上订票已经很发达了,但航空公司还活得好好的。线上交易、发展会员等一系列工作的最终,还是一个物流服务设施落地的工程。天地汇选择进入"园区"这个领域,目的就是在货源上有一个基础的保证。

现在绝大部分的"互联网+"基本上是在车源上花心思,但是车源跟我们传统意义上的互联网会员是不一样的。所以,在这些商业模式中就要作比较,在"互联网+"的根本概念中还是有奥妙的。

三、天地汇的三网两云战略

天地汇将通过"天网+地网+车网"三位一体,以及"云物流"和"云数据"两朵云服务体系的打造,基于供应链+大数据驱动,打造O2O线上线下联动的中国公路物流生态圈公路港平台网络的战略。

天地汇"云物流"借助于线上信息平台"天网"与线下跨区域物流园区"地网"实体平台O2O模式的协同,实现信息化和传统物流业的结合,通过天网信息化平台的集中化处理和数据挖掘功能,基于多方的需求,大幅提升交易效率、物流运作效率、车辆运营效率、信息获取效率和资金流转效率,明显降低信息成本、交易成本、管理成本、安全成本、信用成本、资金成本等,整体提升物流运作效率,降低物流综合成本,推动物流产业升级。

同时,通过实现物流业大数据的积累,实现制造业、商贸业和物流业的三业联动,打造国内与国际物流、公路与其他运输方式联运,提供产业集群式创新供应链解决方案,整合以"小、散、乱、差、多"为特征的中国公路传统物流行业,助力全国传统物流企业向网络化、信息化、标准化、集约化和互联网化方向的转型升级,优化物流成本,助力经济发展,大幅缩小中国物流和发达国家的物流发展水平,实现跨越性发展。真正实现基于"云数据"的深度分析与挖掘来提升和改变整个物流行业乃至相关产业的总体格局。

四、天地汇的四步走策略

天地汇在发展规划中采取了四步走的策略。

第一步,在全国实现线下公路港园区的实体平台网络,即"地网";

第二步,"云物流",通过物流园区联网,实现全国干线运输交易网络;

第三步,通过"互联网+物流(园)"建立"物流淘宝"模式的车货匹配交易平台;

第四步,"云数据",基于天网的公路港物流平台生态系统。

天地汇正在全力打造基于线下物流园区的"地网",同时通过"园区通"产品,打造全国零担干线网络运输产品"天地卡航",并基于线下网络打造"i配货"整车信息交易产品。

随着天地汇园区签约的不断推进和经营管理园区的变化,天地汇已经成为国内第一家专业园区经营管理公司,也成为全国最大的园区网络化经营公司。

五、天地汇给客户提供的主要产品和价值

天地汇主要为客户提供公路港咨询、规划、设计与建设,以及公路港的加盟和托管,天

地汇公路港在公路物流行业首创公路港加盟与托管模式,物流园区和土地拥有者可以用较低成本升级现有物流园区或者新建物流园区为区域公路港,共享天地汇总部的系统管理资源。信息化网络资源、网络平台资源以及庞大的客户资源,可大幅缩短投资回报期,提高投资回报率。

天地汇认为必须创造价值才能生存,因此在现有物流园区网络内,正在打造"天地卡航"和"i配货",提供金融等服务产品,为园区、专线、货代和司机创造价值。

中国的公路市场有两个重点,一个是交易,一个是运输。首先,为解决交易环节的效率与成本问题,天地汇推出了一个产品叫"i配货",可以实时观察每一票货在什么时间交易、发往哪个方向、具体地址等,这些数据都是动态的,清清楚楚的。

而运输本质上是要解决服务质量问题,所以天地汇做了"天地卡航",这个主要是由天地汇公路港作为第四方平台,整合众多优秀的专线物流企业,然后基于天地汇公路港的网络、信息化系统、品牌等,面向中国零担物流市场推出的网络化零担快运中高端服务产品,这种准时服务型产品对管理的要求是非常高的。

在制造业B2B中,物流在产销环节扮演了非常重要的角色,这其中的实质就是供应链管理。供应链管理要从原材料开始,核心是解决效率跟库存降低的问题。试想一下,如果库存在仓库里多放一个月,在不考虑销售风险的情况下,产生的资金成本、资本占用成本等,对制造业来说依然是非常具有消耗性的,而这个时候运输就是一个方向。

因此"i配货"和"天地卡航"基本上覆盖了物流的基本过程,后面相配套的其他产品,也都是围绕如何更好地促进交易、保证服务质量,让物流企业在平台上有更强的竞争力。

(案例来源:《物流时代周刊》)

案例分析

天地汇对自身的定位是国内物流园区网络化经营管理的物流产业互联网公司。天地汇基于信息化、标准化、集约化来打造全国公路港运营体系,优化供应链并进行价值创造,以提升社会的整体物流效率,降低物流成本。

天地汇以"互联网+物流(园)"的方式整合中国公路传统物流行业,助力互联网、移动互联网、云计算、大数据、物联网等与物流业的结合。

天地汇打造的是一张"网"模式,将混乱的物流市场结成一张有序的"网",公司利用两年的时间在全国布"点",实现园区联网,对于每个园区,量身打造生态型物流园区,形成生态"圈",另外打通用户入"口",吸引用户(物流企业,货车司机、货代)到平台上,整体打造了一个全新的第四方物流平台。

天地汇为客户提供的产品和服务是体系化的,是以供应链为核心的一种商业模式,可以理解为云物流和云数据。云物流是基础,其本质就是一个平台,如何创造条件为企业单位带来价值、提升竞争力。天地汇的相关产品是从这些角度去思考的。

"互联网+"或是"+互联网",其本质还是如何让互联网,特别是移动互联网跟物流行业的特性结合起来,并通过一些组合,包括大数据的服务等,更好地为共同的客户——货主,提供高效、高性价比的服务,这才是根本,也应该是"互联网+物流"的价值所在。货主有所得,整个效益的链条才会通畅,商场上最重要的还是价值的分享。

天地汇"天网、地网与车网"背后的主旨逻辑就是通过线下的物流园载体,用移动互联网的方式把这三张网有效联动起来。

通过对线下实体平台、线上信息化平台及移动互联网平台的结合,天地汇集聚整合物流资源及政府职能中介等配套资源,帮助物流园区提升整体经营能力,提高平台入驻企业的集约化水平、服务水平和市场竞争力。

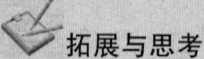

拓展与思考
1. 与业界其他的物流平台企业相比,天地汇有哪些特点?
2. 天地汇"物流淘宝模式"对中国物流园区未来的网络化经营有着怎样的影响?
3. "互联网+物流"将对天地汇通过"天网、地网、车网"打造的"物流淘宝圈"产生哪些影响?

第三节 供应链管理

供应链管理指使供应链运作达到最优化,以最少的成本,令供应链从采购开始,到满足最终客户的所有过程。供应链管理就是协调企业内外资源来共同满足消费者需求,当我们把供应链上各环节的企业看做一个虚拟企业同盟,而把任一个企业看做这个虚拟企业同盟中的一个部门时,同盟的内部管理就是供应链管理。只不过同盟的组成是动态的,根据市场需要随时在发生变化。

【案例6-3-1】

跨区域跨行业的供应链管理者——利丰集团

作为区域跨行业的供应链管理者,利丰集团致力为客户提供一站式便利垂直配套增值服务组合,包括产品设计开发、原料采购、选择工厂、生产安排及管理、品质监控、出口批文和装货付运等,为客户提供优质全球性采购供应链服务,将采购链变得更直接、更专业。客户可以通过其一家便可得到全球所有产品和市场咨询,同时也可以利用利丰集团的特有优势去整合全球的资源优势给自己的客户,并协调、联系和控制整个货品的生产程序。由于成本因素,利丰集团大部分货品的采购地一直集中在亚洲区。然而透过近年不断扩展邻近欧美客户供应地,如地中海、东欧以及中美洲等地,利丰集团的市场迅速回应能力将不断提高。利丰集团并没有自置生产设施,但透过管理众多以优质为本、且具成本效益的制造商,全面满足客户在快捷采购服务方面的严格要求。

一、利丰贸易——供应链的上游段落

如今的利丰集团所属的利丰贸易公司(简称利丰贸易)业务遍布全球,为世界最具规模的消费产品采购公司之一,专为零售商以及知名品牌提供环球供应链管理,业务范围以成衣为主,并采购其他非成衣消费品,如时尚饰品、礼品、手工艺品、家具用品、宣传商品、玩具运动用品、鞋类及旅游用品等一系列的产品。利丰贸易的主要客户是欧美的零售商,包括美国的 Gymboree, Abercrombie & Fitch, Disney, Coca-Cola 等。这些客户对市场非常了解,知道如何销售它们的产品和服务,但这些客户对生产国的情况并不了解,若自行管理生产,一是成本高,二是不能因地制宜,便指定像利丰贸易这类公司代劳。利丰贸易会帮助客人选择合适的生产商和供应商,安排生产计划及设计流程,品质监督和生产时间控制,包装好直至装运出口。这种操作模式使得贸易商不再是简单的中间商,而是提供各种计划和协调的供应链管理者。有的客户还会要求更多的增值服务,例如产品设计,面料开发。客户只是提供些想法,创意和设计,由利丰贸易使之成为现实。

利丰贸易可以在自己的样品车间,按客人的不同设计,创意做成不同的产品,让客户可以根据样品直观地作出决定。在生产方面,由于利丰贸易控制了面料、辅料及工艺,可以通过外包,在不同的国家,不同的厂商生产出相同的产品。这样,利丰贸易赚取的并不是佣金而是产品的利润。所以在整条供应链管理实施中,利丰贸易是处于供应链上游段落的上市公司,主要业务是在中国及其他低成本国家采购货品,销售给欧美的经销商和零售商品牌。

二、利和经销——供应链的中游段落

利和经销是利丰集团的下属公司,核心业务是为世界各地的品牌产品在亚太地区提供批发经销一站式的代理服务,包括生产制造、品牌推广、营销渠道管理及物流配送等各种组合。其业务宗旨是协助客户更迅速、更有效地把产品从工厂送到消费者手中。利和经销为全球 400 家跨国公司提供服务,利用覆盖主要零售店和其他渠道的分销网络协助他们将产品分销到亚太 20 000 多个客户处。利和经销通过生产、物流和销售三方面的业务组合,合理配置资源,为代理的产品提供一站式的配套生产、市场推广和物流服务。

其间,通过完成收购欧美几大物流营运商之后,利和经销打开了通往世界最大的物流市场之门。处于供应链中游段落的利和经销与利丰贸易代理国外采购不同,利和经销是品牌厂家和零售商中间的桥梁,主要负责推广生产商和供货商的产品,为产品打开销售渠道。

三、利丰零售——供应链的下游段落

利丰零售于 1985 年成立,是利丰集团自 20 世纪 80 年代以来与多个世界级机构合作发展形成的业务单位。利丰零售以现代化营销管理概念和技术经营不同形式的连锁店,包括 OK 便利店、玩具反斗城、Branded Lifestyle、圣安娜饼屋及利邦有限公司,现已有 1 000 多个零售点。利丰零售则处于供应链中的下游段落,拥有旗下利亚零售和利邦两家上市公司。零售店直接面对消费市场,针对目标客户的需求,建立零售店的品牌形象及销售策略,与供货商紧密合作,降低成本为整条供应链创造效益。

利丰零售已建立从采购、经销到零售的一条完整的供应链的组织管理架构,重视并不断强化企业的核心业务和核心竞争力。

(案例来源:中国知网)

 **案例分析**

现代供应链管理是企业核心竞争力的体现,是业务流程的再造。它牵引了企业物流、信息流的重大变革。这种变革不仅要求企业以合适的价格来提供合适的商品,而且还要求要在合适的操作成本的前提下,在恰当的时间把商品送到对的地方。

当今相对稳定的世界局势使消费市场规模越来越大,争夺市场份额已是必然,跨国扩张战略已是各消费品零售商的必然选择。而作为供应商,就看谁能提供更好的产品质量、更低的价格和稳定的交货期,谁就能抓住这一商机。利丰集团这一跨国供应链管理正符合各零售商利用其模式去整合世界最优廉的产品以助其扩张或市场占领份额。

利丰集团在全球整合其上游生产厂家,帮助其下游客户在全球找寻最好的价格、最合适的供应商和最合适的配套服务,通过利丰先进信息传递平台和其供应链管理进行品质控制,货单的跟踪等,为零售商、邮购和电视销售商提供全方位的服务。其服务包括产品设计、物流、品牌的提供等一站式服务,对进口商以按其要求在全球为其提供最合适的供应生产厂家,并提供品质控制和货单的跟踪。

在虚拟生产模式中,利丰集团直接充当了客户的供应商角色。利丰贸易不再以中间商的角色出现,而是直接与境外买家签订合同,提供买家需要的产品。利丰集团依旧没有工厂,生产任务以外包的形式发给工厂,其负责协调统筹并密切参与整个生产流程,从事一切设计、采购、生产管理、包装、质量监控、船运等一系列的支持性工作。

一个优秀的供应链管理者,必须清楚何为供应链,以及供应链管理的精神和手段。供应链由客户需求开始,贯穿产品设计到最初原材料供应、生产、批发、零售等过程,中间经过运输和仓储,将产品送到最终用户手中。供应链管理就是将供应链优化,以最小的成本令供应链管理从采购开始,到满足最终客户所有的流程,如工作流程、事物流程、资金流程、信息流程,均有效率的管理。利用供应链管理的方法可有效节约成本,供应链上有很多环节都存在节省成本的空间,有如各种交易的成本、物流成本等,如果信息流将共有设备降低,库存手段可以减少占用业务的资产,做到以更少的资源做更多的生意,使利润更为可观。

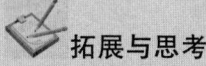 **拓展与思考**　1. 虚拟企业与供应链管理的关系是什么?
2. 供应链管理对跨区域、跨行业企业管理的挑战和机会是什么?

【案例 6-3-2】
雀巢与家乐福的 ECR 管理系统

ECR(efficient customer responses)即"高效消费者响应",是从美国食品杂货业发展起来的一种供应链管理策略。供应商和零售商的合作,尤其是企业间竞争加剧和需求多样化发展的今天,产销之间迫切需要建立相互信赖、相互促进的协作关系,通过现代化的信息和手段,协调彼此的生产、经营和物流管理活动,进而在最短的时间内应对客户需求变化。ECR模式在许多国家和地区迅速推广,所覆盖的领域由原先的食品行业,延伸到流行服装行业、超级市场等,其管理理念和系统方法在整个零售行业中都得到了广泛应用。

雀巢是世界最大的食品公司,总部位于瑞士威伟市,在全球范围内拥有200多家子公司,500多家工厂,员工总数约有22万名,其产品行销80多个国家。家乐福是世界第二大的连锁零售集团,全球有9061家店,24万名员工,在中国大陆拥有33家店,业绩也在不断攀升。

雀巢和家乐福两家公司在ECR方面进行了密切的合作,主要进行供应商管理库存(vender management inventory,VMI)示范计划。VMI是ECR中的一项运作模式,主要指供应商依据销售及安全库存的需求,替零售商下订单或补货,而实际销售的需求则是供应商依据由零售商提供的每日库存与销售资料进行统计预估得来。通常,供应商有一套管理系统来处理相关的事务。这样将大幅改进供应商面对市场的回应时间,从而能尽早得知市场确切的销售信息,降低供应商与零售商的库存,进一步提早安排生产,降低缺货率。

VMI示范计划的总目标是增加商品的供应率,降低家乐福库存天数,缩短订货前置时间以及降低双方物流作业成本。具体指标包括:雀巢对家乐福物流中心的产品到货率达90%,家乐福物流中心对零售店面的产品到货率达95%,家乐福物流中心库存天数下降至预设标准,以及家乐福对雀巢的建议订货单修改率下降至10%等具体目标。另外,雀巢也希望将新建立的模式扩展至其他销售渠道上加以运用,以加强掌控能力并获得更大规模效益,而家乐福也会与更多的重点供应商进行相关合作。

在人力投入方面,雀巢与家乐福双方均设置了一个协调机构,其他部门如物流、采购、信息等部门则是以协助的方式参与。在经费的投入上,家乐福主要是在EDI系统建设的花费,雀巢除了EDI系统建设外,还引进了一套VMI系统。

经过多年的推进实施,雀巢和家乐福整个VMI运作方式逐渐形成了如下的运作模式。

(1) 每日9:30以前,家乐福用EDI方式传送结余库存与出货资料等信息到雀巢公司。

(2) 9:30~10:30,雀巢将收到的资料合并至EWR的销售资料库系统中,并产生预估的补货需求,系统将预估的需求量写入后端的BPCS ERP系统,依实际库存量计算出可行的订货量,产生建议订单。

(3) 10:30前,雀巢以EDI方式传送建议订单给家乐福。

(4) 10:30~11:00,家乐福在确认订单并进行必要的修改后回传至雀巢。

(5) 11:00~11:30雀巢依据确认后的订单进行拣货与出货。

除了建设一套VMI运作系统与方式外,在具体目标方面也达成了显著成果:雀巢对家乐福物流中心的产品到货率由原来的80%左右提升到95%;家乐福物流中心对零售店面的产品到货率也由70%左右提升至90%左右,而且仍在继续改善中;库存天数由原来的25天左右下降至目标值以下;在订单修改率方面也由60%~70%的修改率下降至

10%以下。

而对雀巢来说最大的收获却是在与家乐福合作的关系上。过去雀巢与家乐福是单向的买卖关系,家乐福享受着大客户的种种优惠,雀巢则尽力推出自己的产品,这样,彼此都忽略了真正的市场需求,从而导致卖得好的商品经常缺货,而不畅销的商品却库存积压。经过这次合作,双方有了更多的相互了解,也有了共同解决问题的意愿,并使原本各项问题的症结点——浮现,这对从根本上改进供应链的整体效率非常有利。

(案例来源:中国知网)

案例分析

雀巢与家乐福的VMI示范计划是业界的创新典范,双方透过经营模式的改变而逐步改善库存和供货效率。

VMI是一种供应商库存管理的新模式,即在供应链环境下,由供应链上的制造商、批发商等上游企业对众多分销商、零售商等下游企业的流通库存进行统一管理和控制的一种新型管理方式;其主要思想就是实施供应厂商一体化,即零售商放弃商品库存控制权,而由供应商掌握供应链上的商品库存动向,由供应商依据零售商提供的每日商品销售资料和库存情况来集中管理库存,替零售商下订单或连续补货,从而实现对顾客需求变化的快速反应。

如果供应链上的库存由供应商进行管理,加之上下游企业真诚地进行合作,那么VMI策略就能够让分销商、供应商乃至整个供应链的经济效益得到提高。但是在具体操作中,由于不同的利益团体间的真诚合作非常困难,即便是能够实现合作,但信息的完全共享也不太可能。雀巢与家乐福的VMI合作,克服了双方之间的困难,取得了双赢的效果,这是值得业界借鉴和学习的。

从供应链的角度看,ECR更可能影响整个后端的工厂制造与前端店面之间生产与库存效率的提升。然而,所有这些工作中最难的是创造合作的氛围,唯有上下游双方均有宏观的思考,愿意共同合作,才会有进步的可能。雀巢与家乐福的合作虽然还有很长的路要走,但是却已经给我们一个很好的示范。

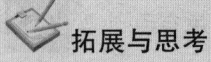 **拓展与思考**
1. ECR为雀巢和家乐福分别带来了哪些好处?
2. ECR实施的前提有哪些?
3. 实施VMI策略会面临哪些困难?如何克服这些困难?

【案例6-3-3】
一汽与宝钢供应链协同创新模式

汽车工业按照本身的生产与市场发展规律,形成了自己行业的体系结构,即汽车行业供应链由整车制造商、原材料及零部件供应商、整车与零部件经销商、物流服务商等环节构成。因此，所谓汽车供应链协同创新，是指以适应市场变化、快速响应客户需求为出发点，以供应商、制造商、销售商、物流服务提供商和客户在汽车产品设计、制造、运输、市场营销等方面全方位的协同创新为手段，以提高成员企业的利益为最终目标，从而提高整个供应链创造力和竞争力的创新活动过程。其内容体系如图6-1所示。

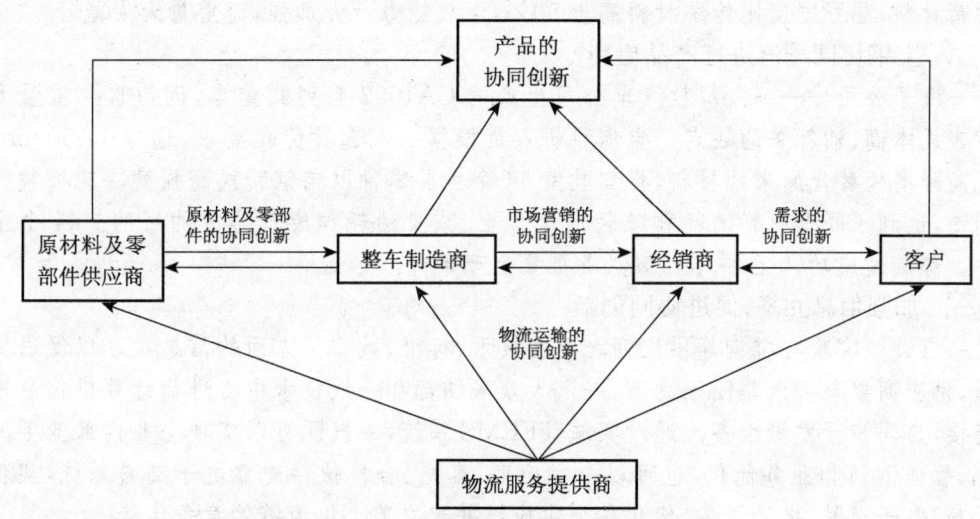

图 6-1　汽车供应协同创新示意图

汽车供应链协同创新之所以能够快速响应客户需求，提高整个供应链的创造力和竞争力，其关键之处在于协同创新强调各创新环节的并行化、创新资源的集成化、成员企业创新行为的协同化。

由于科学的发展和技术的进步，供应链的节点企业还应获取相关环节各种技术的最新发展信息，掌握新的技术能力来提高各个协同创新环节的效率，并根据新的市场需求信息和新的技术能力来制定和修正协同创新的目标，确保创新想法切实可行。汽车供应链企业间协同创新的流程即是上述过程的循环往复、逐步发展，从而确保协同创新能够持续进行。

概言之，汽车供应链企业间的协同创新是以市场需求为出发点，以新技术的应用为支撑，通过各个环节的协同创新来开拓和激活潜在的市场需求，并满足客户不断变化的各种需求，从而提高整个供应链的创造力和竞争力。

一、一汽与宝钢开展"先期介入"研究模式

汽车产品的开发是一个系统工程，需要零部件企业共同参与，就目前我国汽车零部件的整体水平而言，要开发整车，首先要提升零部件。整车制造企业在产品设计阶段就应该选定供应商并使之"先期介入"研究开发过程，担负起设计零部件或工程系统的责任，"先期介入"模式一般是在用户新产品开发的初期就进入，与用户协同创新。

在宝钢与一汽协同创新的实践中，当一汽尚在车型开发阶段时，宝钢科技人员就参与到他们新车型的设计、制造和选材等工作中，开展了零件冲压成型仿真分析、模具调试用材的合理选择,参与了调模试冲、修模方案分析、工艺参数制定和坯料尺寸设计等工作。这样一来,宝钢便帮助用户缩短了新产品的开发时间,降低了新产品开发的风险。例如,车架是影响重型卡车承载能力的重要构件,国内一般使用普通16锰钢做大梁,与国外一流重型卡车相比,在强度和重量上都要相差很多。在开发奥威的过程中,一汽与宝钢、鞍钢联合开发,让它们在设计阶段参与进来,使用全新的材料和结构,开发出了高强度车架。这种新材料,屈服强度比传统材料高出50%,承载能力大大加强,而重量大大减轻。

二、宝钢协同一汽进行产品更新

一汽子公司——一汽解放汽车公司生产的CA1092系列载重车,因为自身重量太重而带来成本高、油耗多的缺点。宝钢科研人员根据一汽选材优化要求,选择1 550 mm的冷轧高强度板替代原来的材料,将驾驶室44个主要零件以宝钢新式高强度冷轧板替代钢板制造,达到了降低材料消耗和减轻汽车自重、减少油耗和废气排放的目的。44个主要零件全部制造成功,5台样车台架具备批量生产条件。

三、加强信息共享,促进协同创新

一汽逐步实现与宝钢等供应商之间在技术、标准、数据等方面的信息共享以促进协同创新,供应商要与一汽集团采购部、一汽大众采购部和一汽技术中心进行计算机信息网络的连接,为同步开发做准备。通过实施TEEMS系统,一汽既可以实现企业内部业务的电子化、管理创新和业务优化,也可以与供应商、客户、合作伙伴建立电子交易系统,实现电子贸易、电子交易、电子服务,优化整个供应链并建立整个价值链的竞争优势。

实施电子采购,可以实现产品开发过程的高效率协作。一汽逐步实现有序的信息共享,对信息进行安全性管理,跟踪问题,进行智能化分析。例如,一汽已经开始尝试换代车和供应商同步开发,在概念车设计时将各个产品的三维数据通过网络发送给供应商,供应商设计方案,大家通过网上进行三维数据交换,协同创新。

四、组建"跨职能团队",增强协作关系

一汽参照日本和欧美企业的做法,聘请了供应商方面的工程师与本公司的工程师并肩工作,这有助于即时性的交流与协作。例如,一汽让宝钢的技术人员深入一汽的生产现场,组成跨职能团队,这样就把为本企业解决问题进一步发展成为与宝钢共同学习与协作,使协同效果更加明显。

(案例来源:中国知网)

 案例分析

宝钢作为供应商,通过采用"供应商参与技术创新"这一协同模式进行创新。其关键之处在于协同创新强调各创新环节的并行化、创新资源的集成化、成员企业创新行为的协同化。其创新不仅为一汽缩短了新产品开发周期,降低了新产品开发风险,增加了新产品开发种类;同时也加快了自身新产品品种的开发周期,提高了供货比例,从原来仅仅是产业链上下游的销售关系,扩展成为相互支持的战略伙伴关系,共同打造有竞争力的供应链。

第六章 物流组织创新 | 155

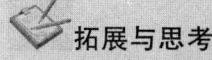 **拓展与思考**
1. 制造业供应链企业协同创新的模式是怎样的?
2. 物流协同创新如何影响供应链?
3. 为什么要协同创新?
4. 采用"供应商参与技术创新"这一协同创新模式价值在哪里?
5. 商贸物流供应链协同应该如何运作?

【案例 6-3-4】
ZARA"混合"供应链管理

一、ZARA 的背景

ZARA 是西班牙 Inditex 集团的旗下品牌,近年来以极高的增长速度逐渐在服装界崭露头角,目前全球开设的分店已遍布 60 多个国家。我们很少看到 ZARA 进行大规模的广告,很少打折。进入 ZARA 零售店后,你看不到服务员的热情服务;那是什么使 ZARA 这个"不作时尚的制造者,而作时尚的跟随者"成为时装界的"怪物"? 结论是 ZARA 只有 15 天的提前期,即它在短短 15 天之内可以从提纲到商店货架,成为服装业极速供应链的经典。哈佛商学院有专家认为 ZARA 是值得研究的品牌之一,该校市场营销的学生会花上一周的时间研读 ZARA 的供应链案例。

二、ZARA 供应链流程分解

ZARA 创新的运作模式已经在服装业掀起一场革命。ZARA 不借助外部合作伙伴进行设计、采购、分销和物流,而是自己全部包揽,使整个供应链完全处于掌控之中。

ZARA 的供应链可分为四大阶段,即产品设计、采购与生产、产品配送和销售反馈。

1. 产品设计

ZARA 的产品设计并不像一般的服装企业那样强调原创性,而是做时尚的跟随者,有人甚至调侃 ZARA 为天下第一抄。ZARA 的设计师主要基于对现有产品进行模仿和重新组合。ZARA 的设计师总是混在各大时装展的 T 台旁,从顶级设计中获取灵感。

他们只用几天就可以完成对顶级设计的模仿。此外,ZARA 在全世界各地雇佣 400 多名设计师穿梭于各大时装展,并把最新的时尚理念和设计反馈到总部。

ZARA 的每个门店,都安装着彼此独立的信息系统。每天晚上每个门店大量原始数据传到西班牙西北部拉科鲁尼的 ZARA 总部。这些信息返回到总部后,专业团队在同一个房间,共同探讨将来可能流行的服装款式、面料等。在这一阶段 ZARA 与大多数服装企业不同,它不是去预测 6~9 个月后的需求,也不对流行趋势提前做判断,而是迅速对顾客需求作出反应,始终紧跟时尚,频繁更新款式。

2. 采购与生产

ZARA 公司在生产时,其辅料主要依靠母公司 Inditex 集团旗下的部门处理。Inditex 从各地采购原坯布(未染色的织布),延迟生产的策略使其能够轻松应对时尚颜色的变化。ZARA 其余的原材料供应来自地理上临近的供应商,以缩短提前期。

为了保持其供应链的响应速度,在绝大部分服装品牌采用外包策略时,ZARA坚持本土生产,因此与其竞争者外包给亚洲相比会有较高的生产成本。在剪裁打版环节,ZARA将汽车行业的 JIT(just in time)系统移植到服装行业。不同于大型服装品牌规模化的生产,ZARA 的生产线都是多品种、小批量的流水线,借助 JIT 系统,ZARA 能够实现定制生产流程,实现供应链柔性生产。

与产品生产数量相比,ZARA 更关注款式的多样性。传统服装总是不可避免地在季末进行促销打折,而 ZARA 打折商品数量平均约占它所有产品总数量的 15%~20%,而欧洲其他竞争者是 30%~40%(Ghemawat and Nueno,2003)。

3. 产品配送

商品的配送环节至关重要,为加快物流速度,ZARA 采用光学读取设备电子识别,快速准确地分拣、装车并送往各专卖店。ZARA 花费大量资金修建地下通道,利用地下传送带把货物运送到配送中心,再运往世界各地。此外,ZARA 经常使用航空运输这一最昂贵的运输方式来加快运输速度。ZARA 奉行速度第一,成本第二的理念使其物流效率在业界已达到数一数二的境界。

4. 销售与反馈

与主流服装品牌销售模式不同,ZARA 采用垂直销售模式,即自建专卖店。ZARA 各专卖店每天把销售信息发回总部,总部能够及时获知客户的反馈信息,通过分析订单信息后,判断各种产品是否受欢迎,如果该产品是不受欢迎的,将立刻取消原定的生产计划,这样,ZARA 就可以把风险降至最低。如果产品是受欢迎的,总部将通过快速反应机制迅速追加生产。但即使是很受欢迎的款式一般也就补货两次,一是为减少市场同质产品的生产,满足顾客个性化的需求;二是人为制造一些短缺,使商品显得紧俏。ZARA 和业内普遍打折降价的做法不同,它只在一年两个时间进行有限的打折销售。这种在销售季节的反应能力是 ZARA 与其他服装公司的重大区别。因此 ZARA 和竞争对手相比,只有不到一半的产品需要进行过季打折处理。

5. 专卖店

从 1975 年创办第一家 ZARA 专卖店到今天,ZARA 一直坚持零广告策略。与此同时,ZARA 的老板更注重专卖店的选址与设计。专卖店一般选址在城市中心,规模一般超过 1 000 平方米。专卖店利用优越的地理位置吸引顾客,其设计充满时尚气息,宽敞明亮的购物环境让人觉得是一种享受,店铺的风格统一,包括照明和服装展示。ZARA 橱窗紧跟时尚的趋势,橱窗里的模特搭配推荐款式更换非常频繁。其生活场景式橱窗布置,使 ZARA 迅速拉近与顾客的距离。服装的陈列摆放都是经过精心设计的,不仅在货架之间留出足够空间,方便顾客挑选试穿,还将配件与服装有机搭配展示。

(案例来源:联商网)

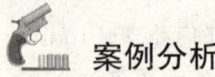

案例分析

ZARA 的核心竞争力在于紧跟流行趋势,通过专业设计团队模仿顶级设计,以更低的价格、更快的速度将产品推向市场。经营模式以全局掌控供应链为目标,真正实现供应链管理的核心目标——"整个供应链成本最低化"。Inditex发言人曾说,ZARA的成功在于在最短时间提供了顾客所需。ZARA通过高度整合市场上的资源,实现紧跟时尚信息,快速响应潮流,大大降低了产品开发风险。ZARA打造了一条高度整合垂直的供应链模式,不借助外包这一固有模式,在采购、生产、配送和销售各方面都全部包揽,在模仿中走出自己的创新之路。

作为服装行业的标杆企业,ZARA给我国企业的供应链发展带来不少启发。

1. 采用延迟化策略

随着顾客需求多样性与个性化等新的市场特征的出现,延迟策略应运而生。延迟策略的基本思想就是将个性化、差异化的环节尽量往后推,在得到真正的顾客需求后再进行最后的装配。该策略已在戴尔、惠普、丰田等国际著名企业成功实施,在降低供应链成本的同时,还能提高供应链的敏捷性。在服装行业可以通过设计延迟、生产延迟和物流延迟三个方面实现这一策略。

2. 建立快速响应机制

快速响应是从美国服装行业发展起来的一种供应链管理方法,其目的是为降低从面料采购到服装上架的时间和供应链的库存水平。许多学者已经深入研究了快速响应机制在匹配供给与需求上的重要价值。ZARA 15天的提前期就是快速响应机制的代表,中国服装企业可以借鉴其垂直生产模式。

3. 缩短提前期

提前期是从设计到成衣摆在柜台上出售的时间,国际名牌一般需要120天,中国服装业一般需要6~9个月,而ZARA只用15天就创造出让平民买得到的快时尚。我国服装企业应该学习ZARA始终以产定销的"拉动式供应链"模式,通过直接整合市场上已有的众多资源,节省产品导入时间,大大降低产品开发风险。

4. 做自己的品牌

现在我国已成为世界工厂,服装企业大多是一些中小型企业,缺少真正意义上的服装品牌,供应链管理等先进理念薄弱,信息化程度较低,不重视服装设计,简单模仿拼凑,难以形成自己的品牌,因此我国服装企业还处在价值链的最低端,帮知名品牌做加工。为扭转这个局面,不再让我国处于用大量资源换取微薄利润的现状,我国服装企业必须树立自己的品牌,在不断提升产品质量的同时,传递品牌价值,加强与国际品牌竞争的能力。

5. 重视销售环节

服装品牌主流的商业模式主要有自营模式、加盟模式和经销商模式,他们大多依靠广告推销自己。而ZARA始终坚持直销模式,不靠广告,而是坚持让顾客进入店铺,直接接触商品,依靠专卖店整体形象向顾客传递品牌价值。加强店员员工培训,创造一个和谐友善的购物环境也是专卖店整体形象的重要组成部分。消费者的反馈信息才真正体现了顾客的需求,ZARA后台强大的IT系统也使总部快速掌握来自消费者的市场信息。中国企业可以借鉴ZARA的信息平台,避免信息传递的延时和扭曲。

中国服装业供应链的优化迫在眉睫。当今电子商务快速发展,给原有的物流、销售环节带来了新的挑战和机遇。在这一过程中,中国服装企业也不能完全照搬 ZARA 的供应链模式,还需结合自己品牌的特点因地制宜,走出自己的品牌之路。

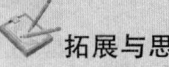 **拓展与思考**
1. ZARA"设计、采购、分销和物流自己全部包揽"有什么好处?
2. ZARA 的"整合"体现在哪里?
3. 中国服装业供应链的优化应向 ZARA 学习哪些创新理念?

第七章 物流管理创新

引 言

随着市场范围的扩大和市场竞争的日趋激烈,物流管理在企业经济活动中的地位也越来越重要。为了既能保证企业各项物流职能的充分发挥,又能降低企业的物流成本,以及增加产品的价值和企业的竞争力,许多企业开始对物流技术和物流管理进行创新,将运输、仓储、包装、装卸搬运、采购等物流职能整合成一体化甚至集成化的物流管理。

在经济全球化背景下,任何一个企业都不能独善而存。与时共进,紧跟世界潮流是企业的前进方向。企业的物流管理势必要走上创新之路。本章将从精益物流、绿色物流、体验式物流、智慧物流及虚拟物流五个方向进行阐述,通过案例和案例分析引发学生对物流管理创新的思考,从现有的物流管理创新案例中得到启发,思考物流行业未来的发展之路。

第一节 精益物流

精益物流是起源于日本丰田汽车公司的一种物流管理思想,其核心是追求消灭包括库存在内的一切浪费,并围绕此目标开发一系列具体方法。精益物流的目标是根据顾客需求,提供顾客满意的物流服务,同时追求把提供物流服务过程中的浪费和延迟降至最低程度,不断提高物流的增值效益,并降低物流成本。

【案例 7-1-1】
上海医药物流中心的精益物流

医药物流向来被专家评价为物流业中"先进物流体系的典型代表"。作为迄今国内最大的医药配送中心,上海医药物流中心以其优秀的系统、合理的流程、精良的设备、可靠的 WMS 系统,被专家与政府部门誉为我国医药物流行业的"国际水平,中国第一"。

上海医药物流中心由上海市医药股份有限公司(简称上医股份)全额投资建立,可支持上医股份和上海医药(集团)有限公司内部业务及社会化第三方物流业务共 150 亿元的储存和配送。上海医药物流中心从 2002 年 6 月立项到 2007 年 1 月正式投入运营,历时 4 年半精心打造,投资近 3 亿元,成为医药物流行业的新"标杆"。目前,上海医药物流中心除了承担全公司的药品配送业务,另有15%的能力支持第三方物流业务;每日一个运作班次可实现入库15 944箱,出库12 813箱,其中拆零分拣拼箱2 055箱。每天运作两个班次,则处理能力翻番,可以达到28 000箱/天的设计标准。

一、高起点建设现代物流中心

上海医药物流中心坐落于被称为上海"陆港"的西北综合物流园区,占地面积52 110平方米,总建筑面积30 949平方米。该项目被列为国家重点技改项目,也是上海市重大技改项目,融汇了国际、国内软硬件优秀品牌与上医股份的杰出管理和再创造,为支撑公司业务的快速发展、打造中国医药物流的著名品牌奠定了坚实的基础。

上海医药物流中心银灰色的主体建筑东西长150米,南北长100米。其汇集了领先的高架自动存取系统(AS/RS),平置库系统,电子标签拆零拣选系统与无线射频(RF)拆零拣选系统,总长度为1 800米的输送系统,以及自动分类系统等自动化、半自动化物流装备;同时拥有强大的管理软件和信息系统,包括仓库管理系统WMS、设备控制系统MCS、上海医药商务在线SBO系统,与上医股份的ERP系统实现了无缝对接,控制管理着物流中心的进货、入库、分拣等十大业务流程的运作。

随着库位优化、库存优化、波次优化、员工操作熟练、减少失误,物流中心充分发挥系统运作能力。现在物流中心的日最大处理能力达到系统设计的主要指标。此外,物流中心已经获得经营第三方物流的资质,现有15%的存储空间用于承接第三方物流业务。随着第三方物流业务的增加,物流中心的快速处理能力将得到进一步释放,以满足企业持续发展的需要。

二、构建先进高效的物流系统

根据医药物流运作的特点,上海医药物流中心采用了世界领先的物流系统集成商日本村田机械株式会社提供的工艺流程,借鉴吸收了国外大型现代物流企业的优点,采用了国际最先进、最成熟的设备,精心建设了先进高效的物流系统。其系统主要组成部分如下:

(1)自动存取系统(AS/RS):配有2座自动化立体仓库,用于货物的自动存取。其中,24米高架立体库有托盘货位6 848个,存放B类、C类商品;12米高架立体库有托盘货位928个,为A类商品存储与整箱拣选出库区;2座立库与6台堆垛机、5台自动穿梭小车及托盘输送系统共同构成了自动存取系统。

(2)平置库区系统:托盘式/隔板式货架分布于4 500平方米区间,存放着多品规、少批量的B类、C类药品,采用条码自动识别技术与叉车作业,实现了信息化管理和机械化运作。

(3)冷库系统:温控在2℃~10℃,存放需要冷藏的药品,保证药品冷链的完整性。

(4)特殊药品系统:存放精麻类药品,保护措施严密。为了实现特殊药品的追溯跟踪管理,积极采用RFID技术。

(5)自动输送系统:输送线总长度1 800米,用于货箱在整个物流中心内的自动搬运。采用国际上先进成熟的积放式输送系统,全自动控制和处理,可以有效地避免货物拥堵。核心设备从日本村田公司进口,每小时处理能力达到5 000箱。

(6)电子标签拣选系统(DPS):用于商品的拆零拣选,满足了医院与药店零库存、少量多次进货的要求。自动亮灯提示拣选,无需单据,货架密集排布,大大缩短了员工的移动距离和搜寻商品的时间,极大地提高了工作效率。主要设备由上海源流科技有限公司提供,核心部件从日本进口。总共拥有1 000多个电子标签拣选位,最大可以支持800多种商品的拆零拣选。药品可以分拣到小盒,通过复核,正确率达到99.98%。

(7) 无线射频拣选系统(RF):采用国际上最先进成熟的无线手持终端和发射基站以及条码打印系统,主要设备从美国进口,可以做到真正意义上的无纸化作业。无线网络覆盖整个物流中心,操作人员借助手持终端可以完成整箱或拆零药品拣选,并确保作业准确率。

(8) 自动分拣系统:位于业务流程的末端,来自各区域的药箱汇集于此,实现出货前的自动分类。采用国际上最先进成熟的滑块式分拣机,核心设备由荷兰范德兰德公司供应,全自动控制和处理,几乎可以保证完全正确,避免了人工分类的差错,安全高效,处理能力每小时5 000箱。

三、信息系统是精益物流成功的关键

除了先进合理的业务流程与精良成熟的物流设备,上海医药物流中心的另一个亮点就是先进而完善的信息管理系统,在WMS的统一调度指挥下,各子系统协调运行,使上海医药物流中心得以高效率运转。上海医药物流中心建立的目标之一就是:信息技术瞄准世界水平,与当今世界水平同步。

经过一番波折,最终,上海医药物流中心选择了世界供应链管理领域首屈一指的美国曼哈顿联合公司的仓库管理系统(WMS)。之所以采用国际顶尖的软件系统,正是因为考虑到WMS对企业发展的重要作用:有利于企业战略发展的实施(如联合、扩张),有利于建成现代化供应链,有利于拓展行业内的第三方物流服务,有利于形成业内的系统标准,有利于对外宣传和合作。而曼哈顿提供的WMS系统,通过仓储管理、运输管理、分布式订单管理、逆向物流管理和贸易伙伴管理等应用软件以及无线射频标识、绩效管理和事件管理等功能,来优化整条供应链的实施流程。该系统兼有网络化优点,有利于上医股份实现控股公司和其他网点联网,主机与软件共享,并为将来供应链管理、第三方物流业务的开展奠定了良好基础。

为了与WMS系统实现对接,公司ERP系统也进行了升级再造。目前,上海医药物流中心的信息系统包括五个层面:企业管理层ERP、仓库管理层WMS、仓库控制层WCS、作业设备控制层MHE和作业设备执行层PLC。计算机就像"大脑",用多层次软件系统高效、智能、正确地进行各项业务管理;而条码系统、RF系统则像"神经",让信息在全部流程中自如交换,共同实现了物流中心的实时化管理,使物流与信息流保持同步。

四、提升标准化服务质量是实现精益管理的抓手

上海医药物流中心是上海第一批现代物流综合实验基地。自2013年以高分顺利通过上海市医药物流标准化试点验收后,便积极组织落实国家级医药物流服务标准化试点项目申报工作,逐步建立了综合法律、法规,ISO质量管理体系和新版GSP三位一体的医药物流服务标准体系,内容覆盖医药物流服务通用基础标准、服务保障标准、服务提供标准等方面,涉及国家、行业、地方和企业各类标准与规范共计415项。

目前,上海医药物流中心在全国范围内已拥有44个物流中心,其中5个具有医药第三方物流资质,可支持跨区域、跨库区运作,力求为客户提供最佳物流服务解决方案。上海医药物流中心已拥有1个物流中心和5个分拨库区,具备适合各类药品及医疗器械的不同储存条件。各大区域物流中心共拥有近10万多平方米的库房,运输车辆100多辆,

其中冷藏车13辆。整个物流中心拥有30 000多个托盘货位,日均配送客户600余家,日均处理订单明细12 000条,自有物流配送网络覆盖上海乃至华东及全国13个省,1 200个县级城市,3 000家商业公司,8 000家医院和1万家药店。

上海医药物流中心还承担着国家级药品战略储备基地、总后战备药品代储基地和国民经济动员保障基地的任务。作为上海市药品配送的主渠道,上药物流坚持2小时急送业务,开通24小时不间断服务的"800"服务热线,并以强大的信息平台为整个社会服务。政府监管部门通过这个平台能及时查询和掌握药品流通过程中的相关信息,实现药品的可追溯性,确保公众用药安全。上药物流还攻克了冷链监控难点,加强冷链控制标准化管理;引入先进信息系统,如SmartVeQ、OTMS等方式,推进上海医药物流标准化技术与服务创新。同时,通过精益六西格玛项目、QC活动、合理化建议等方法,使服务病患、服务社会进一步得到拓展和延伸。

面向下游客户,以医院药房的托管、承包和"零库存"管理、自动订单、信息共享、有效需求响应为主要手段的快速响应服务体系;面向上游客户,以协同补货、协同预测为主要手段的协同商务运作体系,从而以多种增值服务创新赢利模式、增强赢利能力。上海医药物流中心将构筑全国规模最大的现代物流配送体系,大幅提升供应链能级,在更高层次上提升核心竞争力,在新的起点上实现跨越性发展。届时,上海医药物流中心也将发挥更大的价值。

(案例来源:博锐管理在线)

案例分析

随着医药流通环节毛利逐步降低,国药物流、华润医药、上海医药物流中心均已开展物流精益化管理,以期达到降本增效、提高自身竞争力的目的。上海医药物流中心更早将"精益六西格玛"项目放在集团战略层面进行推广,并明确由企业负责人作为第一责任人进行项目的推进与落实。

通过本案例可以发现精益物流的基本思路和路径,系统化、信息化、标准化是精益化的前提和基础。例如,物流中心积极推动仓储作业自动智能化,库位设计可扩展化,以满足业务的快速发展与变化;加强运作效率化、信息化,统一WMS管理,对接业务订单系统,实现供应链协同管理。尤其曼哈顿仓储管理系统提供了非常强大的优化货位的功能。对于不同周转频率的货物存储位置,能够提出合理、高效的解决方案,以提高拣货效率和速度,降低仓库内的搬运费用。而当货物的周转频率随市场需求发生变化时,该软件可十分灵活地提出改进方案,使货物的存储位置重新达到最优。

上海医药物流中心以打造"更快捷的配送速度,更柔性的服务能力"为指导原则,致力于满足客户"次更频,量更少"的服务需求,合理下沉物流布点,提高运输效率,满足终端市场的配送需求。

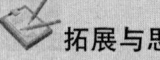 **拓展与思考** 　1. 上海医药物流中心选择了什么样的精益化之路?
　　　　　　　　　　2. 从上海医药物流发展状况分析未来创新路径是怎样的?

【案例 7-1-2】
真维斯品牌服装的精益库存控制

真维斯国际有限公司（简称真维斯）是一家以销售休闲服饰为主的港资企业，自1993年在上海开设首家店铺以来，至今已在全国20多个省市开设了2 000余家店铺，拥有现时中国最大的休闲服饰零售网络。真维斯休闲服装以休闲风格为主要产品线路，以18～28岁年轻人为主要的目标消费群，是目前发展势头最好的服装类别之一。

对经营服装品牌的企业来讲，库存积压一直是难以避免的问题，而作为有着一定历史的真维斯，在2010—2013年期间，是解决库存积压的公认能手。据业内人士介绍，真维斯市场部的员工调配货的能力很强，他们清楚地知道什么样的货该往哪家店铺调，到什么时间会卖不动，所以从来没有库存积压问题。而这两年来，由于服装企业面临的竞争日益激烈化，真维斯也面对着库存量加大的压力。优化企业的库存控制，减少企业的库存以降低成本占用率，已成为企业当前要解决的问题。真维斯市场部的员工通过对真维斯背景的分析，了解真维斯的企业库存现状，运用库存管理与控制的相关理论知识，以及对市场需求预测的准确分析，达到了解并优化真维斯的库存控制及管理。

据数据分析，2015年上半年，87家服装公司库存量高达732亿元，其中有11家企业超过10亿元。造成库存居高不下的主要原因是企业激进扩张之时养成的粗放式管理模式，对需求把握不足导致供应链上"牛鞭效应"凸显，企业的生产计划与实际市场需求严重脱钩，存货由此不断累积。然而，真维斯却在这场库存危机中表现得相对"另类"，公司2015年的库存量得到有效控制，与2014年同期相比甚至有所下降。

由于真维斯毛利较低，过去10年真维斯致力于做精准的库存管理。真维斯的库存管理有三个维度：时间维度、地域维度和产品维度。在时间维度上，以前是半年分析一次消费者购买心态，现在则精准到了每周；地域维度则是将全国分成了东西南北区域，最后又细分到每个城市每个店铺做分析；最后的产品维度是指，以前只针对男女装做分析，后来是对每个款做分析，现在则会针对不同的面料、不同的风格去分析，透过这种多维分析来判断下一季的流行，再分析每个区域适合什么样的服装设计与材质，这样就会定制生产，减少库存。"精细化管理"是真维斯控制库存的核心竞争力，整个过程环环相扣，贯穿了供应链的各个节点：依据终端反馈数据，公司按期制定出采购、生产及库存控制计划，通过客户管理系统达到相对准确的投放和配送，从而最大化地减少浪费，降低库存。

真维斯品牌服装只是众多品牌休闲服装中的一部分，也是短生命周期以及B类产品的一部分。在商业企业中，有很多企业也和真维斯一样面临着库存控制的问题，应用精益库存控制则是一个有效的措施。

（案例来源：中国服装网）

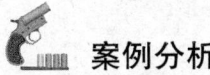
案例分析

库存控制的目标之一是对库存成本进行控制。因此，库存成本是库存控制决策主要考虑的因素。库存成本主要包括库存保管费用、订货成本、缺货成本以及物资本身的价值。这四部分成本互相影响、互相制约。

解决库存问题的核心是进行准确的市场需求预测以及快速的物流配送,在满足客户需求的前提下,做到企业的安全库存量最佳。做到合理的库存控制对企业的发展有重要的意义,合理的库存管理可以改善企业的服务质量、节约订货的费用,节约作业交换的费用,也可以提高人员与资源利用率。反之不合理的库存不仅不会给企业带来利益,反而会影响企业的发展,给企业的运营管理带来不利的影响。

对服装企业来说,精益物流的价值在于:在物流质量方面降低物流出错率和损耗率;在效率方面提高物流系统的柔性和均衡性,缩短交货时间;在成本方面降低物流成本等。

服装物流具有流转速度快、品种多、来源地复杂、目的地复杂、配送层级多等特点,在这种情况下,服装企业要想以经济的物流方式更好地满足顾客的需求,就需要在物流运作中引入精益管理的思想。但服装物流不同于一般物流,其管理具有一定的挑战性,主要表现在:①管理对象具有多样性。由于服装产品具有品牌、款式、尺寸、颜色等多重属性,品规数量非常多,给物流管理带来困难。②快速反应性。由于服装商品的季节性、流行性很强,这就要求物流的快速反应。③库存控制的困难性。由于大部分服装的生命周期短,造成库存管理上的困难。④配送网络的复杂性。服装企业销售渠道非常复杂,导致了配送网络的复杂性。⑤对信息化的依赖性。根据服装企业的特性,服装物流管理离不开信息系统。要想实现服装企业的精益管理就需要克服挑战,保证供应及时性,并在管理物流系统中关注质量。在未来服装业的发展中,运用好"精益物流"这一"利器"将为企业提升市场竞争力带来不可小视的作用。

拓展与思考　1. 结合案例,谈谈你对"精益物流"的理解。
　　　　　　　2. "精益物流"的价值体现在哪些方面?

第二节　绿　色　物　流

绿色物流(environmental logistics)是指在物流过程中抑制物流对环境造成危害的同时,实现对物流环境的净化,使物流资源得到最充分利用。它包括物流作业环节和物流管理全过程的绿色化。从物流作业环节来看,包括绿色运输、绿色包装、绿色流通加工等。从物流管理过程来看,主要是从环境保护和节约资源的目标出发,改进物流体系,既要考虑正向物流环节的绿色化,又要考虑供应链上的逆向物流体系的绿色化。绿色物流的最终目标是可持续性发展,实现该目标的准则是经济利益、社会利益和环境利益的统一。

【案例 7-2-1】
FedEx:全球减排增速的践行者

世界快递巨头联邦快递是一家国际性速递集团,提供隔夜快递、地面快递、重型货物运送、文件复印及物流服务。联邦快递是全球最具规模的快递运输公司,为全球超过235个国家及地区提供快捷、可靠的快递服务。

一、联邦快递致力于节能和环保事业

FedEx在发展自身业务的同时,致力于节能和环保事业,在多个国家和地区获得了诸多环保奖项。FedEx在节能和环保领域的探索,在为FedEx节约大量成本的同时,也树立了FedEx为公众利益负责的良好形象。

当前,FedEx每天向世界220多个国家和地区发送850多万个包裹,飞行里程约50万英里,行驶近120万英里(1英里≈1 609.34米)。假设在这一过程中忽略了节能和环保,那么这一系列的高强度物流活动将会对气候和环境造成严重的污染和破坏。

FedEx在节能和环保领域进行积极探索,取得了一系列令人瞩目的成果,如大规模采用高效飞机、提倡建立轻型车辆运输系统,增加对电力的使用,减少对石油的依赖;开发新技术使系统、交通工具和线路效率更好等,这些贡献既体现了FedEx在保护环境、提高人类生存质量方面的社会责任,更在行业内树立了标杆,为其他企业在此方面作出了榜样。

二、大规模采用高效飞机

近些年来,FedEx注意到现代飞机技术发展日新月异、新型飞机层出不穷、飞机燃油效率不断提高的现实和趋势,开始引入一些新机型,如波音777F和波音757。新机型拥有更高的燃油效率和更大的载货量,能够显著降低货运燃料消耗。如波音777F就比先前的MD-11载货更多,耗油更省、飞行更远,大幅减少了每一运输单位的成本和废气排放。经计算,波音777F可直飞5 800多海里(1海里=1 852米),比麦道MD-11多1 900海里的范围;能运载17.8万磅(1磅=0.453 59千克)的货物,比麦道MD-11多1.4万磅的载货量。但波音777F消耗的燃料却要比麦道MD-11减少了18%,同时每吨货物减少18%的废气排放量。

鉴于波音777F的巨大优势,FedEx新近又购置了6架波音777F型飞机,使波音777F的架数增至12架,并借此开通了孟菲斯至韩国和中国东南部的波音777F直达航班。根据当前采购方案和约定,在2020年前,FedEx将扩充波音777F的机队规模,将波音777F增至45架。

在大量购置波音777F的同时,FedEx也提高用新型飞机替换旧有飞机的数额,如开始使用波音757替换了波音727,进而使每磅载货量的燃料消耗减低了47%,并减少了维护费用。在飞机更换一项上,就为FedEx节约了大量的燃油,减少了大笔经营成本。

三、使用电动汽车

电动汽车是指以车载电源为动力,用电机驱动车轮行驶的车辆。混合动力电动汽车是指车上装有两个以上动力源,包括有电机驱动的汽车,车载动力源有多种:蓄电池、燃料电池、太阳能电池、内燃机车的发电机组。这两种汽车能显著降低汽油的使用,进而减少碳排放,经过FedEx的计算,365辆混合动力车或者43辆电动汽车的二氧化碳的排放量与10辆燃油卡车相当。

正因为如此,FedEx在过去的几年中加大了对电动汽车和混合动力电动汽车的购置力度,使新能源汽车在车队中的比重不断提高。在2011财年年末,FedEx全球的电动汽车和混合动力电动汽车总数增至408辆,增长近20%;新能源汽车车队行驶里程近950万英里,几乎是往返月球的 20 倍,节约大约 27.6 万加仑的燃油和减少近 2 800 吨的二氧化碳排放。

四、降低燃油消耗

尽管 FedEx 大量采用了电动汽车和混合动力电动汽车,但是在 FedEx 车队当中仍有大量的燃油汽车。针对这种情况,FedEx 致力于汽车燃油效率的提高,通过新技术来改善燃油效率。未来几年中,FedEx 还将继续着力于汽车燃油效率的提高,目标是在 2020 年将公司车队的燃油效率提高 20%。

除了提高汽车燃油效率,FedEx 还从细节入手来减少燃油消耗。就如何使用送货车来说,FedEx 通过试验和经验积累,清楚地知道驾驶时有三种情况会影响能源消耗:开什么车、到哪里和谁开。因此,FedEx 每年都会选用一批更高效的车辆上路;每天都会根据交通情况的变化通过技术改变线路;此外,FedEx 还会不断向团队成员传授最优驾驶方法。

FedEx 在亚太地区推行一项名为节能驾驶(Eco-Driving)的项目,这个项目旨在通过改变日常驾驶习惯,减少对环境的影响。一位日本的 FedEx 代理商就是该项目数百名团队成员之一,当时他作为速递员加入 FedEx,现在为所有日本驾驶员管理燃料消耗。这位代理商清楚地知道驾驶对环境的影响,因此他一直致力于降低燃油消耗。现在他每天总是先浏览东京街道的堵塞情况之后再去上班,从而为送货车提供最佳的行车路线。其他为数众多的 FedEx 成员也在为改善环境质量而不懈努力。

FedEx 还与五十铃汽车公司合作制定了节能驾驶方法。五十铃对日本的速递员的驾驶情况进行了详细统计,发现日本的速递员有大约 70% 的时间待在车里,每天驾驶大约 60 英里,停车 30 次。根据五十铃的调查结果,FedEx 团队发现了 20 种行为可以减少车辆废气排放,其中包括缓慢加速、匀速、提前加速、慎用空调和减少空转时间等。FedEx 认为,减少废气排放的责任首先落在驾驶员身上,若驾驶员了解和养成新的习惯,计划必定成功。因此,FedEx 将节能驾驶提示放进车内突出位置;而驾驶员用的钥匙链上也标记着节能驾驶五项原则。结果卓有成效,自 2010 年 9 月开始实施计划以来,在日本拥有 150 条线路的最大操作站里,其燃油效率提高了 14%。

目前,FedEx 还在社区内指导节能驾驶;为所有有条件实施计划的操作站里的团队成员举办节能驾驶讲座,并邀请社区人士参与,为整个地区的节能降耗作出了贡献。

五、隔夜操作 提高生产效率

FedEx 开创了一个崭新的行业——隔夜快递。每天晚上,FedEx 总部孟菲斯都盘旋着即将着陆的飞机。当 FedEx 全球运营监控中心发出指定的时间,各部门都已做好接机的各项准备,一场与时间的赛跑即将开始。随着飞机的不断降落,装卸工人驾驶牵引车、带挂斗的卡车和电动车拥向停机坪卸货,紧接着,卡车先将集装箱运往分拣大厅,然后按照货物的大小和重量进行分类。托运单上的条形码清清楚楚地标着每件包裹从哪里发出、运往何处以及飞行的路线和运抵的时间。快递公司可通过阅读货物上的条形码随时了解每件被发送货物的具体位置。

FedEx 在分拣货品这一环节实施绿色物流这一理念,确确实实做到了两点。第一,在公司内部运作上,节约时间,提高工作的生产效率。这样一来,减少了不必要的生产成本,做到了低碳的运作。第二，FedEx实施隔夜快递，在夜间进行全球配送，不仅错过了交通的高峰时间，提高了交通通达率，而且充分利用运输能力，促进海陆空的合理分工，以最小的社会运输劳动消耗，及时满足了运输需要；使货物走最合理的路线，经最少的环节，以最快的时间，取最短的里程到达目的地，消除运输中种种浪费现象。同时，FedEx选择合理的运输方式、运输工具，根据商品不同的性质、数量选择不同的运输车辆，选择正确的运输路线，提高车辆的容积利用率和车辆的里程利用率，节省运输费用。

六、自制能源和可再生资源

FedEx自制能源及可再生资源，在加州奥克兰建成并运营着一座以太阳能为主要能源的运转中心，该运转中心在开始运营的前3年提供了超过300万千瓦时的清洁能源，检索二氧化碳排放量超过1 000吨。还有，就连平常使用的快递封，FedEx都是使用再生材料制成，消费后再利用的成分所占比例达到35%以上。而制作联邦快递快递箱的材料及其再生材料成分比列达到了25%至100%。同时，联邦快递公司也会定期检查物流配送模式，以提升供应链的效率。

（案例来源：全国物流信息网）

案例分析

从全球大环境来看，随着世界经济的不断发展，人类的生存环境正在不断的恶化。绿色物流是现代物流可持续发展的必然。物流业作为现代新兴产业，有赖于社会化大生产的专业分工和经济的高速发展。而物流要发展，一定要与绿色生产、绿色营销、绿色消费等绿色经济活动紧密衔接。人类的经济活动不能因物流而过分地消耗资源、破坏环境，以至于造成重复污染。此外，从企业的利益角度出发，绿色物流还是企业最大限度降低经营成本的必由之路。

绿色物流首先有利于企业树立良好的公众形象和赢取公众的信任，扩大企业的知名度和影响力；其次，企业通过对资源的节约利用，对运输科学合理的规划，将大大降低物流成本，降低物流过程的环境风险成本，从而为企业扩展了利润空间，增强了企业的竞争优势；最后，绿色物流是可持续发展的一部分，开发新型环保型能源等措施降低了物流过程中对环境产生的污染。

FedEx大规模采用高效飞机、提倡建立轻型车辆运输系统，增加对电力的使用，减少对石油的依赖；开发新技术使系统、交通工具和线路效率提高；在节能和环保领域进行的积极探索。FedEx在保护环境、提高人类生活质量等方面树立了标杆。

FedEx用减少燃油消耗量，减少尾气排放，自制能源及可再生资源，合理的运输模式来发展绿色物流。中国快递企业也应多多学习应用其中之道。

中国快递企业要真真正正的实现绿色物流，首先就要转变观念，树立起绿色物流的观念，并将这个观念贯彻到企业的各个生产环节中。在运输形式上可采用交错运输，尽可能地选择夜间运输，以缓解交通、提高工作效率；在运输包装上，全程采用集装箱等包装形式，既可以减少包装支出，降低运输过程中的货损、货差，也可以提高货运质量，实现一票到底,节省人力物力财力,最大限度地提高设备使用率,取得经济效益最大化。同时,可以回收可再利用的容器和包装,通过处理后,再使用,以减少包装材料和包装费用。

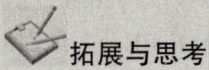 **拓展与思考**　　1. 你对绿色物流创新有什么看法?
　　　　　　　　　　2. 绿色物流的发展会对哪些行业带来冲击?

【案例 7-2-2】

沃尔玛的绿色物流之路

沃尔玛(Wal-Mart Stores, Inc.)是一家来自美国的世界性连锁企业,以营业额计算为全球最大的公司,其控股人为沃尔顿家族。沃尔玛由美国零售业的传奇人物山姆·沃尔顿先生于 1962 年在阿肯色州成立,总部位于美国阿肯色州的本顿维尔。沃尔玛主要涉足零售业,是世界上雇员最多的企业,曾连续 3 年在美国《财富》杂志全球 500 强企业中居首。

一、沃尔玛的绿色物流管理策略

在短短几十年的时间里,沃尔玛的连锁店几乎遍布全世界,并以其优质快捷的服务、惊人的销售利润、先进的管理系统而闻名全球。沃尔玛的快速成长,与其卓越的物流管理思想及其实践密切相关。

1. 沃尔玛的绿色供应链

(1) 绿色采购。一个公司的绿色采购是针对自然环境相关问题而制定的一系列方针,采取的一系列行动和形成的相应关系,相关问题设计和原材料的获取,包括供应商的选择、评估和开发等。沃尔玛在供货商中推行的是"环保平衡计分卡"。记分卡通过可以量化的指标来衡量供货商的环保资质并对其进行辅导和改善。

(2) 绿色制造。绿色制造包括绿色设计、清洁生产和绿色包装三项内容。包装在保护产品、提高物流效率等方面起着十分重要的作用,隐性包装废物所造成的环境污染,逐渐引起了环保界的重视。沃尔玛在绿色包装环节操作中坚持"五个 R"即 remove(去掉不需要的包装);reduce(去掉不必要的包装);recuse(重复利用一些包装材料);renewable(用可回收利用的包装材料);recycable(可循环利用)。

(3) 绿色物流。沃尔玛在物流方面的规定是凡是冷藏货运卡车在仓库时,必须停止发动机,改用现场电源帮助制冷。据估计,仅此一项沃尔玛全球冷藏车队就可以减少排放二氧化碳 40 万吨,减少耗能 7 500 万美元。沃尔玛的环保配送中心也是一份不错的环保设计,拥有阳光墙、屋顶自然光采集、LVD 照明设备以及太阳能热水器系统等。位于嘉欣的沃尔玛配送中心,采用了多项先进的可持续性措施,这样每年能节约 715 千瓦时,二氧化碳排放量每年约减少 680 吨。同时沃尔玛的门店也属于新型节能环保商场,照明系统中才用 LED 灯、EMS 灯光控制系统。

2. 沃尔玛配送体系的特色

沃尔玛作为全美零售业年销售收入位居第一的著名企业,素以精确掌握市场、快速传递商品和最好地满足客户需要著称,这与沃尔玛拥有自己庞大的物流配送系统并实施了严格有效的物流配送管理制度有关,因为它确保了公司在效率和规模成本方面的最大竞争优势,也保证了公司顺利地扩张。

沃尔玛现代化的物流配送体系,表现在以下几个方面。

(1) 设立了运作高效的配送中心。从建立沃尔玛折扣百货公司之初,沃尔玛就意识到有效的商品配送是保证公司达到最大销售量和最低成本的存货周转及费用的核心。而唯一使公司获得可靠供货保证及提高效率的途径就是建立自己的配送组织,包括送货车队和仓库,配送中心的使用不仅使公司可以大量进货,而且还可以要求供应商将商品集中送到配送中心,再由公司统一接收、检验、配货和送货。

(2) 采用先进的配送作业方式。沃尔玛在配送时,大宗商品通常经铁路送达配送中心,再由公司卡车送达商店。每店每周收到 1~3 卡车货物,60% 的卡车在返回配送中心的途中又捎回沿途从供应商处购买的商品,这样的集中配送为公司节约了大量的资金。

(3) 实现配送中心自动化的运行及管理。沃尔玛配送中心的运行完全实现了自动化。每种商品都有条码,通过几十公里长的传送带传送商品,激光扫描器和电脑追踪每件商品的储存位置及运送情况,每天能处理 20 万箱的货物配送。沃尔玛为了更好地进行配送工作,非常注意从自己企业的配送组织上加以完善。其中,一个重要的举措便是公司建立了自己的车队进行货物的配送,以保持灵活性和为一线商店提供最好的服务。这使沃尔玛享有极大竞争优势,其运输成本也总是低于竞争对手。

3. 沃尔玛物流配送体系的运作

(1) 注重与第三方物流公司形成合作伙伴关系。在美国本土,沃尔玛做自己的物流和配送,拥有自己的卡车运输车队,使用自己的后勤和物流团队。但是在国际上的其他地方,沃尔玛就只能求助于专门的物流服务提供商了,飞驰公司就是其中之一。飞驰公司是一家专门提供物流服务的公司,它在世界上的其他地方为沃尔玛提供物流方面的支持。飞驰成为了沃尔玛大家庭的一员,并百分之百献身于沃尔玛的事业,飞驰公司同沃尔玛是一种合作伙伴的关系,它们共同的目标就是努力做到最好。

(2) 挑战"无缝点对点"物流系统,为顾客提供快速服务。在物流方面,沃尔玛尽可能降低成本。为了做到这一点,沃尔玛对自己提出了一些挑战。其中一个挑战就是要建立一个"无缝点对点"的物流系统,能够为商店和顾客提供最迅速的服务。这种"无缝"的意思指的是使整个供应链达到一种非常顺畅的链接。

(3) 自动补发货系统。沃尔玛之所以能够取得成功,还有一个很重要的原因是因为沃尔玛有一个自动补发货系统,每一个商店都有这样的系统,包括在中国的商店。它使得沃尔玛在任何一个时间点都可以知道,目前某个商店中有多少货物,有多少货物正在运输过程中,有多少是在配送中心等待。同时补发货系统也使沃尔玛可以了解某种货物上周卖了多少,去年卖了多少,而且可以预测将来的销售情况。

(4) 零售链接系统。沃尔玛还有一个非常有效的系统,叫做零售链接系统,可以使供货商们直接进入沃尔玛的系统。任何一个供货商都可以进入这个零售链接系统中来了解他们的产品卖得怎么样,昨天、今天、上一周、上个月和去年卖得怎么样,还可以知道这种商品卖了多少,而且可以在 24 小时内就进行更新。供货商们可以在沃尔玛的每一个店中,及时了解有关情况。

4. 沃尔玛成功的秘诀

(1) 高新技术的快速引进。沃尔玛对技术的探索和认识在各零售连锁企业中是最突出的。高新技术的快速引进,不仅极大地提高了沃尔玛的工作效率,而且也成了公司核心竞争力的一部分。早在 1977 年沃尔玛的创始人山姆·沃尔顿就花了几亿美元,安装完成了沃尔玛第一套真正的计算机网络系统。从这时候起,改进就从未停止过。1983 年,沃尔玛采用了 POS 机,销售始点数据系统的建立实现了各部门物流信息的同步共享;1985 年建立了 EDI,即电子数据交换系统,进行无纸化作业,所有信息全部在电脑上运作。1986 年它又建立了 QR 快速反应机制,主要功能是进行订货和付款通知业务,沃尔玛还把零售店商品的进货和库存管理的职能转移给供应商,由生产厂家对沃尔玛的流通库存进行管理和控制,即采用生产厂家管理的库存方式(VMI)。到了 1988 年,沃尔玛拥有了全国最大的私有卫星通讯网络。此外,沃尔玛在信用卡和条形码设备使用上,也都走在了时代的前列。在互联网时代,为了顺应数码时代的需求,沃尔玛应用数字化工具,导入新经济管理模式,从而获得新的竞争能力。

(2) 完善的配送体系。沃尔玛公司很早就意识到唯一使公司获得可靠供货保证及提高效率的途径就是建立自己的配送组织,包括送货车队和仓库,配送中心的好处不仅是使公司可以大量进货,而且还可以要求供应商将商品集中送到配送中心,再由公司统一接收、检验、配货和送货,这比让供应商将商品分散送到各分店更经济。沃尔玛前任总裁大卫·格拉斯曾说:"如果说我们有什么比别人干得好的话,那就是配送中心。"沃尔玛的配送中心一般设立在 100 多家连锁店的中央位置,基本上是以 320 千米为一个商圈建立一个配送中心,这样就可以让一个配送中心满足 100 多个附近周边城市销售网点的需求,而且运输半径相对较短,也比较均匀。除了高效的配送中心,沃尔玛还建立了自己的车队进行货物的配送。在整个物流过程中,沃尔玛运输部费用最高,这意味着车队节约的费用越多,整个供应链中节省的钱就越多,让利给消费者的部分也就越多。因此沃尔玛对运输的管理很严格,每次运货都把卡车装得满满的。沃尔玛还采用全球定位系统对车辆控制,在任何时候,调度中心都可以知道这些车辆在哪里,离商店有多远,还需要多长时间才能运达。

(3) 强大的产销联盟。一般的供应链中都是生产企业占据了主导地位,但是沃尔玛的供应链管理创造性地建立了零售商主导的供应链模式。在生产商的品牌力量和零售商的渠道力量角逐中,沃尔玛以事实证明了渠道为王的正确性。宝洁公司是最早加入这种合作关系的公司,所以,一般也把这种合作模式成为"宝洁—沃尔玛模式"。沃尔玛的低价政策在开始实行的时候受到了来自宝洁公司的强烈抵制。它因为有巨大的品牌力量,不同意沃尔玛的低价要求。但最后沃尔玛以拒绝销售作为威胁,迫使对手妥协。现在,宝洁公司能够通过网络系统及时地了解到自己产品的销售情况,甚至还成立了一个专门的部门负责和沃尔玛联系。同时,有宝洁营销人员常驻在沃尔玛的总部,负责随时处理订货需求,在双方结算中实现了 ETF 转账结算,避免了支票的时滞和错误。

5. 沃尔玛从绿色物流中的收益

据沃尔玛的一项预测,仅通过在 2013 年前减少 5% 的包装材料,就能为沃尔玛自身的供应链节省34亿美元,而对于其全球供应链而言,节约的金额将高达110亿美元。

在沃尔玛已经进行的绿色环保工作中,包装是成效最为明显的一环。在2013年前减少5%的包装用料,相当于每年从道路上减少21.3万辆卡车,节省32.4万吨煤和6 700万加仑柴油,但对于沃尔玛及其伙伴来说,更重要的还在于这样做所能够获得的商业利益:据沃尔玛测算,此举能为全球供应链节约110亿美元,仅沃尔玛自身的供应链就能节省34亿美元。

沃尔玛的绿色包装倡议实施措施很多,其中比较重要的包括:每吨包装材料的温室效应气体排放量平均减少15%;通过精简产品包装,节约产品运输成本10%;包装材料回收量提高10%;节约能源提高5%;此外,沃尔玛还规定,凡是产品包装材料超过300美元的须报沃尔玛分管部门核准,超过500美元的须获得沃尔玛总部的批准,而对于超过900美元的,则必须由行业组织专家委员会审核批准。

除了自身进行变革,越来越多的沃尔玛供应商也被卷入了这个绿色的大潮之中。

目前,在全球采购区内,沃尔玛对供应商都实行审核制度,审核内容包括供应商在社会道德和环保等方面的表现。这其中,沃尔玛的环保工作正在变得越来越细致,"关键是将与供应商的关系从单纯的买卖发展成合作伙伴关系。"

(案例来源:知网空间)

案例分析

绿色物流是20世纪后期提出的一个新概念,目前还没有一个统一的定义。结合我国当前提出的可持续发展,绿色物流具有新的时代内涵。绿色物流是经济可持续发展的必然结果,是建立在可持续发展理论、生态经济学理论、生态伦理学理论、外部成本内部化理论以及物流绩效评价理论基础之上的新的物流发展观,它的目标是降低对环境的污染并减少资源的消耗,运用先进的物流技术,科学的系统规划,使物流作业环节实现绿色化的控制与管理过程。绿色物流具有资源节约、低能量消耗、可循环利用等特点,对促进社会经济的持续发展和提高人们的生活质量都具有重要的现实意义和长远意义。

沃尔玛采用的绿色供应链和绿色物流之路,引导了产业方向,具有划时代的意义。

就目前来说,我国绿色物流的发展水平还不高,并且存在很多不足,但我国经济已经成为世界经济重要的一部分,我们势必要加快物流行业在国际中的竞争力,加快绿色物流的建设。而借鉴零售业巨头沃尔玛的绿色供应链管理方式,是一个有效的途径。可以说其绿色物流所带来的优势和利益已经掩盖了其原有的不足,可谓是一个商业和环保两方面齐头并进的项目。其中有许多方面都值得我们深入地研究、考察,以学习其中能够运用到我国物流中的先进理念。

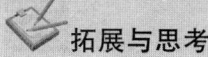 拓展与思考　　1. 沃尔玛的绿色物流管理对我国零售业会有怎样的影响?
　　　　　　　　2. 我国零售业想要发展绿色物流之路会遇见哪些问题?

第三节 物流标准化管理创新

据了解，在欧洲多国公路上运输的超大运输车，其外部尺寸都是相同的。在巴塞罗那港物流中心内，仓库外部与运输车相接的每个库门的外形尺寸都是相同的。可以说，物流发达国家的物流标准化已深入到物流的每一个细小环节。而在国内，运输工具装备的非标准化、运输管理方法的各行其是、运输环节的诸多不协调等，已严重影响我国公路货运效率的提高，还造成了许多资源的浪费，同时也影响到了多式联运的发展。

不过，最近几年，一些有远见的企业开始进行物流标准化的尝试和创新，并取得了一定的效益，它们的经验和成果值得我们去借鉴和学习。

【案例 7-3-1】
百联托盘标准化共用平台

托盘标准化是实现托盘社会化、共用化的基础。小到物流仓储设备、设施的衔接（如：货架、车辆）等，大到工厂和仓库、企业和企业之间的运输衔接都需要通过托盘来运作。当各个节点所使用的托盘都是统一标准，那么就能实现整个供应链体系的运输无缝链接。

百联城市托盘共同配送项目是上海现代服务业综合试点项目。该项目由百联集团率旗下联华超市股份有限公司、上海现代物流投资发展有限公司及其下属企业共同建设。百联提出"标准化托盘、网络化经营、信息化运作、专业化服务"的运作方式，成为一个面向全社会的专业物流托盘租赁服务网络体系，引领了现代物流资源共用的新发展模式。该项目以建设标准化托盘共用租赁平台作为项目基础，以点带面为今后其他物流设备、设施共用租赁服务提供运作平台、架设服务网络、建立信息化管理系统、完善业务运营和管理运作体系，也为推进城市共同配送服务标准体系的建设提供必要的技术支持。

城市配送的日常物流运作几乎都离不开托盘的使用，然而托盘的非标准化使用，非社会化共用使得各行各业都面临物流运作环节的重复循环，运作效率的持续低下，托盘资源的闲置浪费和物流成本的不断上升。托盘共用项目集约物流资源，统一运作标准，提升运作效率，它的创新发展帮助我们去解开这一看似简单却又长期难以突破的物流瓶颈。

一、建立标准托盘社会共用体系，推广实施托盘国家标准

首先，将企业内部原有的废旧、非标托盘进行清理，统一按照国家标准制定的规格整修、采购、更新托盘。按照"集中管理、统一购置、市场化租赁"的原则，从公司内部企业逐步向外部客户延伸，共同推进托盘标准化和共用化建设。经过全盘整合，现已拥有标准托盘 12 万块以上。然后，通过制定一系列管理制度和运作方法，建立了一套从托盘采购、验收、租赁、归还、调拨、调换、维修到结算等所有托盘业务流程环节的规范运作体系，保证了标准托盘社会共用体系的正常运作。拥有足够规模的标准托盘和完善的日常管理运作体系是我们推广实施托盘标准化、社会化体系的基础保障。

二、实现供应链无缝链接，提升物流运输效率

推行实施托盘标准化、通用化，使与物流相关的一系列仓储设施、搬运设备、集装箱和

运输车辆之间兼容性更合理、衔接更方便,使商品在流通过程中,能实现全程机械化运作,大幅减少换装环节,同时简化了人工"搬运、点数、验收和复核"等诸多环节,加速了商品的流转、降低了运输途中的损耗。现有客户中的百事食品和百特医疗已经实现了供应链中工厂、运输、仓库之间的无缝链接,托盘可以在供应链的流通中循环使用。

三、加强建设托盘营运中心,形成托盘共用网络

项目开展后,百联在上海的几个工业园区和仓储物流集中地进行了调研,根据每个地区的产业结构、企业特性和运输流通量,分别选择在上海的松江、徐汇、宝山和嘉定地区建立了四个托盘集散维护基地(即托盘营运中心),方便各类有租赁托盘需求的企业,就近取送,随租随还,初步形成上海市内范围的一个标准托盘社会共用网络体系。

四、开发托盘信息化管理系统,提升托盘共用体系的管理运作效率

为使整个项目运作流程达到信息化、系统化的管理要求,百联研发了一套托盘信息化管理系统用于托盘的日常管理和运作。经过一段时间试运行,项目运作中的档案合同、采购验收、租赁归还、维修调换、调拨运输、库存盘点和费用结算等环节都已实现了信息化管理(见图7-1),使得运作更高效、流程更简便、管理更规范、审核更快捷、执行更严谨。同时百联还在积极探究 RFID 技术在系统中的运用,这将进一步提升标准托盘社会共用体系的管理运作效率。

图 7-1　托盘信息化管理系统

百联的托盘租赁客户已覆盖食品业、快消品业、生产制造业、电子业、医药业、大型超市卖场、百货行业、化工行业、物流配送行业九大行业,加入托盘租赁平台的合作企业超过30家,其中不乏世界500强企业(如:百事食品、百特医疗)、行业内知名企业(如:顶通物流)和百联集团内国有大型企业(如:吉买盛)等。托盘标准化社会共用项目为行业内企业提升运作效率、降低运作成本起到了非常显著的作用。

(1) 统一标准,减少运作环节。托盘标准化、通用化后,使商品在流通过程中,大幅减少换装环节,同时简化了人工"搬运、点数、验收和复核"等诸多环节,加速了商品的流转、降低了运输途中的损耗。

(2) 实现全程机械化运作、提升运作效率。托盘标准化、通用化后,使得带板运输成为可能,实现运输装卸全程的机械化运作,避免了人工装卸的拖沓和损耗。

(3) 以某大型卖场为例,在加入到托盘共用系统之前,一辆5吨卡车通过人工装卸物品耗时约90分钟。加入托盘共用系统后,实现机械化运作,整个装卸时间20分钟不到。运作效率提高近5倍。

(4) 降低托盘采购和使用成本。托盘租赁可以免除企业自身托盘采购的成本,同时还解决了由于业务淡季旺季的需求差异,造成托盘闲置和仓储空间无法有效利用的问题。

表 7-1　托盘标准化共用体系使用前后对比

加入托盘标准化共用体系前	加入托盘标准化共用体系后
2007—2008 年	2009—2010 年
使用托盘 22 492 块	使用托盘 38 000 块
两年托盘使用成本 81.05 万元	两年托盘使用成本 112.5 万元
每块托盘使用成本 36 元	每块托盘使用成本 29.6 元

通过表 7-1 可见，在托盘使用量增加了 69% 时，托盘使用成本只上涨了 38.8%。每块托盘的使用成本直接下降了 17.18%，两年来直接为企业节约了约 24.32 万元托盘使用成本。如果计算物价变动因素，2009—2011 年托盘的采购成本上涨约 17%。那么托盘租赁业务使托盘使用成本降幅达到 28%。

（案例来源：中国物流产品网）

案例分析

托盘标准化和通用化后，对企业的成本降低、运作效率提升、甚至对倡导绿色物流都有很大的促进作用，可以优化整个物流系统中的各个环节。

(1) 优化系统。由于规定了托盘的标准化、使与物流相关的一系列仓储设施、搬运设备、集装箱和运输车辆之间兼容性更合理、衔接更方便，使整个物流环节达到最优化设计。

(2) 实现供应链无缝链接。托盘实现了标准化、共用化后，实现了从工厂、运输车辆、仓库到销售终端间的机械化运作，供应链中的每一个点都互相兼容匹配，减少了运作环节，提升了运作效率。

(3) 保护环境，为实现绿色物流奠定基础。托盘标准化、社会化共用，可大大减少社会托盘的总拥有量。制作木托盘，必须选用直径 20 厘米以上的树木，减少托盘的用量，可以降低木材消耗，对植被覆盖、自然环境的保护发挥积极作用。项目开展以来，百联共为各类企业减少托盘购置需求约 19 000 块，仅此就降低木材消耗 2 000 多立方米。

拓展与思考题　1. 上海市托盘公用项目参与的企业包括哪些知名物流企业？
2. 项目绩效体现在哪些方面？

【案例 7-3-2】
上海百大配送有限公司的物流配送标准化管理

上海百大配送有限公司是云南百大投资有限公司投资的一个全国性的配送网络（简称上海百大配送），经过近 5 年的运作，已建成包括上海、北京、南京和昆明四城市四种商业模式的从事第三方物流末段服务的专业公司，获得了上海创股和北京联办等投资机构的注资,形成了自己的标准化业务和管理流程,实现了整体盈利,为今后的配送网络复制和扩张打下了基础,并开始与"阳光网达"等中游物流企业进行企业标准对接。

上海百大配送的标准化内容包括:机构设置及管理制度、程度的标准化;业务流程的标准化;业务开发的标准化;客户开发及维护的标准化;数据库建设的标准化(包括数据采集、分析、提供等);与供应商、银行、终端消费者接口的标准化;属地公司及配送站建设的标准化等。

上海百大本着的标准化管理经历了以下三个阶段的探索和实践。

第一阶段:基于ISO9002:1994(即质量保证模式)标准建立并实施的标准化管理。

为配合上海百大配送战略发展的需要,该公司在昆明和上海成立了专业的第三方物流配送公司,经过1年多的运作,积累了一定的经营和管理经验,并确立了在全国范围内成立同类的第三方物流配送公司、形成全国直投网络的战略目标,新公司的建立和运作需要有一套规范化、标准化的管理手册作指导;随着昆明和上海两家公司物流配送业务量的增长,对运作及管理规范化、标准化的需求促使该公司实施标准化管理。

实施标准化管理的过程中,主要采取了以下措施:按照ISO9002:1994建立质量体系;根据公司行政、财务管理需要,按照ISO9002:1994的理念建立行政财务管理体系;将质量管理体系与行政财务管理体系有机融合,形成一套完整的公司管理手册(简称管理手册V1.0);在已成立的公司逐步实施管理手册V1.0,并指导新公司的建立和运作。

上海百大配送所属的昆明公司在标准建立之初,即承担了配合设计并试验标准化管理体系及管理手册V1.0的任务。标准化管理体系的建立及实施,规范了公司的运作和管理,使公司的业务运作及行政财务进入有序状态,提升了公司的服务质量,增强了竞争力,使该公司成为昆明地区物流配送行业的明星企业。随后,公司在管理手册V1.0的指导下在南京、北京相继成立了第三方物流配送公司。

第二阶段:提炼不同类型物品的物流配送运作过程的标准化管理。

上海百大配送在昆明、上海、南京和北京四城市分别成立第三方物流末段配送公司,经过几年的运作,尽管四城市公司经营重点不同,但单一物品的物流配送业务流程已较成熟,而且同类物品的配送在不同地区、不同公司的业务流程与管理基本一致。在此基础上,进行了标准化管理的升级。

上海百大配送综合所属四个物流企业的实际运作经验,总结不同物品、不同服务的业务流程,自下而上地收集各环节、各岗位操作指导,并按部门及功能块制订切实可行的管理制度及控制标准,形成了管理手册V2.0。

管理手册V2.0建立并实施后,公司内各部门及功能块控制点清晰,管理目标明确,减轻了中层管理人员的管理难度;各岗位人员严格按照操作指导及标准工作。为公司提升业务量及增加新的配送服务奠定了基础;各地区公司在开展新业务时,依据管理手册V2.0已建立同类业务的业务流程、操作指导及管理控制标准实施业务的开发、运作及管理,大大加快了各公司业务的拓展。

第三阶段:对有共性的不同物品的物流配送运作过程一体化的标准化运作及管理的

探索,并增加对客户、用户及合作者的接口标准化内容。

随着上海百大配送在四个城市运作的日趋成熟,各城市公司在物流配送实际运作中都不同程度地实现了不同物品、不同服务过程的资源共享及综合利用(注:资源包括人力、信息、基础设施、工作环境、供方、合作者、银行及财务资源等)。因此,上海百大配送总结公司在不同物品物流配送实际运作中的搭载经验,探索及总结公司关联单位、客户、用户及合作者的业务标准化接口,对实际运作经验进行分析,掌握搭载规律,制订运作及管理标准,在管理手册V1.0及管理手册V2.0基础上,随着业务种类、合作伙伴和合作方式的不断增加,采用ISO9001:2000及ISO9004:2000标准建立管理体系及标准,形成管理手册V2.1及后续同级版本。

上海百大配送的标准化管理体系由三个标准化管理体系等级。其中:管理手册V1.0体系分为行政管理和质量保证两部分,适用于公司的行政财务管理及质量管理,公司所属地区公司、部门及加盟者均采用统一的管理标准。管理手册V1.0手册选择了30多个管理体系要素,行政财务管理体系要素10个和质量管理体系要素20个。其中,行政财务管理体系要素包括:劳动人事管理,办公总务管理,公关管理,广告宣传管理,成本管理,经营企划管理,财务管理,会计管理,资产管理,管理过程控制;质量体系要素:管理职责,质量体系,合同评审,设计控制,文件和资料控制,采购,顾客提供产品的控制,产品标识和可追溯性,过程控制,搬运,储存,包装,防护和交付,质量记录,内部质量审核,服务,统计技术,检验和试验,检验、测试和试验设备,检验和试验状态,不合格的控制,纠正和预防措施。

管理手册V2.0体系是一套行之有效的分功能块的第三方物流末段具体管理制度、业务流程及操作指导书的集合。由6个管理分册组成,分别是:董事会管理手册、管理中心管理手册、行政人事管理手册、财务管理手册、业务开发管理手册、区片管理手册。管理分册从以下几个对各功能块的规范化运作和管理提出了管理标准:结构、职能、工作内容及流程、操作指导书、管理制度及实施办法、岗位职责说明书。

管理手册V3.0由管理手册、程序文件、管理制度、操作指导书、表格、记录、分类及控制标准等组成。

(案例来源:经典语录网)

 案例分析

分工合作是现代物流的一大特征,中国物流业需要重新整合才能得到发展,而各方物流的参与者只有使用统一的标准和规范,才能将干线物流、配送中心、物流末段服务等不同环节有机地整合成一体,使中国物流全程高效率运行,成为中国新的经济增长点。在这方面上海百大的标准化管理值得我们学习和借鉴。

上海百大的物流配送标准化创新特点是系统、规范、全面、标准;规范了公司的运作和管理,使公司的业务运作及行政财务进入有序状态,提升了公司的服务质量,增强了竞争力,使该公司成为物流配送行业的明星企业。

> 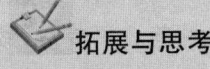**拓展与思考**
> 1. 上海百大的物流配送标准化管理的成就在哪里？有哪些需要改进的？
> 2. 如何加快物流标准化建设？
> 3. 为什么物流标准化推广难？

【案例 7-3-3】
招商物流的标准化

招商局物流集团有限公司（简称招商物流）为国资委直接管理的国有大型企业——招商局集团有限公司的全资下属子公司。2010 年之前，随着公司的成长，业务规模的扩大，招商物流企业管理难度不断加大，出现了内部运作流程混乱、人员变动频繁、各网络运作节点服务能力参差不齐、淡旺季运作差异大等问题，导致管理成本直线上升、服务客户水平难以提高；另外，因为缺乏统一的考核指标及标准，很难对分公司运作能力、各项目运作水平高低进行有说服力的考核与对比。

这些问题已逐渐成为招商物流进一步增长的瓶颈，同时，客户对服务质量的要求也越来越高，要求更快的响应速度、更高的作业效率和服务水平、更低的管理和运营成本。为了解决上述问题，2011 年起，招商物流从仓储运作标准化、外协公路运输标准化、打造核心运作产品开始全面推行运作标准化管理，通过规范化的管理，提升公司核心竞争力。

为满足公司的进一步发展要求，招商物流引入"运作标准化管理"理念，总结多年的运作经验，严格实施运作标准化管理策略，为运作各个环节制定并实施统一、细致、科学、量化的运作流程或工作方法标准。通过实施标准化运作管理，招商物流从传统物流简单、粗放的发展模式转变为了精细化管理的现代物流发展方式，也给公司带来了巨大的经济效益。

一、仓储运作标准化管理

通过标准、统一的仓储 VI 标识，统一公司品牌形象。

VI 标准化是指为确保仓库良好的库容库貌，展现公司统一、鲜明的对外形象，对库内视觉形象系统进行全面、系统的规划，对仓库统一视觉效果，统一对外形象。VI 标准化主要包括以下四大标识：公司 LOGO 标识、安全类标识、运作类标识、企业文化类标识。VI 标准化具体分为员工守则、宣传栏、标语口号、工作服装，旨在对内增强凝聚力，对外树立企业形象，提升企业品质，增强竞争能力。

通过规范各类运作流程、加强过程化管理，提升仓储管理的可控性。运作类流程标准化包括通用类流程及操作类标准流程标准化。通用类流程标准化是指为仓储安全管理、行政管理及设施设备管理等通用流程制订、发布和实施标准，通过规范仓储的运作管理，确保仓库安全有序地运作。

通用类流程主要包含：①安全类流程；②行政类流程；③设备管理程序；④仓库 SIP 自我提高及完善流程。操作类流程标准化是指为仓储运作收货、备货、发货、盘点制定、发布和实施标准,通过规范仓储的操作流程,提高操作效率,降低成本。操作类流程涉及收货流程、备/发货流程、盘点流程、搬仓流程等。通过标准的模型表,进一步规范资源使用,做到资源配置标准化。

(1) 组织架构标准。明确仓储部职能,建立标准组织架构,员工数量标准配置测算模型,明确了岗位职责、工作流程、任职要求、培训要求及考核要求等标准,确保每个岗位都是通过培训并且符合要求的人员就职,减少操作中的失误及异常事件的发生频率。

(2) 建立叉车、货架、托盘等仓储设备配置标准测算模型,规范资源的标准配置,提高资源使用率。通过设立标准作业线、实行效率成本标准管理,提高仓储堆存能力,提升劳动生产率。

二、外协公路运输标准化管理

通过规范承运商的采购、管理及培训,确定外协运力组织满足公司需求。

(1) 完善并严格执行业务分包管理规定,公路运输外协承运商管理规定,运作岗位设置、职责、任职资格与人才达标管理办法等标准文件。

(2) 加强了业务分包管理。建立了"三权分立"物流业务分包采购规定,选用优势承运商,推广"集疏运"业务分包模式,不同项目相同线路,将订单分类整合,合理选用车型。此外,加强承运商管理。树立扁平化管理理念,建立外协承运商分级管理制度,开展承运商的培训工作、KPI考核工作,培育公司核心承运商。

(3) 实行组织架构标准。明确运输部门职能,建立标准组织架构,明确了岗位职责、工作流程、任职要求、培训要求及考核要求等标准。

通过规范各类运作流程、加强过程化管理,提升外协公路运输管理的可控性。操作流程标准化包括操作流程执行标准、订单执行监控管理标准、KPI考核标准等一系列标准的标准化。

加强运输交付环节管控,做好客户维护与异常服务处理工作。主要内容包括:送货人员在运输交付环节应遵守的规定;运输拒收及退货处理程序;运输交付跟踪管理规定;异常服务处理管理规定;对开展运作培训、客户拜访、客户满意度调查、动态管理检查、交付过程抽查、项目运作回顾等工作要求;试行建立客户服务热线;试行建立终端客户维护质量考评体系等。

通过量化效率与成本挖潜考核标准、实行运输成本结构测算模型,提高运作效率,降低运输成本。运输效率与成本控制标准化包括运作效率与成本统计标准,外协运输合同运价执行及临时外协运输协议使用标准,运输效率与成本挖潜等内容。首先,建立运作效率与成本统计标准。其次,监督外协运输合同运作的执行情况,确保按合约价格支付费用,规范临时外协运输协议使用的情况、范围及审批办法。最后,量化效率与成本挖潜考核指标。

建立定期回顾总结优化机制。2013年,招商物流确定了外协公路运输的全部环节,找出了客户关注、运作仍较为薄弱、存在提升空间的6大环节,提出对6大环节(分拨点管控、在途信息及时准确、业务分包方选择与管理、回单管理、终端客户信息反馈、订单分类整合)的管理思路与具体办法。通过巩固已取得的成果和持续提升重要环节管控能力,保障物流运作质量。

三、打造标准运作产品

在仓储运作及外协公路运输标准化的基础上,招商物流深入开展标准运作产品打造工作。通过提炼酒类、化工品类、日用品类、食品饮料类等行业客户产品的运作特性,设计推广适用于生产线的标准化运作流程、运作团队、资源配置、效率指标等,持续地进行项目的运作优化及提升,最终形成了稳定的运作产品,使之可以复制,既支持同类产品的拓展,也通过运作提升,给现有客户带来增值。

(案例来源:百度学术网)

案例分析

实施标准化管理的目的是为了使物流配送规范化、标准化,通过资源特别是流程共享,在降低固定费用基础上,降低变动费用,从而低成本、高效率地保证所提供服务的质量,满足顾客已有和潜在的需求。

总体来看,招商物流的标准化管理创新实践成果,至少具有三个方面的推广价值。

(1) 借鉴该创新成果,第三方物流企业特别是资源管理型企业,不仅可以直接提升企业的运行效率,而且在提升服务质量、塑造企业形象、完善企业管理制度等方面具有特别重要的意义。

(2) 物流运作标准化具有很强的复制推广性,因此,招商物流实施物流运作标准化的经验和方法对于单个的第三方物流企业管理标准化具有较好的推广价值。

(3) 该创新成果还可以供具有网络型服务业务的第三方物流企业或者连锁型流通企业,在改进企业标准化管理和提升企业运作效率上提供借鉴。

>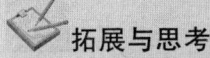
> **拓展与思考**
> 1. 招商物流标准化管理的核心内容有哪些?
> 2. 外协公路运输标准化管理是很多企业管理的软肋,招商物流的做法有哪些值得我们去学习?
> 3. 为什么说招商物流的物流运作标准化具有很强的复制推广性?

【案例 7-3-4】
麦德龙的标准化供应链管理

只有清楚地限定你的客户群,才能高效率地利用标准化供应链管理流程降低成本,赢得生存和发展空间。

很多时候,经理人觉得自己经营的企业就像"风箱里的老鼠,两头受气":一面是市场降价压力巨大,另一面是供应商不肯让价。两头的挤压使企业喘不过气来。无疑,低价策略是企业竞争中常用的一张王牌。但相同的策略导致的结局却不尽相同:有的企业得以成功扩张,大多数企业却黯然出局。为什么会这样?企业到底怎样才能生存?如何才能扩大利润空间?

供应链管理是中国大部分企业最薄弱的环节,随着国外优秀企业的大量涌入,越来越多的中国企业经理人认识到供应链管理是企业提高经营效率、创造竞争优势的关键。

麦德龙公司以其崭新的理念和管理方式在德国及欧洲其他19个国家迅速成长并活跃于全世界。它是Fortune 500强企业之一。

在麦德龙,电脑控制系统掌握了商品进销存的全部动态,将存货控制在最合理的范围。当商品数量低于安全库存,电脑就能自动产生订单,向供货单位发出订货通知,从而保证商品持续供应和低成本经营。

如果能随时对进销存的动态有清晰的了解,就可以及时发现问题,作出快速反应,避免损失的发生,从而能在降低库存的同时,提高顾客满意度。

经过30多年的不断改进和完善,从商品的选择、订货、追加订货,到收货、销售、收银每一个环节,麦德龙都有先进的电脑信息系统进行严格的控制。

当然,进行电脑控制还需要人工的监督和决策配合。麦德龙有专门的监督人员检查整个系统,检查订货数量和交货数量是否相符。一般的订货程序是电脑提出采购预测,管理者再结合经验作出决定。采购预测是影响整个供应链的关键环节,预测的准确性将影响到其他各个环节效率,对成本高低产生直接影响。电脑根据顾客的需求信息,提出采购预测,管理者根据电脑的预测并参考其他的因素,如季节的变化、促销计划、社会上的大型活动,以及整个供应链各个环节的负荷能力等,结合经验作出最后决定。

一、标准化操作

麦德龙的经营秘诀就是所有麦德龙的分店都一个样,麦德龙将很成功的模版复制到每个商场,包括商场的外观和内部布置及操作规则,所有商场实施标准化、规则化管理。这些规则包括购买、销售、组织等各个方面。就像工厂的机械化操作一样,每个人都知道自己要做什么,应该怎么做,规则非常明确。从与供应商议价开始,直到下单、接货、上架、销售、收银整个流程,都是由一系列很完善的规则控制这套动作。

有两个降低成本的标准化原则:一是整个店铺的设计,麦德龙的分店不豪华但很有效率。作为仓储式的配销中心,麦德龙采用的是门店和仓储合一的方式,不但节省了店面投入成本,而且能够从时间上做到快速补货。而且,其工业大货架将销售和存货合为一体的设施,使空间上的垂直补货成为可能,适合麦德龙这种大量销售、物流速度快的商业模式,有助于麦德龙实现低成本高效运作。

二、限定客户

无论做什么,都不要忘了供应链的另一端是客户,这是最重要的。有时,人们一味地追求标准化,而忽略了他们的客户。麦德龙整个供应链的运作,是由顾客的需求来拉动的。因而,它能站在客户的角度去思考,提供更加完善的商品和服务。

麦德龙主要针对专业客户,如中小型零售商、酒店、餐饮业、工厂、企事业单位、政府和团体等。其供应链管理的特色之一就是对顾客实行不收费的会员制管理,并建立了顾客信息管理系统。

麦德龙的负责人曾说:"如果我不限定我的客户,让所有人都来,我的运营成本就要增加,管理难度也加大。例如,我可以在货架上放一件一件的商品,也可以在货架上放一箱一箱的商品。如果我要在货架上摆一箱可口可乐，一件一件地放，要放24次。如果一箱一箱地放，一次就够了。我们可以从接货处直接用机器将货品摆上货架。我选择那些愿意一箱一箱购买的客户，而不是那些希望一件一件零买的客户，这样可以减少操作成本。操作成本的减少就意味着人员成本的减少，因此我的商店不需要太多的人。这是其一。

"其二，如果我们知道有哪些用户，就可以分析他们的需求，增加他们喜欢的商品，移去他们不需要的商品。这可以优化我们的商品品种。其他零售店可能需要40万种商品去满足他们的顾客需求；我们只需要15万种。通常来讲，他们需要的品种可能是我们的双倍。

"我们只关注目标客户，我们知道他们需要什么，因此我们可以控制品种数目。如果我们服务所有人，就需要更多的投入、更多的供应商、更多的洽谈……这就是成本。从技术的角度讲，限制客户范围可以提高经营效率。"

麦德龙的信息系统不但能详尽反映销售情况，提供销售数量和品种信息，而且还记录了各类客户的采购频率和购物结构，准确反映了客户的需求动态和发展趋势，使麦德龙能及时调整商品结构和经营策略，对顾客需求变化迅速作出反应，从而最大程度地满足顾客需求。

三、与供应商双赢

高效地把产品从供应商传送到顾客手中，需要商品订购、存储和配送过程的优化管理。在整个供应链上，不仅仅需要企业内部各个环节能有效地完成各自的工作，更需要供应商与企业之间、企业与客户之间的无缝对接。

麦德龙的价格优势，来自从采购到销售有一套严谨的、标准化的管理程序。而这一套标准化管理顺着供应链一直延伸到供应商处的供货流程。麦德龙专门为供应商制作了供货操作手册，包括凭据、资料填写、订货、供货、价格变动、账单管理、付款等过程的方方面面。麦德龙通过这种规范化采购运作的延伸，把供应商纳入自己的管理体系，将供应商的运输系统组合成为它服务的社会化配送系统，从而大大降低了企业的投资，实现了低成本运营。

麦德龙的核心价值是寻求与供应商建立长久的关系，为共同的利益合作。麦德龙采用中央采购的形式就是一种双赢的形式。例如，如果麦德龙在其他地方开店，供应商不必在当地设办事处，他们只需和麦德龙总部联系就可以了，中央采购也节省了供应商的运作成本。

同时，有的供应商还可从麦德龙的互联网站点上直接下载订单，降低订单处理成本。

为了进一步降低供应商的成本，麦德龙还为供应商提供某些管理协助，如选择最快、最节省成本的送货路线。麦德龙在同供应商交易时，能严格遵守合同所规定的交易期限，按时结算，而且批量大、周转快，加上它奉行的双赢策略，所以供应商都愿以最低价位向其出售商品。

（案例来源：九九畅流网）

 案例分析

供应链管理的目标之一，就是要降低商品库存。因此，有效的物流跟踪与库存控制，是整个供应链在最优化状态下运行的基本保证。电子化商品管理系统是管理物流的关键，管理员能在任何时间知道，我们有哪些存货，进了多少，放在哪里，卖了多少，这样就能对整个经营进行操控。如果能控制整个经营，当然也可以控制成本。在这方面麦德龙给我们作出了很好的表率，那就是，利用先进的计算机控制系统掌握商品进销存的全部动态，并进行尽可能的标准化管理。

供应链管理涉及方方面面，归根到底，实现低成本、高水平服务的关键是什么呢？就麦德龙来说：一是利用信息技术对进销存各个物流的流程进行整合，使商品以最快的速度到达最终用户；二是利用管理和业务规则把业务伙伴纳入自己的体系，赢得协作优势。

我国供应链管理存在的问题就是没有对物流管理进行严格的标准化掌控。对中国企业来讲，对员工的标准化管理一直是供应链管理中比较薄弱的一环。对员工的管理要着重标准化和纪律性。顾客要的是高质量和持续的低价。将不同水平来自不同部门的人结合起来，让他们互相帮助，互相了解，需要不断地对他们进行培训。公司准则对每个人都一样，人人平等，但每个员工的工作职责和操作规范说明不同。这些职责和业务操作规范相互衔接，形成麦德龙一整套标准化的管理。

 拓展与思考　　1. 总结麦德龙供应链管理的特色。
　　　　　　　　　　2. 麦德龙和供应商的关系是怎样维护的？

第八章 物流金融创新

引 言

随着物流行业的竞争日趋激烈,一些传统的物流业务,如仓储、运输等,其利润率已越来越低,整个行业也在积极探索新的业务模式。本章将对新的物流业务模式进行整理与探讨,围绕物流金融与供应链金融展开。物流企业在物流服务中增加了金融服务,把金融与物流业务结合起来。

近年来,物流金融服务日益成为物流服务的一个主要利润来源。不管是世界最大的船运公司马士基,还是世界最大的快递物流公司UPS,其第一位的利润来源都已经是物流金融服务。

物流金融的实质是担保物的物流,是指银行向企业提供金融服务(授信融资、保兑、保理、信用证等),并以企业自有或银行认可的第三人的动产或权利凭证(仓单或提单)作为担保,以及其他经济活动中的权利人要求以动产作为担保,为了保持动产(包括权利凭证项下)的担保属性,物流公司对担保动产开展的物流及其衍生业务,是金融与物流的有机结合。

在国内市场,做物流金融或者物流监管是一个创新的业务。在供应链管理模式发展下,国内企业逐渐转而强调跨企业界限的整合,而顾客关系的维护与管理变得越来越重要。借助金融物流供应链,它们为客户获得低成本的融资提供了服务,也大幅度提升了自身在客户心中的地位。银行服务确实给国内的物流企业提供了一个很好的机会。国内的中小物流公司只要把供应链网络和银行网络结合起来,企业效益将多于风险,前景会比较广阔。

第一节 物流金融创新

物流金融(logistics finance)指在面向物流业的运营过程中,通过应用和开发各种金融产品,有效地组织和调剂物流领域中货币资金的运动。这些资金运动包括发生在物流过程中的各种存款、贷款、投资、信托、租赁、抵押、贴现、保险、有价证券发行与交易,以及金融机构所办理的各类涉及物流业的中间业务等。

从定义可以看出,物流金融主要涉及三个主体:物流企业、金融机构和贷款企业(客户)。贷款企业是融资服务的需求者;物流企业与金融机构为贷款企业提供融资服务;三者在物流管理活动中相互合作、互利互惠。

根据金融机构参与程度的不同,物流金融的运作模式可分为资本流通模式、资产流通模式及综合模式。其中资本流通模式是金融机构直接参与物流活动的流通模式,包含四种典型模式:仓单质押模式、授信融资模式、买方信贷模式和垫付贷款模式;资产流通模式是金融机构间接参与物流活动的流通模式,其流通模式有两种:替代采购模式和信用证担保模式;综合模式是资本和资产流通模式的结合。

【案例 8-1-1】
广发银行手机物流的金融创新

物流、信息流、资金流是现代商务活动的三大关键要素,物流与信息流的结合,带来了物流信息化与管理现代化的进步,创造了无数商机和丰厚的利润。

但物流与资金流的整合,过去物流业界关注并不多。当人们把目光投向这一领域的时候才发现,现代的物流发展与金融创新孕育着无限商机!借助现代物流技术与现代金融创新,可以促进物流与资金流的整合,使参与其中的物流企业、生产企业、流通企业以及银行多方共赢。

我们不妨用一个实例来说明。故事的主角有四方:某著名手机生产商,N 家遍布全国各地的经销商,银行和第三方物流公司。

对于手机生产商来说,最大的愿望是现钱交易,一手交钱一手交货,把生产的手机快速地推销出去,占领最大的市场份额,同时资金迅速回笼,以投入新一轮研发,不断推陈出新,永远走在市场的前端,赢得高额利润。作为经销商来说,自然也希望多进货快脱手。但经销商多为小型民营企业,资金是他们最稀缺的资源。资金周转不灵,甚至断裂,是常有的事。而银行通常是不愿意贷款给它们的,因为它们的资质、信誉、担保、抵押品等一系列不确定性因素让银行望而却步。而此时如果有一家实力强、信誉好,网点多的第三方物流企业参与其中,一切都会改变。

第三方物流公司承接该手机的全国配送业务,毫无疑问是接了一个大单,自然欢喜。于是,第三方物流公司可以利用其全国的网点和信息管理手段,把众多的经销商串接起来。一方面,向银行提供各经销商的资信情况和营销规模为其担保,从而使其取得资信额度以解资金之忧;另一方面,受银行之托对这些经销商进行监管。可以说,银行通过第三方物流公司把业务延伸了。那么,银行的赢利点在哪里呢?其实手续费只是很少的一笔收入,最主要的是只要受信,不管这个百分比是多少,首先总要有一笔资金打入银行,银行怎样用它去生金蛋,那就是银行的事了。如此一来,各有所得,四方共赢。这就是广发银行现在正在开展的"物流银行"业务的简单表述。其实,广发银行并不是第一个吃螃蟹的人。在此之前早就有了"物资银行"和"融通仓"的概念。用资金流盘活物流或者使用物流拉动资金流,一直是企业界和学界共同关注的话题。在现代商流中,货物的价值属性和物资属性是可以分离运作的,物资属性的转移可通过物流配送来完成,货物的价值属性则通过资金流来实现。而物流和资金流往往不能同步,加上中国目前的不完善的信用体系,结果是资金交付后难以及时付货,或者是货到后资金不能按时回笼。所以,三角债比比皆是。

整合物流和资金流,人们创造了多种运营模式:有通过物资融通和资本运营,使死的物资向活的资本转化,从而推动物的流通,创造利润的"物资银行"经营模式;有物流仓储、抵押融资与物流监管相结合,创造出商机无限的库存商品融资运作模式;有以商品的质押为条件,结合物流公司的专业服务,将银行的资金流与企业的物流有机结合,向公司客户提供融资、结算等多项服务于一体的"物流银行"模式以及物流保险业务等。这是一个可以创造新型行业业态,培育新型企业,创造新型商业模式的领域,更是创造物流财富的金矿。

（案例来源：石权.特许经销商融资研究[D],西南财经大学,硕士论文,2008）

案例分析

在国内市场,做物流金融或者物流监管是一个创新的业务。中储、中远物流的人士也表示,物流管理已从物的处理提升到物的附加值方案管理,在供应链管理模式发展下,国内企业逐渐转而强调跨企业界限的整合,而顾客关系的维护与管理变得越来越重要。借助金融物流供应链,它们为客户获得低成本的融资提供了服务,也大幅度提升了自身在客户心中的地位。

国内正在搞金融物流供应链,这是金融服务的一个创新。金融物流供应链融资,这甚至在国际化程度很高的香港都没有做到,香港至今还没有某一个产业、某一种经营模式的信贷服务,而广发银行做到了金融物流供应链融资。从这个角度来讲,国内已经有一个很好的出发点。

 拓展与思考 贷款企业的融资方案均由金融机构和物流企业为其量身定做,由于物流金融在我国尚处于起步阶段,融资流程设计往往不完善。如金融机构在设计存货融资流程时,货物出、入库的物权控制在物流企业与贷款企业之间易出现混乱。如何解决这些问题?

【案例 8-1-2】
中国诚通的物流金融创新

一、中国诚通发展物流金融的基本情况

中国诚通集团（CCT）（简称诚通集团）所属成员企业中国物资储运总公司（CMST）是国内最大的仓储企业,在中国开展物流金融业务最早、规模最大。诚通集团是国资委监管的大型中央企业,在全国各主要城市拥有 100 多家标准化大型仓库,占地面积 1 300 多万平方米,库房面积 200 万平方米,货场面积 370 万平方米,拥有铁路专用线 120 多条,存储能力为 1 000 万吨,年吞吐能力为年 4 000 万吨。

良好的市场品牌、规范的管理经验,尤其是遍布国内各主要城市的仓库网络,是诚通集团开展仓单质押融资监管业务独有的优势。

早在20世纪90年代初,诚通集团下属中国物资储运总公司(简称中储)就提出了与银行合作,开展仓单质押融资监管业务的建议,为此做了大量的调查研究工作,并在1996年开发出中国第一个具有物资银行功能的质押管理软件,当时尽管企业极力想开展此项业务,但由于银行认识不统一,未取得突破性的进展。

1999年,中储开始了仓单质押业务,通过6年实践,已探索出了多种仓单质押融资监管业务模式,并不断创新,业务量逐年扩大。目前中储与中信银行、广发银行、招商银行、光大银行、浦发银行、交通银行、华夏银行、中国工商银行、中国农业银行、中国建设银行、中国银行、深圳发展银行等数十家金融机构建立了合作关系。诚通集团为近500家企业提供质押融资监管服务,质押融资规模累计达150亿元。抵押产品涉及黑色金属材料、有色金属材料、建材、食品、家电、汽车、纸张、煤炭、化工等诸多种类。至今为止,没有出现过一起呆、死账,银行和企业十分满意。

2012年一季度诚通集团物流金融业务实现大幅度增长。质押监管业务与上年同期相比,客户数量、业务笔数、质押量、货物总价值、贷款额均不同程度的增加。系统内有27家单位与银行合作为客户提供质押贷款融资服务,融资额达15.9亿元,比去年同期增长84.8%;累计质押货物66.3万吨,比去年同期增长66.2%;累计质押货物价值23.5亿元,比去年同期增长76.6%;监管收入同比增长365%。业务呈现向库外和生产企业监管发展的特点,监管质物的品种出现多元化特点,矿砂、煤炭和有色金属的比例增加。

集团现有业务资源每年可开展500亿元规模的仓单质押融资业务。下一步通过对社会仓库资源整合开展租赁经营和管理输出,仓单质押融资的规模将超过1000亿元。

二、诚通集团物流金融业务模式探索

经过10多年的探索和实践,诚通集团所属企业探索出了多种物流金融业务运作模式,并在实践中得到了进一步修正和完善。

1. 主要质押品种

质押货物前期多选择质地稳定,市场价格波动小,大宗货物变现能力强的工业原料、农产品和大量消费产品,如:黑色金属、有色金属、建材、化工原料(化工粒子、化肥)和木材等。后来,在业务逐步成熟的基础上,新开发了汽车、纸张、家电、食品等品种。

2. 主要质押模式

仓单质押模式在实践中不断探索、完善,具有广阔的探索空间。诚通集团所属中储总公司在多年实践中探索出了静态和动态等多种质押模式。

(1)静态质押(固定期限的仓单质押)。单一仓单质押:单一仓单固定期限质押,货主履行债务期间,在银行指定保证金账户解入足额保证金后,银行解除质物监管,释放质物。

多仓单质押:考虑货主对流动资金的要求,可分多个仓单分别质押,每份仓单对应不同的保证金,当货主履行债务期间,在银行指定保证金账户解入针对不同仓单的足额保证金后,银行可解除对相应部分仓单质物监管,释放对应仓单的质物。

(2)动态质押。循环质押(滚动质押):考虑到仓单的有效期(仓单有效期、质物保质期)等因素,在质押期间,按与银行的约定,货主可用相同数量的产品替代原有质物,保证银行债权对应的质物价值不变。

置换仓单质押:在质押期间,按与银行的约定,货主可用新仓单置换替代原有仓单,银行释放相应的原有质押仓单,同时保管人解除对相应质物的特别监管。置换后保证银行债权对应质物的价值不减少(可以增加)。

信用或保证金置换仓单质押:在质押期间,按与银行的约定,货主可用增加保证金或提供新的信用担保等方式置换替代原有质押仓单,置换后保证银行债权对应质物的价值不减少(可以增加),银行释放相应的质押仓单,同时保管人解除对相应质物的特别监管。

动态控制存量下限质押(流动质押):可分为动态控制存数量下限和动态控制存价值量下限两种。动态控制存数量下限,与循环质押相同;动态控制存价值量下限,与置换仓单质押相同,在保证银行债权对应质物的价值不减少的情况下进行。

3. 主要监管方式

与多种质押模式相配套,诚通集团所属中储总公司实践了相应的监管方式。

(1) 库内质押监管:在中储库内完成监管。

(2) 库外(外租库)质押监管:中储总公司(或所属仓库)在外租赁仓库专门用于"仓单质押"业务,并派专门业务人员对仓库和质物进行监管。

(3) 多库质押监管:为满足客户"仓单质押"全国性业务的需要,由中储通过全国仓储网络统一进行业务协调和监控,开展多库质押业务。

4. 质押赢利模式

目前系统开展的仓单质押业务从赢利模式上分类主要有三种:一是纯监管业务模式,仓库只承担货物监管责任,可从客户处另外收取一定的监管费;二是仓库代替银行向客户融资,开展质押业务,获取利差;三是买方信贷(也称保兑仓),目前上海大场公司、沈阳物流中心等公司在开展。

三、诚通集团物流金融业务发展趋势

质押监管业务在诚通集团所属中储系统发展迅猛,目前中储共为近500多家客户提供质押融资服务,质押融资规模每年近30多亿元。

目前中储系统的质押监管业务已由传统的静态质押监管向动态质押监管全面发展,动态质押监管业务已成为主要监管模式;业务正向库外和多库监管发展,并与现有业务结合发展。结合方式主要有以下几种。

(1) 与国内贸易的结合:买方信贷即保兑仓业务。由中储仓库为银行监管货物,银行为客户提供专项用于向卖方支付货款的融资授信方式。

(2) 与加工制造业供应链管理的结合,开展融通仓业务:仓库通过输出管理,派人员对制造企业的原料或成品实施质押监管,银行为制造企业贷款。

(3) 与国际货运代理业务的结合:在进口业务中,代理开证监管,代理监管货物,提单分拆;在出口业务中,代理集港,代理监管,信用证打包等。

(案例来源:九九物流网)

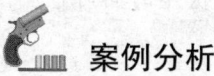
案例分析

物流金融发展对提高供应链运行效率,降低银行贷款风险具有重要意义,但在实践中仍然面临以下问题。

（1）社会各界重视不够。国家有关政府部门出台了许多解决中小企业贷款难、降低银行呆坏账的政策，但未出台鼓励发展仓单质押的融资政策。目前开展仓单质押融资业务多以中小商业银行和分支机构为主，国有商业银行参与不够，资金供给能力不足。

（2）业务流程缺乏规范。目前仓单质押融资业务的模式有10多种，不同的银行、不同的地区都有不同的操作模式及合同条款，这种状况不利于银行的风险控制，操作程序也比较繁琐。应尽快制定相对统一的仓单质押融资业务流程、规范合同条款。

为此，有以下建议。

（1）社会各界要高度重视。要从完善社会主义市场经济体制，提高国民经济运行质量，降低金融风险的高度认识物流金融的重要性。建议政府部门将发展物流金融列入政策扶持的内容，学术界要加强理论研究，金融界要积极参与，只有这样，物流金融才有进一步发展的环境和土壤。

（2）银企联手共同规范运作。银行和物流企业联合起来，共同制订仓单质押融资、监管业务的相关政策指引。目前仓储管理公司开展此类业务都是为银行、货主企业免费服务。但是，由于开展这项业务不仅要承担责任、劳务付出，而且前期信息网络建设投入费用很大，为此，建议国家有关部门制定相应政策，按照国际惯例明确允许仓储企业在此项业务中收取一定比例的增值收入。

（3）政府扶持发展专业监管物流企业。开展物流金融业务的仓储企业必须是独立的，信用良好、流程规范、管理严格，对所储存商品，要按国家等级标准进行数量测算和质量鉴定，同时应有与客户、银行联网的信息网络。但由于目前我国对仓储企业没有资质认定，业务水平参差不齐，如果没有规范的仓储企业发挥骨干作用，仓单质押融资业务发展必然受到很大限制。建议国家加强对物流行业的关注，尽快实施仓单质押融资监管企业资质认定制度；扶持以国有物流企业为骨干的仓储企业发展成为专业的监管公司。

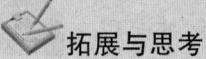

拓展与思考
1. 从诚通集团这些年的企业实践中可以看出，发展物流金融的作用和意义有哪些？
2. 在物流金融业务中，银行、物流企业、工商企业各承担哪些关键职责？

【案例 8-1-3】
顺丰"顺手赚"的物流金融模式创新

2015年年初，快递起家的顺丰速运上线了第三方支付平台"顺手付"，并与易方达基金合作推出第一款互联网理财产品"顺手赚"，让用户在通过手机下单叫快递的同时，也可以顺手理财。

一、产品简介

产品名称："顺手赚"

合作机构：顺丰速运与易方达基金管理有限公司

产品性质：互联网货币基金

投资范围：现金、通知存款、大额存单、债券回购、票据等

投资起点：1元起，建议持有100元以上，若当天收益不到1分钱，系统可能不会分配收益，且也不会累积。

转入方式：仅支持储蓄卡，不支持信用卡转入

手续费：零交易费，无认购、买入及卖出费用

二、产品解析

收益率：目前，易方达基金旗下的易理财货币基金是"顺手赚"唯一对接的货币基金，因此该基金的收益便是"顺手赚"的收益，每日结转，每日分配。据融360监测数据显示，该基金成立于2013年10月24日，资金规模110.56亿元，截至2015年2月11日，7日年化收益率5.694%，14日年化收益率5.63%，28日年化收益率5.44%，近一年收益率4.83%，历史业绩表现较为优秀，在同类货基中排名靠前。

灵活性：互联网理财产品的灵活性体现在资金的转入和转出是否便捷，转出到账时间是否及时。目前，"顺手赚"可在任何时候进行资金转入转出，且不收取任何手续费。资金转出后多长时间到账，以及转出当天如何计算收益，如表8-1所示。

表8-1 "顺手赚"产品解析

余 额	单笔≤2万元，单日≤5万元，累计次数≤10次	2小时到账	转出当天无收益
	不满足上述条件时	2个工作日内	转出当天有收益
银行卡	单笔≤2万元，单日≤5万元，累计次数≤10次	2个工作日内	转出当天无收益
	不满足上述条件时	4个工作日内	转出当天有收益

从表8-1可以看出，相比目前大多数"宝宝"，"顺手赚"在资金转出到账时间上并无特别的优势。此外，现阶段"顺手赚"的资金存入仅支持招商银行、中国工商银行、中国银行、中国农业银行、平安银行、中信银行、上海银行7家银行的储蓄卡。

安全性：易理财货币基金主要投资于现金、通知存款、大额存单、债券回购、票据等收益稳定、风险较低的金融产品，且账户资金只能提取到本人实名银行卡，总体来说，收益风险较小，资金被盗转的可能性也较低。

互联网的高速发展也离不开金融的支持，当网购成为大家的主流购物方式时，金融网上理财也就顺其自然地成为了各大行业争夺的战略制高点，在顺丰速运推出自己的"顺手赚"之前，就已经有多家公司推出了各种各样的"宝宝"，但是即便是这样，互联网金融理财这个市场还远未饱和，因此顺丰速运也毫不犹豫地推出了自己的"顺手赚"理财产品，目的就是凭借着自己在快递行业的优势来吸引部分的客户，从而从这一块大蛋糕当中分一杯羹。

当然，顺丰速运也并非是人云亦云，它们在正式推出"顺手赚"之前，已经推出了一款名为"顺手付"的第三方支付平台，这也算是顺丰速运的首次尝试下水，为它们顺利进军

互联网金融打下了坚实的基础,任何一个客户只需要下载顺手付就可以在运用"顺手赚"来进行自己的理财投资,这和其他规模特别大的理财产品功能和方式是极为相似的。当然,顺丰速运也有自己的独特优势,那就是它们很有远见的取得了第三方的支付牌照,这个牌照的重要性不言而喻,全国也没有几家拥有,这也可以算是顺丰速运的优势之一。

相比较于其他理财产品,"顺手赚"一经推出,就成为了大家争抢的热门理财产品,因为"顺手赚"的7日化年收益率非常之高,根据不完全统计,2015年整个金融市场上的大部分基金产品的收益率平均下来只有4.5%左右,超过5%的寥寥无几,而现在的"顺手赚"因为自身的优势,实现了对接的货币基金,因为7日化年收益率已经高达5.3%,不要小看这百分之几,如果储蓄的金额较大的话,那么将会是一笔不菲的收入。

顺丰速运之所以推出"顺手赚",除了在互联网金融理财市场分一杯羹之外,它们也有着自己的长远计划,赢得稳定客户群,为顺丰速运往后的更多布局提供强大的推动力。

(案例来源:融360网)

案例分析

1. 运营模式分析

从大的方面来讲,"顺手赚"实现了物流、资金流和信息流三流合一,聚集了分散的、闲置的民间资本,促进了社会物资、资金的融通和信息的传达,可以解决企业内部融资难题和其他中小企业的借贷难题,属于物流金融模式的创新。从小的方面来讲,"顺手赚"结合了顺丰的主营业务——送快递,结合了当下人们的消费模式——下单叫快递,结合了最新的销售业态——网上支付,结合了国家政策——互联网+。全新的理念,全新的平台,可以看出,"顺手赚"的自身条件和发展趋势都是极好的。

2. 内部环境分析

顺丰速运作为快递业的龙头,资金雄厚,旗下不只拥有一家快递公司。其发展呈现多元化特征,这样的运作模式有利于分散经营风险。

顺丰速运极富创新意识,但其创新模式并非无往不利。顺丰速运早年开发的"嘿客"("快递收发站+社区便利店+线下体验店"的三位一体模式)于2015年年末陆续关店。据悉,"嘿客"并没有达到预期经营目标,整体业绩不佳,且不具有后续发展价值。此事可能对顺丰速运的资金周转造成一定影响。

3. 外部环境分析

据2015年12月的不完全统计,被引入互联网创业圈的O2O公司大批死亡。拼车业务方面:"爱拼车"6月停运,"考拉班车"9月倒闭;上门美甲方面:"时尚猫"1月关闭,"放心美"上线仅半年。这样的案例不胜枚举。有学者分析:O2O模式"死"的如此惨烈主要有以下四个原因:第一,主要消费群体对拼车、上门美甲、上门洗车等业务并没有强烈的需求,表现为上述业务的受众数量有限。第二,用户线上消费和预约习惯尚未成形,线上消费的地域局限性也决定了其受众较少。第三,不同行业巨头合作或竞争导致新兴公司受到挤压,另外,市场上产品同质化较为严重,可替代性强。第四,新型O2O公司在技术和运营方面不够成熟,导致线上交易操作繁琐,没有做到节约顾客时间和精力,不能与顾客及时沟通且容易出错。通过上述分析可以看出,现阶段线上交易还未被主流消费群体完全接纳,这时候推出"顺手赚"这一理财产品,其经营效益未必上佳,存在公司不得不为其烧钱续命的风险。

综上所述,"顺手赚"既有顺势发展的优势,也有因势亏损的风险,它能否旗开得胜,还有待市场检验。

4．"顺手赚"竞争优势分析

（1）随着网上交易的盛行,收发快递已成为很多人的生活习惯,"顺手赚"发现并利用消费者这一生活习性开创了新的融资模式,同时也为消费者提供了便利的理财途径。

（2）顺丰速运旗下还拥有"顺丰优选"和"顺丰海淘"两大B2C网购平台,使用顺丰APP可以在上述网购平台购物,还可以下单叫快递。"顺手赚"可以方便消费者在顺丰APP内快捷的支付账单。

（3）与"顺手赚"唯一对接的易理财货币基金资金规模较大,历史业绩优秀,具有较高的收益率,在同类货币基金中排名靠前。

（4）与"顺手赚"唯一对接的易理财货币基金主要投资现金、通知存款、票据等收益较稳、风险较低的金融产品,且账户资金只能提取到本人的实名银行卡,资金被盗的可能性较低。体现在"顺手赚"平台则表现为收益风险较小,资金安全性较高。

5．"顺手赚"的创新分析

（1）考虑一个企业的发展需要有远见,尤其是对当下、对未来商业模式的变更要有充分的敏感度。顺丰速运很有远见的取得了第三方的支付牌照。

（2）企业在创新、扩张的同时,最好找到合理的方式为自己融通资金。求人不如求己,拥有自己的融资平台后,创新成功则可以无缝链接推进后续发展,创新失败则可以迅速减缓资金短缺问题。顺丰速运推出"顺手赚"平台,可以极大的保障它在其他领域试验和运营的资金需求。

（3）作为企业,要具有共赢的思想。顺丰速运发现了时下主流消费群体经常收发快递的新现象,为了让消费者和商家实现共赢,推出"顺手赚"平台使得消费者在收发快递时可以获得额外的收益,同时也为商家带来巨额利润。

（4）对于一个企业来说,创新是生存之根本。尤其在更新换代相当迅捷的当下,谁不创新谁就被淘汰出局。顺丰速运在各个领域的尝试与创新,有失败亦有成功,但就是这种看似跌跌撞撞的尝试,才能真正为一个企业带来成长经验,带来发展机遇。

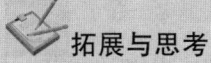 **拓展与思考**　　1．顺丰速运"顺手赚"的推出给了我们哪些启示？

2．顺丰速运"顺手赚"在发展过程中会遇到哪些问题？如何解决这些问题？

【案例 8-1-4】
真好物流宝的物流金融创新

近年来,随着我国经济规模的扩大,物流行业的体量不断膨胀。而凭借着去中间化的绝技"大杀四方"的互联网也成了各行各业纷纷追捧的对象。

有了互联网的帮助,物流业务变得更加高效、便捷,借助大数据分析等高新技术,智能化在物流服务中也有了更多体现。而在物流中涉及最多的金融业务——支付环节更是成为了智能化物流信息平台提升服务品质的重要着力点。

"让流通更便捷是我们的宗旨,这其中既包括货物流通,也包括信息和资金的流通。"上海天哪物流中国智能移动支付(简称天哪物流)CEO 王雷表示。

真好物流宝是一款移动端的 APP,通过这个平台可以实现企业、三方、专线、司机和收货人的对接。"它就好比是物流界的滴滴打车,比如企业有货要发,需要找三方,或者反过来,货车司机寻找货源,都可以在这个平台上实现。"王雷说道。

据了解,在我国,每天的物流产值达到 5 000 亿元左右,卡车物流占据了其中的七到八成。虽然物流行业体量巨大,但在资源配置的效率上还有着巨大的提升空间。至于造成效率低下的原因,可以总结为四个字——沟通不畅。正是由于物流业务的供需双方信息流转不畅,导致了物流中资源配置的低效,没有形成运能最大化的货运卡车造成了资源浪费,也带来了道路拥堵、环境污染等社会问题。

在物流流程中,涉及最多的金融业务就是支付环节。传统的支付环节需要经过签字、回单等复杂程序,效率低下。为提高这个环节的效率和用户体验,天哪物流研发、打造了自己的智能移动支付端口和工具。在这个系统中,每个用户都拥有一个独立的账户和后台,每次完成货物配送后就可以完成支付,大大提升了资金流通的效率和便捷程度。需要指出的是,账户中的资金不仅可以提现到银行卡,也能够进行日常的消费,如缴纳水电煤等费用。据悉,真好物流宝上每日流通的资金额达 50 亿元。

2014 年,天哪物流开发的智能移动云 POS 上线。这款 POS 机是传统 POS 机的升级,兼具了手机的一些功能,里面可以植入日常所需的移动端 APP。在物流业务的支付环节,通过真好物流宝的软件,可以进行账户转账,也可直接刷卡支付。这款轻便小巧的智能化信息管理支付工具不仅限于物流行业,在其他行业的支付环节也能得到很好的应用。

真好物流宝综合服务平台是天哪物流研发的物流信息系统,主要为物流企业提供货源、车源平台以及内部管理优化服务,为生产企业提供合适的物流供应商平台,并为发货方、托运方、收货方提供安全、便捷的在线交易服务。可实现货物交易、货物跟踪查询、车辆 GPS 跟踪、无纸化操作、条码扫描、单据管理、运输管理、财务对账结算等功能。

一、真好物流宝手持 PDA 终端

真好物流宝手持 PDA 终端是真好物流宝综合服务平台自主设计研发的服务产品,集成热敏打印机,条码阅读器,摄像头、GPS 定位跟踪报警等模块;该产品融合了金融 POS 与传统工业 PDA 的各项功能,通过轻便的单一设备随时随地提供集强大计算安全支付,

快速数据采集、信息跟踪、信息访问功能于一体的产品应用解决方案。该产品适用于发货方、托运方、收货方的物流运输管理、信息查询、移动支付。本产品的应用,使得移动电子商务和移动金融得以实现。

二、真好物流宝 APPXI 项目

真好物流宝 APPXI 是真好物流宝综合服务平台自主研发项目,主要产品是手机 APP 客户端。手机 APP 客户端将和手持 PDA 终端形成互补,适用于目前市面各种手机。

在真好物流超市运行管理中,将实现如下功能。

(1) 企业可以通过自己的手机客户端来进行一揽子的移动营销。

(2) 无需输入,即可轻松浏览。不需要浏览器和繁琐的手机输入,在手机上轻轻点击即可以浏览企业信息内容,快捷方便。

(3) 随时随地,互联互通。手机客户端可以在各种手机上运行,无论身在何地,用户都可以通过手机第一时间把公司最新资料和产品信息传递给任何地方的客户,让营销一步到位。

(4) 全方位、多媒体显示。手机客户端具备丰富的信息容量,无论是企业信息还是产品资料,你都可以让它们通过多媒体的方式在手机上呈现。

(5) 最便捷的企业宣传册。企业和产品资料通过手机客户端存储在手机上。无论何时何地,遇见何人,用户只要打开手机即可以让对方浏览企业产品和服务信息。不错过任何一次宣传和推销。

(6) 资料更新,一步到位。新产品、新服务或者新信息发布,更新一步到位。无论有何信息或者产品资料更新,只需要更新一次。业务员和客户上手机客户端内容会在他们浏览的时候自动同步更新。

(7) 移动互联网企业名片。拥有企业手机客户端,就等于拥有一张移动互联网企业名片。它可以在两部手机间轻松地传输,无需携带名片夹却能浏览比名片更丰富的信息。一个电话过后,附上一张手机名片,即便不曾见面,也能让客户对你产生非凡印象。

(8) 有效占领移动互联网入口,让你赢在起点。手机客户端作为移动互联网最主要的入口,是一个企业展现自身、与目标用户便捷沟通,同时方便手机用户随时随地查询和浏览,有效占领客户"空闲时间"。企业手机客户端是"3G 时代的企业标识"。

三、证件查询系统

为了保障会员的交易环境健康安全,真好物流宝综合服务平台实现了三证查询功能。三证查询是指经公安部授权,并与公安部数据库联网,凭借营业执照、个人身份证、道路运输许可证对注册会员进行信息查询。

在平台审核会员时,对有虚假信息的公司和个人进行过滤,保证会员实名制,采用信用制考核管理,保证交易的真实性和安全性。发货方、托运方、收货方作为平台会员,也可随时随地查询合作双方、第三方物流的基本信息,保障货物流通的安全。

真好物流宝的支付业务是基于中国银联授权、开放的端口和后台,并且共同组建了研发团队,合作完成了支付功能的开发。有了这样的基础,企业未来将开发出一些具有竞争力的金融理财产品,扩大在金融领域的布局。

真好物流宝信息金融平台所提供的高价值服务和高效运作所依赖的是其强大的信息系统。该信息金融平台的两大核心信息系统是 TMS 和 Navisphere,提供给承运商和货主使用,同时这两个平台实现了无缝对接。货主通过 Navisphere 提交需求,包括价格、服务、车型、时限等,Navisphere 对运输资源库进行分析后为货主推荐满足其需求的性价比最高的几种方案供其选择;与此同时,通过与 TMS 的无缝对接,货主的需求迅速真实地反馈给被选择的承运商,承运商依靠 TMS 系统将订单需求转换为优化的运输执行计划。在承运过程中,承运商通过 EDI(电子数据交换)实时反馈货物的状态,货主也可以根据各种组合条件进行查询,从而让相关方轻松掌握运输的全过程。

此外,系统还能够根据用户的设定,对已发生的事件或预测事件发出警报,并通知指定的供应链相关方如生产制造商、分销商、第三方仓储服务商等。基于该系统的大数据和分析工具,真好物流宝能够提供各种可定制化的报表,如成本分析、运输网络分析、财务分析,甚至碳排放分析等,进而帮助用户优化供应链管理,从而作出最有利的决策。

(案例来源:《东方财经杂志》、中证网)

案例分析

作为一个智能物流信息服务平台,真好物流宝的首要价值体现在平台各方信息的撮合上。例如,当发货方需要寻找承运方时,登录软件后,就能找到第三方物流公司,再由公司去安排给相关专线和司机,也可直接联系司机,来提供物流界的"专车服务"。而司机的身份可以通过平台对接到公安系统进行核实,用户还可跟踪卡车的卫星定位,以监管货物流向,确保货物的安全性。

天哪物流正好是一家以信息技术和供应链管理为核心,物流、信息流、资金流一体化发展的高科技企业。公司搭建的真好物流宝 24 小时在线综合物流信息金融平台,帮助实现了企业、第三方、承运商及客户之间的供应链管理服务。

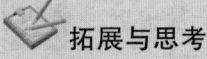 1. 你认同"真好物流宝就是物流界的'淘宝'"这种说法吗?
2. 真好物流宝还可以和哪些平台进行合作?
3. 你认为真好物流宝在以后发展中需要注意哪些问题?
4. 你认为天哪物流用 3 年左右的时间在美国纳斯达克上市这个目标能够实现吗?

第二节 供应链金融创新

供应链金融(supply chain finance,SCF),是商业银行信贷业务的一个专业领域(银行层面),也是企业尤其是中小企业的一种融资渠道(企业侧面)。具体指银行向客户(核心企业)提供融资和其他结算、理财服务,同时向这些客户的供应商提供贷款及时收达的便利,或者向其分销商提供预付款代付及存货融资服务(简单地说,就是银行将核心企业和上下游企业联系在一起提供灵活运用的金融产品和服务的一种融资模式)。

供应链金融是为某供应链中一个或多个企业的融资请求提供服务,它的出现避免了供应链因资金短缺造成的断裂。在具体融资过程中,物流企业辅助金融机构完成整条供应链的融资,供应链金融模式不同其参与程度也不同。由于面对整条供应链的企业,金融机构易于掌握资金的流向及使用情况。

供应链金融主要涉及三个运作主体:金融机构、核心企业和上下游企业。其中核心企业和上、下游企业是融资服务的需求者,金融机构为融资服务的提供者;物流企业仅作为金融机构的代理人或服务提供商为贷款企业提供仓储、配送、监管等业务。

从风险控制体系的差别以及解决方案的问题导向维度,供应链金融的运作模式分为存货融资、预付款融资和应收账款融资模式。采取的标准范式为"1+N",即以核心企业"1"带动上、下游的中小企业"N"进行融资活动,"+"则代表两者之间的利益、风险进行的连接。

【案例 8-2-1】
深圳发展银行的"全程供应链金融"

一、企业概况

深圳发展银行(简称深发行)是中国第一家面向社会公众公开发行股票并上市的商业银行。该企业一直以"诚实,专业,服务,效率"的标准为广大客户服务。面对纷繁多变的经营环境,深发行以出色的适应力积极应对,扎实推进各项改革,稳步实施发展战略,在包括供应链金融、零售业务等核心业务领域方面继续加大投入,进一步夯实竞争优势。

二、全程供应链融资项目

A集团公司为国内著名的专业煤炭贸易公司。其旗下有四个子公司,分别为秦皇岛公司、广州公司、阳原公司、大同公司。上述四个公司构成了A集团公司的购销系统:广州公司在接到客户订单后,依托其余三个关联公司的力量,迅速完成从煤炭集运站发货到秦皇岛港,再通过船运到电厂码头或广州新沙港/洪圣沙港的运输过程。

A集团公司的竞争优势集中表现为整合各子公司的资源和优势,实现了煤炭贸易从"坑口到炉口"的完整的物流供应链,最大限度地保障了货源的供应及货源的质量,并与下游客户建立了长期稳定的合作伙伴关系。但是从另一个角度来看,从"坑口到炉口"的物流链条节点过多、运输过程复杂,导致集团库存和在途的存货总量巨大。

在这个物流供应链上,一共出现了"五个节点"和"两段运输渠道"。五个节点分别是:大同集运站、阳原集运站、秦皇岛港专用垛位、广州新沙港、洪圣沙港。两段渠道分别是:集运站—秦皇岛港、秦皇岛港—电厂码头或广州新沙港/洪圣沙港。

随着规模的扩大,A集团公司加大规模增加库存,以达到控制成本、增强盈利能力的目的,但是却大量占用了企业的流动资金。

深发行在考察了A集团公司下属各子公司的情况后,确定以负责销售的广州公司为借款主体,由借款人和第三方(包括秦皇岛公司、阳原公司、大同公司)共同以煤炭抵押,在中远物流有限公司对"五个节点"和"两段渠道"上的抵押物进行24小时监管并出具仓单、质物清单的前提下,向深发行申请融资。融资方式包括流贷、银承、国内信用证等。

三、业务流程描述

（1）银行、物流监管方、广州公司、秦皇岛公司、阳原公司、大同公司签订浮动抵押监管业务的六方仓储监管协议。其中,广州公司为抵押人,秦皇岛、阳原、大同公司皆为第三方抵押人,并提供连带担保。

（2）由物流监管方对"五个节点"和"两段渠道"上的存货及在途货物进行盘点,实施监管。

（3）借款人出质时,银行向中远物流发出"抵押通知书",对质押物进行查询。物流监管方根据盘点的情况向银行出具"查复确认书""抵押清单",并盖章确认。

（4）借款人将"抵押清单"项下对应的货物抵押给银行,与银行签订单笔业务合同及相关法律文件。

（5）银行给予借款人发放单笔授信。

（6）借款人申请提货时,如高于抵押给银行的最低库存可自由提取,如低于抵押给银行的最低库存时,则须向银行补足保证金或申请还贷。

（7）银行扣划相应的保证金或收贷后签发"提货通知书"。

（8）物流监管方凭银行签发的"提货通知书"给予办理相关抵押物的放行手续,同时签发"提货通知书回执"并送达银行。

四、集团供应链金融综述

从以上资料可以看出,A集团为国内著名的专业煤炭贸易公司,而且设立有秦皇岛公司、广州公司、阳原公司、大同公司这四大子公司。A集团凭借整合各子公司的资源和优势,实现了煤炭贸易从"坑口到炉口"的完整的物流供应链,最大限度地保障了货源的供应及货源的质量,并与下游客户建立了长期稳定的合作伙伴关系。但是,从"坑口到炉口"的物流链条节点过多、运输过程复杂,导致集团库存和在途的存货总量巨大。而且由于规模扩大,A集团公司只有增加库存,因此就占用了大量的流动资金。因此,深发行分析市场的各方面原因以及A集团公司的背景,开始实施了它的"全程供应链"融资方案。

表8-2 "全程供应链"融资方案

融资		深圳发展银行		融资
大同集运站	运输	秦皇岛港专用垛位	运输	广州新沙港
抵押监管	抵押监管		运输	秦皇岛电厂码头
阳原集运站	运输		运输	洪圣沙港
抵押监管	抵押监管	抵押监管	抵押监管	抵押监管
物流监管	物流监管	中远物流公司	物流监管	物流监管

"全程供应链"模式是基于"多节点在库＋在途"抵押监管下的存货融资模式。"全程供应链"模式是指,在企业自身或企业集团系统合法拥有的货物存放于多个仓储节点及/或运输过程的情况下,由银行认可的第三方物流公司对上述货物做24小时全流程封闭监

第八章 物流金融创新

管,保证总体价值高于银行授信所要求的最低价值,并在完善抵押登记的基础上,银行向企业提供融资。该业务模式的授信依托分布于多个仓储地点和运输渠道的抵押物。因此,第三方物流公司提供的"全程供应链"核定库存现货抵押监管是该业务风险控制的关键。

通过这种物流金融运作模式,首先,A集团公司的物流更加快捷,方便和灵活。其次,深圳发展银行在资金、结算以及个性化服务方面给予了大力支持,A集团公司解决了自身的流动资金问题。再加上中远物流的大力支持,可以使自身的物流水平更加提高,从而使A集团公司大大节省了许多物流成本,给公司更好的运行提供了条件。当然,这种合作的利益是多方面的,也必将给深圳发展银行与中远物流公司带来方便。

（案例来源：物流搜索网）

案例分析

1. 把中小企业的"金饭碗"盘活

"供应链金融"最大的福泽对象是中小企业。国际产业经济的发展已经从企业与企业的竞争,转向了供应链与供应链之间的竞争。有"世界第一 CEO"之称的杰克·韦尔奇说:"如果你在供应链运作上不具有竞争优势,就干脆不要竞争。"

然而,长期以来,中国企业在供应链发展上并不顺利。在"供—产—销"的整个供应链中,任何一个环节出现资金断链,都有可能直接影响供应链的正常运转。在这条供应链中,中小企业融资难是最薄弱的一环。

目前,国内中小企业的资金压力相当紧张。一方面,中小企业因缺乏有效的抵押物和担保措施,很难获得银行贷款。另一方面,中小企业的资金压力还来自供应链内部的权利义务失衡。在特定商品供应链里,核心企业通常占绝对优势,它对上下游配套的中小企业在交货、价格、账期等方面要求苛刻,使得配套的中小企业资金链十分紧张。

然而,"中国相当部分中小企业是'捧着金饭碗要饭吃'"。世界最大的快递物流公司UPS发布的年度《亚洲商业监察》报告显示,中国23%以上的中小企业正在遭遇现金流的困扰。但另一方面,全国中小企业有近11万亿元的存货、应收账款。如果这些闲置的资源可以进行信贷担保,相当部分的中小企业可解"贷款难"的问题。

"供应链金融"应运而生,中小企业融资难题有了新"解法"。供应链金融为中小企业融资开辟渠道,降低供应链平均的融资成本,提高了企业的竞争力。

深发行一方面利用供应链整体信用对中小企业信用的支撑,通过对物流和资金流的全程监控,有效地降低了对中小企业放贷的风险;另一方面,深发行推出了"自偿性贸易融资"风险评审制度,将当前银行业传统的注重财务报表分析的主体评级方法,改革为重点考察贸易背景和物流、资金流控制模式的债项评级办法,从而衍生出一套新的信贷分析及风险控制技术;同时与第三方物流公司建立了全面合作关系,搭建物流金融平台,通过异业紧密合作实现核心能力互补,为中小企业提供便捷的融资服务。

供应链金融不但得到中小企业追捧,也让银行受益匪浅。深发行"供应链金融"自正式推出以来,该业务年复合增长率超过50%,累计投入资金总额数千亿元,不良率仅仅0.4%。据了解,在深发行之后,渣打等外资银行也在国内推出了"供应链金融",取得了不俗的成绩。

2. 物流金融服务成为最大的"奶酪"

近年来,物流金融服务日益成为物流服务的一个主要利润来源。不管是世界最大的船运公司马士基,还是世界最大的快递物流公司UPS,其第一位的利润来源都已经是物流金融服务。

在西方发达国家的现代物流业务中,基础性的物流操作,如仓储、运输,其利润率已经越来越低。现代物流的主要利润来源已经转向各种增值服务,如物流方案设计、包装分装、多式联运。

目前,国内金融物流给物流企业带来的最大益处是可以加深与供应链的合作,提升物流企业的竞争优势。

拓展与思考　1. 金融与物流结合中的互动作用有哪些?
2. 试分析"全程供应链"模式推广的市场潜力有哪些?
3. 如何对待客结算业务的风险进行控制?

【案例 8-2-2】
UPS 的供应链金融创新

联合包裹运送服务公司(UPS)由创始人吉姆·卡塞于1907年8月28日在美国华盛顿州西雅图成立,后总部迁至亚特兰大,起初名为美国信使公司。经过100多年的不断发展,UPS成为世界上最大的包裹快递公司和专业化运输及物流服务的全球顶尖供应商。自20世纪90年代以来,UPS的发展动向在业界备受瞩目,主要原因是独具匠心的供应链解决方案。供应链解决方案是一个流线型组织,能够提供货物配送、全球货运、金融服务、邮件包裹服务和业务拓展咨询等一揽子服务方案,从而真正实现货物流、信息流和资金流的"三流合一"。在该方案的形成过程中,金融物流模式的引入堪称典范。就目前发展情况看,UPS和其他国际型物流公司(如马士基)的第一位利润来源均为金融物流服务。

一、UPS 金融物流的引入阶段

UPS的金融物流在世界各地受到了广泛的赞誉。但是,金融物流的引入并非一蹴而就,UPS大约花了10余年的时间,分两个阶段才真正把金融资本融入到物流产业资本中来。

第一阶段:货物流的扩张带动信息技术的创新。截至1993年,UPS每天为100万个固定客户传递1 150万件包裹和公文。如此繁重的工作量迫使UPS不得不发明新技术以提高效率,保持价格竞争性和提供新的产品搭配。1986—1991年间,UPS花费15亿美元用于技术改造,并在1991—1996年间又投入约32亿美元用于技术创新。可以这么认为,UPS的技术创新几乎无孔不入,从手持传递信息获取设备(DIAD),到专业化设计的包裹快递设备,再到全球计算机互联网系统和专用卫星。以 DIAD 为例,它由每个 UPS 的驾驶员使用,能够立即记录和向 UPS 网络系统上传货物传递的动态信息。DIAD 存储的信息甚至包括收货人签字的数字照片,以便向发货人提供货物运输的最鲜活信息。这种专用设备也允许驾驶员远程联系总部,与变更后的送货计划、交通路况及其他重要信息保持实时一致。通过技术创新和信息化建设,UPS 的综合吞吐能力激增,客户需求得到进一步满足,实现了货物流与信息流的结合。从总体上看,这一阶段至关重要,为后来金融物流模式的引入打下了坚实的物质基础。

第二阶段:货物流和信息流的成熟催生金融物流模式。20 世纪 90 年代末,UPS 处于第二次重要的转型当中。尽管核心业务是货物和信息配送,并且独占鳌头,但 UPS 高层认为,企业的可持续性发展必须摆脱这种结构单一的物流运作模式。基于广泛的市场调研,UPS 发现,未来商业社会最重要的力量是"全程供应链管理",成为"全程供应链主"才是 UPS 未来发展的原动力,并且公司在货物流和信息流方面的领先技术能比较容易地匹配金融流,从而形成完整的供应链解决方案。所以,UPS 开始调集核心资源向这一新领域迈进,战略性地重组公司。

1995 年,UPS 成立 UPS 物流公司,基于顾客的个性需求提供物流解决方案和咨询服务。1998 年,UPS 资本公司成立,其宗旨是提供综合性金融产品服务。该公司是 UPS 供应链解决方案的"金融臂膀"。1999 年 11 月 10 日,UPS 在纽约证券交易所首次向社会公众发行股票,使公司具备在世界重要金融市场上进行战略性收购和兼并的能力。这一举措相当重要,为 UPS 的长远发展提供了强大的资本支持。为了壮大 UPS 资本公司的实力和稳步引入金融物流模式,UPS 于 2001 年 5 月并购了美国第一国际银行(FIB),并将其融入 UPS 资本公司。2002 年,UPS 成立了 UPS 供应链解决方案公司,将 UPS 的业务扩展到以物流、金融、供应链咨询为核心的全方位第四方物流管理。2003 年 4 月 4 日,美国康涅狄格银行委员会通过一项由第一国际银行集团提出的申请,把它的名称变更为 UPS 资本商业信贷。

UPS 资本商业信贷成为 UPS 资本公司的组成部分,专门为中小企业提供信贷、贸易和金融解决方案。

通过一系列的兼并重组后,UPS 形成四大支柱部门,形成了供应链解决方案。

(1) UPS 包裹快递公司:负责传统的 UPS 业务。

(2) UPS 物流公司:主要提供供应链和电子商务,其目标是设计、再造和管理供应链的所有或任何部分,如运输服务、电子商务物流、全球服务和供应链管理。

(3) UPS 资本公司:负责内部和外部金融服务,包括 COD 增值服务、设备租赁、电子发票与支付、全球贸易金融、保险。

(4) UPS 零售:当 UPS 于 2001 年收购 Mail Boxes Etc 之后便成立了 UPS 零售服务。UPS 零售负责监管所有 UPS 拥有和运作的零售实体。

二、**UPS** 资本公司的金融物流体系

UPS 资本公司在 UPS 供应链解决方案中地位举足轻重。通过对 FIB 的并购,UPS 资本公司能够向广大中小企业的传统业务领域中融入金融力量,从而创造出新的利润空间。通过了解客户的目标、运作策略和供应链结构,UPS 资本公司开创性地重新定义了

金融服务提供商的职能。

UPS资本公司的新型服务体系包括传统和非传统的金融产品,主要集中于以下四个关键区域。

(1) 加强现金流:COD增值服务、基于资产的贷款、设备租赁、UPS资本Visa白金商务卡和商人服务计划。

(2) 管理贸易风险:货物保险、COD安全、信贷保险和弹性包裹保险。

(3) 国际贸易:应收账款管理服务、出口运作资本、出口信贷代理金融和商务信用证。

(4) 小额商业信贷:SBA7(A)计划、SBA504计划、SBA专业贷款、特许权融资、商务购置、商业建设贷款、商业抵押贷款、商业期贷款和循环贷款。

三、典型的增值服务和垫资服务模式

(1) 物流的增值服务。UPS资本公司作为中间商在大型采购企业和数以万计的中小出口商之间周旋,在两周内把货款先打给出口商,前提条件是揽下其出口清关、货运等业务和得到一笔可观的手续费,这样,小型出口商们得到及时的现金流;而拥有自己银行的UPS在与大型采购企业进行一对一结算。同时,UPS资本公司还为中小出口商提供为期5年的循环信用额度,并确保该公司规避客户赖账的风险。

(2) 垫资服务。在UPS的物流业务流程中,当UPS为发货人承运一批货物时,UPS首先代提货人预付一半货款;当提货人取货时则交付给UPS全部货款。UPS将另一半货款交付给发货人之前,产生了一个资金运动的时间差,即这部分资金在交付前有一个沉淀期。在资金的这个沉淀期内,UPS等于获得了一笔不用付息的资金。UPS用这一不用付息的资金从事贷款,而贷款对象仍为UPS的客户或者限于与快递业务相关的主体。在这里,这笔资金不仅充当交换的支付功能,而且具有了资本与资本运动的含义,而且这种资本的运动是紧密地服务于业务链的运动的。

(案例来源:万联网)

 **案例分析**

金融物流是物流产业资本高度发达以后产生的对金融资本的迫切需求,是一种以物流产业资本为主导的兼并性需求。而在物流产业资本不够发达的时候,才会孕育出"物流银行"这种以金融资本为主导的中间业态。所以,在我国新兴的物流银行正是物流产业资本欠发达情况下的一种中间形式。

从本质上看,UPS资本公司提供的金融物流(以产业资本为主导)比一般意义上的物流银行(以金融资本为主导)更具优势。

(1) 可以降低银行风险。从目前物流的发展趋势来看,物流企业越来越多地介入到客户的供应链管理当中,因而往往对于买卖双方的经营状况和资信程度都有相当深入的了解,因此在进行信用评估时不仅手续较银行更为简捷方便,而且其风险也能够得到有效的降低。此外,物流银行业务的主要风险来自买卖双方对银行的合谋性欺骗,一旦银行在信用评估时出现失误,就很可能陷入财货两空的境地。而在金融物流中,由于货物一直在物流企业手中,这一风险显然已经得到大大的降低。

(2) 融资快速方便。物流客户通常在其产品装(柜)箱的同时就能凭提单获得物流企业预付的货款,物流运输和融资业务的办理是同时并行的。而物流银行一般必须在货物装运完毕后再凭相应单据向银行要求预付货款。比较而言,显然前者更为简捷方便。

(3) 货物易于变现。在物流银行业务中,有时为了实现债权需要处理货物的是金融机构,而在金融物流中则为物流企业。金融机构一般都没有从事商品贸易的工作经验,与商品市场也缺乏必要的沟通和联系,因此在货物变现时常常会遇到很多困难。而物流企业,尤其是一些专业化程度很高的物流企业,对于所运输的货物市场却会有相当深入的了解,而且由于长期合作的关系,与该行业内部的供应商和销售商往往有着千丝万缕的联系,因此在货物的变现时能够享受到诸多的便利。

物流产业资本对金融资本的需求并不是体现在对大型金融机构的需求,而是对能够服务于广大中小企业,特别是进出口企业的中小金融机构的需求,并将其转化为物流企业的一个职能部门。这种融合能够使中小金融机构真正地为中小企业服务,切实解决中小企业融资难问题。

物流产业资本和金融资本的融合需要一个完善的法律、法规体系,良好的信用环境和发达的资本市场,否则金融物流的发展将是举步维艰,如履薄冰。UPS 在我国引入金融物流模式的最大障碍就在于此。

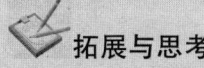

拓展与思考　　1. 为什么会认为"物流银行"是以金融资本为主导的中间业态?
　　　　　　　　2. 物流产业资本与金融面临的最大难题是什么?

第三节　物流金融服务平台

【案例 8-3-1】

中储物流金融服务平台的发展借鉴

一、中储概况

中储是一家上市公司,是国有控股的公司,在上海 A 股上市,公司在全国 23 个城市有自己的企业,一共是 47 个仓库,占地面积 900 万平方米,主要资本是库房,布局比较合理,服务的对象包括仓储客户、经销客户和金融客户,它有 13 座大型生产资料交易市场,这 13 座主要是大宗商品的交易市场,加上其他的共有 24 座市场。

金融业务分布在全国 27 个省,有监管网点 1 000 个,涉及 400 个中等城市和一些厂矿。中储的外围战略是以仓储业务为基础,以供应链为发展方向,形成现货市场、动产监管、大宗贸易、加工配送、货运代理结合的综合物流业务新模式。其中,金融物流业务就是新发展的一项业务,这些业务满足不同层次客户的需求,走中储独特的发展之路,打造具有核心竞争力的中国供应商。

公司从传统的仓储企业经过十几年发展成了现在的现代物流企业。公司以仓储保管为基础业务,然后发展了监管业务,仓储改作市场,吸引客户进来,前店后铺的业务模式。中储还发展了国际汇快业务。国际汇快业务是指国内进口商的货物从国外发出之时起,由货运公司进行实时、全程的运作。

还有就是多式联运。多式联运是铁、公、海联运的局面,最后一项业务是物流金融业务,物流金融业务是以贸易为先导,以物流和套期保值为保障,以金融物流为支撑的物流贸易形式。

二、如何引入实际业务

有些客户的货存入仓库后,就马上需要资金周转,所以和仓库商量后,仓库根据存入的货物开具仓单,然后客户拿着仓单到银行去抵押贷款,银行来仓库考察后认为货存在仓库用仓单来质押应该没问题,所以一批价值3000万元的货就做了一个仓单质押,这是一般业务模式,最后把这个业务模式进行升华,进行法律方面的、银行方面的、管理方面的、制度方面的、业务模式的探讨、人才队伍的培训等一系列活动之后,公司把这项业务发展成了一项主要业务。

这个业务是一种多赢的局面,首先是物流企业升格了,所以物流企业的地位普遍提高;其次对银行来说,银行把货交给了第三方物流企业来监管,贷款是有担保的,因此银行也取得了资金安全的保障;最后对物资企业来讲,得到了额外的流动资金,所以加快了周转,增加了业务量。

三、中储物流金融的基本情况

(一) 监管物的品种

黑色金属、铁矿石、煤炭、石油制品、有色金属、化工轻工材料及制成品、粮食、木材、棉麻、机电产品、建筑及装潢材料。质押物的选择主要是物理化学性质稳定、市场容量大、变现比较容易的物品。

(二) 物流金融的模式

物流金融的业务模式分为两类:动产监管和物流监管。

1. 动产监管

动产监管是指货物必须质押在仓库的监管,包括以下几项。

(1) 质押监管:质押监管是转移货物占有权的监管。

(2) 抵押监管:是不转移占有权的监管,就是说货主可以使用监管的货物。

(3) 贸易监管:就是贸易公司在贸易过程中的监管。

2. 物流监管

物流监管业务,包括以下几项。

(1) 提单模式:用仓单的叫仓单质押,用海运提单的叫提单质押。

(2) 保兑仓模式:这种模式加进了第四方供应商,如果一个贸易商要取得银行的贷款,可以在申请贷款时先交20%的保证金给银行,银行开给其100%的承兑汇票,承兑汇票不给贸易商,而是交给供应商,供应商得到货款后发货,货不发给贸易商,是发给银行指定的第三方监管仓库,然后才是贸易商从仓库往下家去卖,卖的货款直接回到银行。这种模式下银行是万无一失的,仓储业务的责任是看好货物,所以贸易商就用20%的资金做成了100%的生意,这就是保兑仓业务。

(3) 代客采购:是指一些大型企业有很多资金,它如果把资金直接融通给需要资金的企业是国家金融政策不允许的,所以采取了一个绕弯子的办法,需要资金的企业不是要货吗,然后有资金的企业替你去买,买回来再定向的卖给需要资金的企业,在整个过程中找个第三方物流来监管这批货,这就叫代客采购业务。

(4) 供应链模式:以钢材为例,先要进口铁矿石,接下来进入钢厂,然后是钢材经销商,最后是钢材使用单位,那么在整条供应链条上都可以做质押监管业务,如果假设整条钢材供应链有10亿元产值的话,质押监管业务的融资就可以做到50亿元。

供应链模式的特点是:多家银行对链条上的多个客户授信,物流企业是一个操作者,货物的权属比较清楚。在这个模式下,中储的业务模式是取得监管费,如果货物存在中储的仓库里面,还要收保管费、装卸费还有一些其他的管理费、运输配送费和监管费,但在第三方仓库或者在出质人仓库监管的就只收监管费。

(三) 中储的风险管理

物流金融的风险很大,但风险是可以控制的。

(1) 有一整套的制度来保证业务的实施,这项业务共有300项制度来保证,所以细到每一个监管员的行为都有制度。

(2) 和24家银行的总行签署总则协议标准,然后下发到各个分支银行,下发的为约定事项,而不影响合同本身。

(3) 有完整的项目体系,从业务监管到现场操作,严格规范、强化落实、建立危机事件的管理机制,有效地应对危机事件。

(4) 建立三级巡查制度,即业务单位本身、上级单位和总部的三级巡查,加强监管队伍的培训。

(5) 总体融资额度有规定,不允许超过额度。

(6) 有质押监管的业务软件,每天在上班前总部都在软件上对1 000个网点点名,通过软件还可以监视到现场的监管情况。

(7) 建立风险分散机制。

四、业务模式创新的个案

(一) 动产监管案例

一家从国外进口聚乙烯商品的经销企业,若要向银行贷款,是一种跨国的信用证监管。进口商向国外的出口商买货,签订一个合同,合同交到中国银行,中国银行审查资料后向外国银行出具凭证,凭证到了外国银行后,外国银行就通知国外的出口商钱已经到了,可以发货。出口商就把货发到中国,到中国后,监管员在船上拿到提单然后报关报检,之后运到中储的仓库监管,并且通知银行货到了,银行通知进口商卖货,货款直接打到银行,货卖完钱还完,质押监管业务结束。

(二) 供应链监管案例

一家公司要进口大量的铁矿砂,进口到A冶炼公司,但它的钢板要卖给B经销公司,B公司把钢板卖给C制造公司。原先无质押监管这项业务的时候,大家都是基于这批货原来的资金数量来做这笔生意。现在有质押监管的时候,A公司买了10亿元的铁矿砂,把它给银行做质押贷款,取得了7亿元贷款,然后再进口7亿元的铁矿砂,所以就用10亿元做了17亿元的生意,然后银行指定物流公司从港口到仓库的货物监管,这就是第一道监管。第二道监管进入到B公司,B公司将它的贸易合同抵押给银行进行融资,银行给它贷款,同时指派物流企业监管,同理,C公司也可以做监管业务,所以物流公司就介入到了整条供应链的监管,业务量大大提升。

(案例来源:中国物流学会网站)

案例分析

从中储的物流金融服务创新案例中,我们可以看出,物流金融是金融和物流的有机结合,并在相关行业乃至整体经济运行中产生越来越重要的影响。

1. 质押监管与主营业务相结合

目前,中储所开展的质押监管业务模式已由传统的静态质押监管向动态质押监管发展,且动态质押监管业务已成为主要监管模式;业务正向库外和多库监管发展,并与现有业务结合发展,很大程度上提高了其他业务的市场吸引力,已成为很多客户选择中储作为合作伙伴的重要因素。

2. 中储质押监管的优势

中储质押监管业务的成功开展,得益于充分利用了自身的相对优势,这包括规模庞大的资产、覆盖全国的网络、庞大的客户群和良好的品牌和商誉。

(1) 雄厚的资产实力。在质押监管业务中,物流企业起到了整合和再造企业信用的作用,这也是质押监管的重要功能之一。这体现在物流企业取得银行的授信,还体现在物流企业对中小企业信用担保体系的构建,即前期为中小企业申请质押贷款提供担保或者以自身担保能力组织企业联保或互助担保。这对物流企业的资产规模要求较高,中储的资产规模达到50亿元以上,为做大质押监管业务提供了保证。

(2) 覆盖全国的网络。中储拥有国内最大的仓储物流网络,网络覆盖全国中心城市和交通枢纽90%以上;拥有分布于全国各主要城市的直属大型仓库40多家和1 300万平方米的仓储用地,年库存能力和吞吐能力分别为1 000万吨和4 000万吨;还有业务加盟库100多家,自有和业务加盟库面积共有2 000万平方米;拥有100多条铁路专用线、2 000多辆可支配货车。为客户企业进行异地质押、降低运输成本等提供了便利,使这一融资方式拥有了更强大的生命力。

(3) 庞大的客户群。质押监管业务往往和仓储、销售等业务联系在一起来提高物流企业基础业务的竞争力,而物流企业良好的基础业务根基,也能在很大程度上促进质押监管的发展,中储的仓储客户达7 800多家,巨大的仓储资源是质押监管业务的基础。此外,中储在全国20多个大中城市的23个现货市场年交易额达700多亿元,这些市场的工商客户都是中储质押监管业务的潜在客户。

(4) 良好的品牌和商誉。在质押监管业务中,物流企业作为银行和客户企业的中间人行使质押品的监管和保管职责,应保持客观、公正的立场。既不能和客户企业合伙瞒骗银行,虚开仓单或允许企业私自提货,也不能与银行联合,损害客户企业的利益。这要求物流企业有良好的信誉和资信。中储长期的优质服务和诚信博得广大银行和工商企业的信任,成为金融机构进行质押监管首选的合作伙伴。

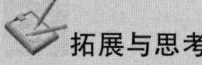

拓展与思考
1. 中储物流金融服务平台的核心优势有哪些?劣势有哪些,如何克服这些劣势?
2. 在供应链金融的实际操作中,不同的融资对象产生不同的风险,运作主体对于各类风险的分析、规避和及时处置等工作并未到位;加上信息不对称、运作主体各方沟通不及时,易造成信息流、资金流、物流、仓单流阻塞。如何解决这一问题?

【案例8-3-2】
双侨物流公司"典当+物流"的创新模式

"典当+物流"在双侨物流公司开始投入运营,这家由两大市属国企共同组建的新型物流公司,成为打破传统物流瓶颈的"吃螃蟹"者。企业用于典当的货物可在专业的物流仓库保管,货物买卖的配送流程也可交给物流公司"一手包办"。

一、新模式缓解企业融资难

2009年9月双侨物流有限公司打出的"典当+物流"新模式,引起诸多"融资难"中小企业的广泛关注。蹊跷的是,典当业如何与物流业"结缘"?两家国企又如何开展业务合作?金融、物流两大产业的"结缘",对泉州众多急需资金的中小企业又有何利好?

一个急需资金的家电商,可以将拥有的家电存货作为担保,向典当行出质,典当行放款于企业,再将这批家电转交给专业的物流公司保管。以家电为案例,泉州双侨物流有限公司就采用了这种"典当+物流"内部运作模式。在泉州市国资委的牵头下,双侨物流公司由闽侨、中侨公司各出资50%创办,闽侨公司提供典当信息业务,双侨物流则将闲置已久的场地"变身"为保管质押品的仓库。

首期仓储用地近10 000平方米,配备的信息网络结算中心在省内可以说是数一数二的。结算中心将为入驻园区的企业提供物资采购、储存管理等物流综合服务。

随着业务的不断扩展,公司计划下一步将仓储用地开发至30 000平方米。

二、改善商贸企业现金流

目前,这里的客户多为在闽侨典当融资的商贸企业。与拥有大量厂房、机械设备等固定资产的生产型企业相比,商贸企业基于土地、建筑等不动产不足,作为动产的商品货物又难以向银行抵押贷款等问题,使企业"望货兴叹",业务拓展步伐之路被"资金紧链"死死束缚。

流动货物占压资金,引起备货不全,进而客户锐减,这一恶性循环是泉州诸多商贸企业最头痛的事情。对商贸企业而言,与其将货物积压在仓库,倒不如将其当作质押物贷款,卖出一批货得来的货款,再用来赎回下一批质押货物。此外,物流公司配套的仓储、配送等服务,也为商贸企业提供了运输便捷。

（案例来源:百邦典当网站）

 案例分析

将资金流、货物流、信息流三者结合,为商贸企业提供综合服务,这是一种在传统物流领域上的新尝试。新物流体系要得以成功,一方面需要得到大众和行业的认可;另一方面还要有政策、资金、人才三者的联合支持。就目前而言,这种新尝试在短时间内达到盈利有一定难度,还需要一段时间的市场认可过程,才能逐步发展起来。

将金融注入传统物流服务中,有别于传统物流,这是一种从两方契约扩至三方的进展模式,物流公司作为第三方监管,参与到企业向典当行的贷款传统业务上。物流公司运用金融信息,为客户提供所需要的配套服务,并收取一定费用,这类新型的合作模式将是未来物流的一大发展趋势。

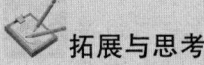 **拓展与思考**

1. 双侨物流公司"典当+物流"模式的盈利点在哪里?
2. 货物在典当过程中,双侨物流有限公司和商贸企业会遇到哪些困难?如何解决这些困难?

【案例 8-3-3】
一达通海外电商供应链金融服务平台

一、发展背景

这几年,海外电商成为一个新爆点,深圳一达通是阿里巴巴商城旗下的外贸综合服务平台,这家基于互联网和 IT 技术的平台商,主要为外贸中小企业提供通关、物流、外汇、退税、金融等所有的进出口环节服务。

该平台每年服务客户在 30 000 家以上,属于国家发改委《电商示范城市外贸电商项目》、国家工信部《电子商务集成应用项目》、国家科技部《高新技术企业》等。一达通开创的"中小企业外贸综合服务模式",被国务院高度重视,也是 2015 年 8 月国务院常委会颁布"外贸国六条"中第四条:鼓励外贸综合服务企业为中小民营出口企业提供通关、融资、退税等服务的重点推动企业。一达通的使命是让小企业享受大企业的服务,2018 年前一达通立志成为交易额超千亿美元的全球最大外贸综合服务平台。

二、三大外贸服务红利

近期,一达通发布了外贸经纪人补贴、第三方合作伙伴及 VIP 服务三大新政策,让更多的企业享受外贸服务红利。

1. 补贴红利不断,专业采购服务商也能"赚钱"

过去,一达通推出针对外贸中小企业的补贴政策:每通过一达通平台出口 1 美元可获得最高3分钱补贴。如今,一达通将补贴范围扩大,针对国内众多的外贸经纪人(主要包含买手公司、采购代理、Buying Office、贸易公司),推出外贸补贴服务,每出口1美元可获得3分钱人民币的补贴。

对于专业采购服务商来说,将已有的线下客户引入一达通来完成订单,不仅更方便服务,还能获得实利。

2. 带上小伙伴——第三方服务商,一起发展

一达通将第三方服务商纳入到阿里巴巴集团外贸生态圈中。贸易代理公司、货代等各类外贸服务公司,未来可选择不同的第三方合作模式成为一达通合作伙伴,整合自身服务,和一达通共同为外贸企业提供完整的外贸服务解决方案。对于出口企业来说,今后通过一达通出口,可以享受到更加本地化、个性化、贴身化的优质服务。

成为一达通合作伙伴,服务商不仅能获得包括退税款、金融服务利息等方面的可观分润,还能受惠于出口1美元补3分钱的补贴政策,同时还不影响其原来为客户提供其他贴身服务所获取的收益。

3. 一达通还启动了VIP项目

组建一批具有多年专业外贸服务经验的资深大客户经理,为国内头部卖家提供高端精细化的VIP服务。头部卖家将享受一达通资深大客户经理量身定制出口方案,出口各环节操作优先处理,享受相关融资产品的优惠和高额的退税款垫付。

三、一达通的发展模式

在外贸综合服务领域,一达通可以说是"拿着望远镜也找不到竞争对手"。

1. 一达通的发展历程

一达通的发展历程分为三个阶段:培育期(2001—2007年)、收获期(2008—2009年)、整合期(2010—2013年)、爆发期(2014年至今)。

2001年,国家放开进出口权,一达通成立。当时,国家对外贸易经济合作部印发《关于进出口经营资格管理的有关规定》,确定进出口经营资格实行登记和核准制。这样,一达通能够顺利拿到进出口权,进而提供进出口代理服务。当时,一达通做了三件"与众不同"的事:第一,开发了服务IT系统,其他同行基本是人工线下操作;第二,定位于中小企业客户,其他同行主要定位大企业客户;第三,按单固定收费,其他同行大都按交易额比例收费。

2008年,金融危机爆发,一达通扭亏为盈。金融危机对贸易企业来说是灾难,但对于一达通这样的服务企业来说是福祉。外贸行情好的时候,企业不差钱,物流费用高些也无所谓。当外贸越来越难做时,企业出现了资金周转困难,并开始在物流等服务环节进行"节流"。这样,一达通的优势就体现了。通过一达通,只需要1 000元服务费,不仅可以省去自行报关报检、退税结汇的烦恼,还能获得更加便宜的国际运费、保险费等。此外,针对中小企业的资金问题,一达通与中国银行合作,推出了信用证贷款、退税融资等服务。这一年,一达通实现了盈利。

2010年,一达通被阿里巴巴集团收购,开始整合进入阿里巴巴外贸生态圈。在资本运作中,投资分为战略性投资和财务性投资,前者注重业务的互补性,后者主要为了短期获利。阿里巴巴集团对一达通的投资是战略性的,其国际站能与一达通实现业务互补。

凭借在外贸服务领域的多年积累，一达通能够帮助阿里巴巴国际站实现转型。此外，阿里巴巴集团拥有的资金、品牌、外贸供应商等资源也能促使一达通实现更快的发展。

2014年，一达通正式成为阿里巴巴集团的全资子公司，迎来了爆发式增长时期。这一年，一达通成为行业的搅局者：5月13日，阿里巴巴国际平台宣布，企业通过阿里巴巴一达通平台出口，不仅不用支付服务费，而且每出口1美元最高能获得3分钱人民币补贴；7月22日，阿里巴巴集团联合7家银行推出"网商贷高级版"，企业通过阿里巴巴一达通平台出口，每出口1美元可贷款1元人民币，最高贷款额度为1 000万元；12月11日，阿里巴巴国际站开启信用保障体系，根据供应商在一达通平台上的真实交易进行额度授信，并对买家承诺"你敢买，我敢赔"，以消除买家下单疑虑。这些重大利好推出后，引发行业震动。一达通的客户数也增加到3万多家，较上一年翻了一倍，呈爆发式增长态势。

2. 基础服务免费，增值服务规模效应"团购"

此前，大额外贸B2B一直难以实现闭环，跨境电商B2B比跨境电商B2C要复杂很多，面临的风险更大：①更复杂。跨境电商B2B是真正的互联网+外贸，其中涉及的通关、结汇、退税等都需要按照传统外贸流程来，而跨境电商B2C将所有的流程都做了最大程度的简化。②风险更大。跨境电商B2B涉及的是大额贸易，金额在几万美金、几十万美金甚至上百万美金，一旦发生违约，平台、卖家、买家三者之间将存在繁杂的责任追索；跨境电商B2C每次交易中涉及的金额很小，就算发生违约风险，平台也能承担。

一达通属于典型的外贸综合服务平台，外贸中涉及的所有服务一达通都能提供。比如，我们出口一个集装箱货物，其中涉及通关（报关及报检）、结汇、退税等政务服务，还需要物流、金融等商务服务，这些都是一达通的服务范围。只不过，一达通将政务服务称为基础服务，商务服务称为增值服务。

在一达通，基础服务是免费提供的，并且还给予一定的补贴。这一举措完全颠覆了传统的外贸代理行业。一直以来，外贸代理都是收费的，毕竟其为客户办理报关、报检、结汇、退税等手续时有一定的成本。一达通的举措是典型的互联网思维。基础服务是"流量入口"，一旦免费开放，大量的中小企业涌入一达通服务平台，这将衍生出巨大的增值服务市场。

在外贸领域，增值服务包括物流和金融两块。目前，一达通聚集了3万多家外贸企业，这些企业都以一达通的名义出口。这样，一达通将这些企业的物流/金融服务需求聚集起来，去跟相关的物流公司、金融机构谈判，以获取更低的费率。陆运服务、空运服务、保险服务、贷款服务、结汇服务等都能通过这个模式，既让中小企业省钱，又让上游服务提供商省心。这就是规模效应下的服务"团购"。

一直以来，阿里巴巴国际站是一个信息平台。在如今这个时代，信息不再是唯一考核指标。阿里巴巴国际站需要从信息平台向交易平台转变。阿里巴巴集团帮助一达通实现了爆发式发展，而一达通则能帮助到阿里巴巴集团实现从"信息平台到交易平台的转型"。

3. 信保服务上线，全程监控交易风险

一达通提供的外贸综合服务（包括基础服务和增值服务），能够很好地解决跨境电商B2B的"复杂"问题。至于跨境电商B2B的"风险"问题，一达通同样可以解决，于2014年12月上线了"信用保障服务"（trade assurance）。

可以从三个方面来阐述信用保障服务：①交易前，阿里巴巴集团根据供应商在国际站的基本信息和贸易交易额等数据，对供应商进行综合评估并给予一定的信用保障额度。目前，这个额度最高为 100 万美元。②交易时，海外买家根据买卖双方约定的合同，将预付款汇至供应商(卖家)在一达通的虚拟子账户，阿里巴巴集团根据信用保障额度对这笔预付款进行安全担保。例如，合同贸易金额是 100 万美元，在卖家发货前，买家预付 20% 货款(即 20 万美元)，该预付款存放在一达通公司(一达通给每个供应商都开具了一个虚拟字账户)。假如该卖家获得的信用保障额度是 50 万美元，那么买家的 20 万美元预付款将得到全额保障，也即一旦卖家没有按照合同规定发货，买家可将预付款安全取回；假如该卖家获得的信用保障额度是 15 万美元，那么买家的 20 万美元预付款只能得到部分保障，也即一旦出现违约，阿里巴巴集团保障 15 万美元能安全退回给买家。需要注意的是，供应商使用阿里巴巴集团的信用保障服务，一定得通过一达通出口。③交易后，买家可对供应商进行评价，供应商可将该评价展示在阿里巴巴国际站上，以作为企业信用和实力的证明。

通过信用保障服务，阿里巴巴—一达通极大地降低了交易风险，解决了跨境电商 B2B 中的"风险"问题：首先，买家的预付款能在信保额度范围内得到安全保证；其次，一达通保证货物按照合同约定按时交货，并根据买家的需求，对发货前货物的质量也提供保障服务；最后，买家在交易前可以查看到供应商的信保额度和历史评价信息，进而迅速了解到该供应商的信用水平，以避免与不良商家交易的风险。

（案例来源：天下网商）

案例分析

一达通是外贸服务新业态的典范，也是电子商务促进贸易便利化的有效创新。其创新处很多，主要集中在以下几个方面。

1. 创新供应链金融服务模式

通常情况下，银行直接为企业做无抵押担保的贸易融资，由于贷款周期短、手续繁，通常单笔超过 500 万元才可能有收益。而一达通的电子商务与金融的结合模式，使贷款可以批量化、数字化、电子化处理，让无担保、无抵押的贷款成为现实。据悉这种模式已支持 4 000 家小企业实现多次融资，融资金额几乎不设下限，累计发放额超过 12 亿元。由于免除了实物抵质押，融资成本远低于小额贷款。

这解决了很多电子商务与物流企业的融资难问题，是一个值得我们借鉴的创新平台。

2. 商业模式创新

不依托传统的物流获取利润，而是从衍生出来的金融及其他增值服务盈利。

3. 推出了三大新政

一达通推出的三大新政，优化升级了外贸生态圈，供应商、贸易商、第三方服务商都成为外贸生态圈的重要伙伴；以伙伴的视角，改变了服务流程、扩大了补贴对象，发挥出了"互联网＋外贸"的平台价值。

4. 在信用保障服务方面，一达通也采取了独有的创新

实际上，在传统外贸中，在银行背书下的信用证模式也能降低买卖双方的交易风险。然而，阿里巴巴一达通的信用保障服务更具优势：其一，开具信用证的费用较高，而使用信保服务不存在任何服务费；其二，以银行主导的信用证模式无法留存信用记录，就算有也不便于买家查询，而一达通信保服务则能将交易信息及评价展示在阿里巴巴国际站上，方便买家查看。

有了信用保障服务，阿里巴巴国际站形成了交易闭环，实现了由信息网站向交易网站的转型。

可以说，海外电商物流供应链平台是主流趋势，一达通已经走在了前面。同时一达通有阿里巴巴集团的投资背景，未来很可能成为海外电商供应链平台的标杆。

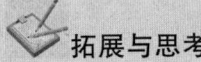 拓展与思考

1. 试分析一达通的电子商务与金融的结合模式，其盈利点在哪里？如何拓展更多的盈利模式？
2. 试分析一达通"信用保障服务"的创新点在什么地方？
3. 目前，供应链金融只面向国内企业进行服务，对于上、下游企业是国外公司的跨国供应链还未提出合适的融资方案。如何解决这一问题？